Hilke Lorenz

Die Akte Verschickungskinder

Hilke Lorenz

Die Akte Verschickungskinder

Wie Kurheime für Generationen zum Albtraum wurden

BELTZ

Bildnachweis: S. 28 privat; S. 52 privat; S. 54 Selbstdarstellungsbroschüre Kindersolbad Bad Rappenau; S. 74 u. S. 257 Informationsbroschüre Kindererholungsheim Todtmoos; S. 77 u. S. 79 Selbstdarstellungsbroschüre DRK-Kindererholungsheim in Wittdün (Amrum); S. 88 privat; S. 91 privat; S. 135 u. S. 147 Bildmäppchen Kinderkurheim Herrlingen; S. 142 privat; S. 174 privat; S. 205 privat; S. 224 privat; S. 236 privat; S. 254 privat; S. 259 privat; S. 294 privat

Nicht in allen Fällen war es möglich, die Rechteinhaber der Abbildungen ausfindig zu machen. Berechtigte Ansprüche werden selbstverständlich im Rahmen der üblichen Vereinbarungen abgegolten. Wir bitten um direkten Kontakt.

MIX
Papier aus verantwortungsvollen Quellen
FSC www.fsc.org FSC® C089473

Dieses Buch ist erhältlich als:
ISBN 978-3-407-86655-4 Print
ISBN 978-3-407-86667-7 E-Book (EPUB)

1. Auflage 2021

Lektorat: Judith Roth, Frankfurt
Umschlaggestaltung: www.stefanielevers.de (Gestaltung), www.stephanengelke.de (Beratung)
Umschlagabbildung: Speisesaal: ©ullstein bild – Rudolf Dietrich; Metallschrank: ©Paisatges Verticals/shutterstock.com
Herstellung und Satz: Sarah Veith
Druck und Bindung: Beltz Grafische Betriebe, Bad Langensalza
Printed in Germany

Weitere Informationen zu unseren Autor_innen und Titeln finden Sie unter: www.beltz.de

Meinen Eltern,
die ihrem inneren Kompass vertraut haben.

Inhalt

Vorwort

Die Wand des Schweigens

von Dr. Herbert Renz-Polster

Nach der (teilweisen) Aufarbeitung der Missbrauchskultur in Kirchen und der Heimerziehung liegt nun endlich ein Buch zur Missbrauchskultur in »Erholungs«-Einrichtungen vor, in die Kinder in der zweiten Hälfte des 20. Jahrhunderts massenhaft verschickt wurden. Danke für diese umfassende Arbeit!

Viele von uns verorten die kinderfeindliche Praxis der Verschickung weit im Nebel der Geschichte. Dass Kinder von ihren Eltern, Freunden und dem häuslichen Umfeld getrennt wurden, um in der Fremde bei fremden Menschen zu leben, das war so im Mittelalter, wo Kinder zur Ausbildung in fremde Haushalte gegeben oder zu Lehrmeistern geschickt wurden. Oder in Kriegszeiten, wo Kinder zu ihrem eigenen Schutz zu Fremden aufs Land gegeben wurden.

Dass die Verschickungen keineswegs von »damals« sind, weiß ich aus meinem eigenen Leben mit einem »Verschickungskind«.

Meine Frau Dorothea wuchs in den späteren 1960er-Jahren in Indien als Tochter von Missionaren auf. Als sie fünf Jahre alt war, galt es, den Koffer zu packen. Die Reise ging über 2000 Kilometer in ein Internat in Südindien, in dem sie keine Menschenseele kannte, geschweige denn jemand ihre indische Gassensprache oder ihre Familiensprache sprach. Mit 20 anderen kleinen Kindern aus aller Herren Länder, mit denen sie einen Schlafsaal teilte, lebte sie ab da unter der Obhut einer englischen Matrone. Um eine »gute Schule« besuchen zu können. Ferien zu Hause gab es zweimal im Jahr, jedes Mal hieß es danach wieder: Koffer packen. Das war, natürlich, alles zu ihrem eigenen »Guten«.

Auch die Verschickungen der Kinder zur Erholung, von denen in diesem Buch die Rede ist, waren, natürlich, zu deren »Guten« – die Ferien von zu Hause sollten den Kindern einen Vorteil bringen, ob gesundheitlicher oder pädagogischer Art.

Dachten damals alle Eltern so? Das wird manchmal pauschal so behauptet. Früher, so wird dann vermutet, kannten die Eltern einfach das mit der »Bindung« noch nicht.

Das stimmt in dieser Pauschalität nicht. Zu allen Zeiten gab es Ethnotheorien oder Alltagskonzepte von Bindung, denen Eltern, Großeltern oder Erzieher*Innen aus dem Herzen heraus folgten. Zu allen Zeiten gab es Eltern, die um die Gefahren und Folgen von Trennungen von Kindern und ihren Bezugspersonen intuitiv wussten. Und die ihre Kinder weniger leicht fortgaben als andere. Oder solche Trennungen sogar als inakzeptabel ansahen und ihre Kinder davor bewahrten, so gut sie konnten. Nein, »das mit der Bindung«, das gab es längst, bevor die Bindung zum Gegenstand der wissenschaftlichen Forschung wurde. Tatsächlich kam das Bindungsmotiv ja auch in der Wissenschaft schon vor der Formulierung der klassischen Bindungstheorie in sehr unterschiedlichen Schulen immer wieder an die Oberfläche. Man erinnere sich an die Arbeiten von Wilhelm Reich, René Spitz oder Harry Harlow. Oder an die wunderbare Arbeit von Anna Freud, die sie ausgerechnet an Säuglingen durchführte, die zu ihrem eigenen Schutz im Zweiten Weltkrieg aufs Land »verschickt« wurden. Sie stellte darin zusammen mit Dorothy Burlingham fest, dass die Säuglinge, die die Bombenangriffe mit ihren Müttern erlebt hatten, emotional ausgeglichener und besser entwickelt waren als diejenigen Säuglinge, die die Kriegsmonate in ruhigen ländlichen Gebieten, aber getrennt von ihren Müttern verbrachten. Natürlich war das für viele Menschen damals eine Überraschung. Aber allein, dass die Fragestellung verfolgt wurde, zeigt, dass bindungsgeleitete Hypothesen keineswegs von einem anderen Stern waren.

Die Frage nach dem Warum

Liest man dieses Buch, so stellt sich einem immer wieder die bohrende Frage: Warum nur fiel es den an diesem System der Verschickungen Beteiligten – den Eltern, den Kinderärzten, dem pädagogischen Personal – nicht früher auf, dass das, was sie da machten, eben NICHT zum Guten der Kinder war? Warum etwa haben sie die Signale ignoriert, die von den Kindern selber kamen, die Verhaltens»störungen«, der Rückzug, die Ängstlichkeit? Kurz, warum konnte dieses System über Jahrzehnte Kinder traumatisieren?

Ich sehe den Grund darin: Über diesem System hing ein Schweigegelübde – eine Art Omertà, durch die sich die Mafia schützt. Natürlich war sich niemand dieses Gelübdes bewusst, die Wand des Schweigens entstand vielmehr auf dem Boden schadhafter Beziehungen.

Vor Kurzem erzählte mir meine 93-jährige Mutter von einer Verwandten, die ihr als Kind sehr nahestand. Diese Verwandte ging als Jugendliche nach dem Krieg zur Lehre in eine andere Stadt, sie wollte in einem Haushaltswarengeschäft Verkäuferin lernen. »Und Knall auf Fall kam sie wieder zurück. Und seither war sie irgendwie verändert. Wo sie vorher eine strahlende, fröhliche junge Frau gewesen war, war sie ab da in sich gekehrt und misstrauisch.« Was wohl passiert war, dass ein Lehrmädchen in den Nachkriegsjahren »Knall auf Fall« wieder ins Elternhaus zurückkam, mit dem Stigma einer abgebrochenen Lehre? Das blieb allen ein Geheimnis: »Sie hat nie etwas dazu gesagt.«

Wie denn auch – wenn Offenheit doch auf Vertrauen beruht? Auf das Vertrauen, gehört und verstanden zu werden?

Warum verschlossen die Eltern ihre Ohren vor ihren Kindern? Oft aus Scham. Das, was sie vernommen hätten, hätte in ihnen Scham ausgelöst. Scham begleitet den Marsch ins Schweigen.

Die Wand des Schweigens stand aber auch deshalb undurchdringlich da, weil das, was den Kindern in den Einrichtungen widerfuhr, gang und gäbe war. Oft genug wurden die Kinder ja auch zu Hause hart bestraft, entwertet und gedemütigt. Mussten den Teller leer essen. Wurden eingesperrt. Hätten sie ausgerechnet ihren Eltern gegenüber nun Klage wegen gewaltsamer Behandlung durch fremde Erwachsene führen können? Diese Wand sollte erst in den 1970er-Jahren allmählich zu bröckeln beginnen.

Zwischen den Geburtsjahrgängen 1970 und 1985 verdoppelt sich in Deutschland der Anteil der Kinder, die in ihrem Elternhaus nie körperliche Gewalt erfahren haben, von etwa 25 auf etwa 50 Prozent. Heute liegt dieser Anteil bei etwa 63 Prozent. 1997 wird die Vergewaltigung in der Ehe unter Strafe gestellt – gegen den Widerstand von immerhin zehn Abgeordneten aus CDU/CSU und FDP (einer von ihnen ist heute Bundesinnenminister, eine andere unterstützt inzwischen die AfD als Wahlkampfhelferin). Erst im Jahr 2000 sichert Deutschland mit seinem Gesetz zur Ächtung von Gewalt in der Erziehung allen Kindern das Recht auf eine gewaltfreie Erziehung zu (und auch das gegen den Widerstand der damals größten Bundestagsfraktion).

Aber da war noch eine dritte Ebene der Omertà. Die Wand des Schweigens stand auch auf dem Fundament eines tief in die

Erwachsenen eingegrabenen Glaubens an die Autoritäten. Was die Experten anordneten, war richtig. Was Ärzte zu sagen hatten, galt. Widerspruch gestand man sich nicht zu – und er wurde auch nicht zugelassen. Wenn ein Heimleiter oder ein Arzt einem Kind eine Störung attestierte, dann war das Kind gestört, basta. Kurz, das Schweigen hatte auch eine Herrschaftsdimension. Die Wand bestand auch aus institutionalisierter Gewalt.

Meine Schwester kam im Jahr 1956 als leicht frühgeborenes Kind auf die Welt, meine Mutter durfte sie die ganzen drei Monate ihres Aufenthalts in der Klinik nicht besuchen. Im Alter von zwei bis vier Jahren musste meine Schwester mehrere Schieloperationen über sich ergehen lassen. Jedes Mal war sie wochenlang allein unter fremden Schwestern und Ärzten (Ärztinnen waren damals selten). Wenn sie mit ihren verbundenen Augen den Brei verkleckerte, wurde sie ausgeschimpft. Zum Frühstück gab es am Tisch Kuchen – für die »Erste-Klasse-Patienten«. Die anderen Kinder bekamen Brot.

Die Verschickungen waren zum Guten des Kindes

Ja, wir haben viel gewonnen. Unsere Beziehungen untereinander, auch die zu unseren Kindern, sind menschlicher geworden, gleichwürdiger. Der Bund des Schweigens hat ein Stück seiner Grundlage verloren – die Distanzierung, das mangelnde Vertrauen. Wir sind freier geworden und auch kritischer.

Und doch sollten wir hellhörig werden, wenn wir dieses eine Motiv bedenken, das Eltern damals dazu brachte, ihre Kinder einem faulen System anzuvertrauen: Sie taten es für ihr Kind. Zu seinem Wohle. Wie oft hören wir heute ähnliche Begründungen?

Im Jahr 2018 machte ein Kinofilm über eine psychosomatische Abteilung einer Kinderklinik in Deutschland Furore, der therapeutische Gewalt gegen kleine Kinder zeigte, die dort »behandelt« wurden. Sie wurden in Gitterbetten in dunkle Räume eingesperrt – um das Alleine-Schlafen zu lernen. Sie wurden täglich nach einem Plan von ihren Müttern getrennt – angeblich damit sie so ein »Trennungstrauma« überwinden, das sie sich zum Beispiel vorgeburtlich zugezogen hätten. Die Reaktion der bürgerlichen Presse war überwiegend positiv. Kinder, so schrieb die seriöse ZEIT, durchliefen auf diese Art einen »Zivilisations-Crashkurs«. Ja, die Therapie sei hart – aber letztendlich doch zum Guten des Kindes.

Und wo begegnet uns sonst überall dieses »Es ist zum Guten der Kinder«? Kritisieren wir unser Bildungssystem, von dem wir doch wissen, dass es durch seinen Ausleseauftrag gerade den bildungsbedürftigsten Kindern dieses »Gute« sehr häufig schuldig bleibt? Von dem wir wissen, dass dort gerade diejenigen Kinder, die vom Leben sowieso schon benachteiligt sind, weiter benachteiligt werden? Kritisieren wir die Abwertung, die Ausgrenzung, die Beschämung, die dort gerade diejenigen Kinder erleben, die Aufwertung, Ermutigung und Zuspruch am dringendsten benötigen? Ich sehe das nicht. Wir rechtfertigen dieses System auf Schritt und Tritt.

Kritisieren wir die nach Auskunft aller Wissenschaftler eindeutig überforderte Kleinkindpädagogik? Ich sehe das nicht. Wir stimmen immer wieder in das Lamento ein: Hauptsache Plätze. Und was will man denn machen, es gibt nun einmal zu wenig Fachkräfte, bei dieser Bezahlung, Sie wissen schon. Aber frühe Bildung muss nun einmal sein. Sie ist zum Guten des Kindes. Dafür lassen wir uns gerne eine Geschichte einfallen. Wir wissen, dass da irgendwo ein Haken drin ist, aber wir lauschen gebannt.

Und kritisieren wir das komplett überforderte Geburtssystem? Die dort tagtäglich – meist entgegen den Intentionen des Personals – ausgeübte Gewalt, Beschämung, Fremdbestimmung, ja, teilweise auch Gefährdung der Gebärenden? Wirklich? Ich sehe das nicht. Allein die Sektion Oberland des Deutschen Alpenvereins hat etwa 20-mal mehr Mitglieder als alle gegenüber der real existierenden Geburtshilfe kritischen Vereine und Interessensgruppe zusammen – deutschlandweit.

Und von dem System der Altenpflege will ich gar nicht erst anfangen.

In vielerlei Hinsicht leben wir weiterhin die Omertà. Mit Blick auf die Schweigeopfer, von denen in den folgenden Kapiteln die Rede ist, können wir von diesem Buch etwas Wichtiges lernen: Wir sollten mutiger werden, vor allem als Gesellschaft.

Einleitung

Das System Kinderkurverschickung

Getreu dem Motto »Luftveränderung tut jedem gut« sind ab der zweiten Hälfte der 1940er-Jahre bis weit in die 1980er-Jahre hinein in der Bundesrepublik alljährlich etwa eine Viertelmillion Kinder in die Kindererholung verschickt worden. Die Jüngsten waren knapp ein Jahr alt, die Ältesten standen am Beginn der Pubertät. Insgesamt betraf es im Lauf der Jahrzehnte geschätzt acht Millionen Kinder. Mal ging es in ein Haus in der näheren Umgebung, mal wurde quer durch Deutschland verschickt – in die Berge, an die See, in die verstreut liegenden Solebäder. Die Kinder reisten nach Amrum, Norderney, Föhr oder Sylt ebenso wie ins Allgäu, in den Schwarzwald oder den Harz.

Das Wort »Verschickungskinder« hören manche der Betroffenen heute zum ersten Mal. Aber es scheint ihnen sofort passend für ihr damaliges und oft auch noch ihr späteres Lebensgefühl. Verschickt zu werden, das heißt unter anderem, vom Individuum zur Nummer zu werden. Für sechs Wochen und manchmal gar für länger waren diese Kinder einem System ausgeliefert, das zu ihrem Besten sein sollte. Viele hatten fürchterliches Heimweh, nicht wenige waren verzweifelt, erlebten ihren Aufenthalt als puren Albtraum, leiden noch heute unter ihren Erlebnissen dort. Sie wollen Aufklärung darüber, warum sie in Kur geschickt wurden und warum sich ein System, das ihnen Schaden zugefügt hat, so lange halten konnte.

Dabei trug es einen vielversprechenden Namen: Kinderkur. Die Idee, Kinder mit etwas aufzupäppeln, was sie im Alltag nicht ausreichend bekamen, war angesichts der schlechten Versorgungslage direkt nach dem Zweiten Weltkrieg so zündend wie ehrbar. Kränkelnde und schwache Kinder sollten sich endlich satt essen können, frische Luft bekommen, neue Anregungen erhalten. Aber was viele Kinder der aufstrebenden Bundesrepublik in den schließlich fast 1000 Erholungsheimen in öffentlicher, kirchlicher und privater Trägerschaft erlebt haben, hat Narben hinterlassen. Warum hat das so lange niemanden interessiert? Gab es keine Signale oder Hilferufe? Oder hat man nicht richtig und geduldig genug hingehört, wenn Kinder versuchten, das Erlebte zu schildern? Womöglich hat man es von ihnen gehört, ihnen aber nicht geglaubt, sie für vermeintliche Lügen und Übertreibungen gar noch getadelt? War das Wahrnehmen unmöglich in einem Land, das in Normalität und Routine verliebt war, weil es den großen Ausnahmezustand von Faschismus und Krieg vergessen wollte? Wurden die Kinder der Bundesrepublik die späten Opfer der Sozialisation ihrer Eltern und des Heimpersonals in autoritären Strukturen sowie der alle Maßstäbe verschiebenden Kriegserfahrungen? Viele Erwachsene dieser Zeit jedenfalls hatten Härte gegen sich selbst eingepaukt bekommen und das Durchhalten als Überlebensprinzip verinnerlicht. Hier stellt sich auch die Frage, was in der Bundesrepublik zugunsten des wirtschaftlichen Wiederaufbaus, zur Erreichung der Ziele der Nachkriegselterngeneration alles zu kurz kam? Was war hier wichtiger als das Einfühlen in die Kinderseele: das Erarbeiten von Statussymbolen, die Fassade einer funktionierenden Familie – und mit all dem das Vergessen der Vergangenheit? Welches Menschen- und speziell welches Kinderbild herrschte hier (immer noch?) vor, um mit Kindern so umgehen zu können?

Die Verschickungskinder haben nicht das große, inzwischen gesellschaftlich anerkannte Drama jener Heimkinder erlebt, die in der Bundesrepublik und der DDR jahrelang seelische und körperliche Gewalt aushalten mussten und deren Biografien und Entfaltungsmöglichkeiten bis in die Gegenwart zerstört worden sind. Nicht ehelich – im Behördenjargon: verwahrlost – aufzuwachsen, reichte oft schon, um in den Fokus des Jugendamtes zu geraten. Im Schatten solchen Unrechts haben die Verschickungskinder öffentlich geschwiegen.

Den kindlichen Willen brechen

Mancher, der verschont blieb, fragt, was denn in ein paar wenigen Wochen Kur so Großes passiert sein solle, dass es bis heute in den Leben der Verschickungskinder weiterwirkt? Was in den Kuren geschah, war fraglos zeitlich viel begrenzter als die Schikanen, Demütigungen und Übergriffe, die Heimkinder der frühen Bundesrepublik und der DDR erlebt haben. Aber in beiden Heimstrukturen handelte man aus dem gleichen Denken heraus: Man agierte aus Prinzip respektlos gegenüber Kindern, weil das Brechen des kindlichen Eigenwillens als Schlüssel zur Entwicklung des sozial gut integrierten Erwachsenen galt. Und diese Haltung beziehungsweise die Taten und Unterlassungen, die aus ihr erwachsen, können zumindest in manchen Seelen auch in kurzer Zeit großen Schaden anrichten. Das eben bezeugen die Geschichten jener Verschickungskinder, die verstört und verletzt aus der Kur zurückkehrten. Das Hauptaugenmerk dieses Buches liegt auf den Bedingungen, unter denen die Verschickung zu einem Massenphänomen in der prosperierenden Bundesrepublik wurde. In dem Deutschland, das für sich in Abgrenzung zur DDR in

Anspruch nahm, Kinder nicht in staatlichen oder politischen Jugendorganisationen zu konditionieren oder gar zu gängeln.

Dieses Buch handelt von einem bislang unerzählten Kapitel der deutschen Nachkriegsgeschichte. Die Wurzeln des Geschehens reichen dabei weit zurück bis in die Kaiserzeit. Und es ist auch kein rein deutsches Phänomen. In den Niederlanden etwa waren die Bleekneusjes, die Blassnasen, und ihr Schicksal schon 1998 Thema einer Ausstellung und eines Erzählprojektes im Freilichtmuseum Arnheim. Ihre Geschichte gleicht der ihrer deutschen Leidensgenossen: Fern der Familien sollten sie genesen – stattdessen vergrößerte sich ihr Leid dort oft. Für alle Länder gilt: Die Folgen dieser Erholungskuren für die psychische Gesundheit so mancher ehemaliger Verschickungskinder erstrecken sich bis in die Gegenwart.

Gab es eine Gesundheitsfürsorgesindustrie?

Wenn nun auch in Deutschland das einst Erlebte in den älter gewordenen Verschickten nach oben und endlich in die Öffentlichkeit drängt, dann stellen sich zusätzlich spezifisch deutsche Fragen. Das Schicksal der Verschickungskinder rührt an die Frage, wie sehr oder wie wenig die Nachkriegsgesellschaft tatsächlich mit Haltungen, Ideen und Konzepten gebrochen hat, die zum Faschismus geführt und im Dritten Reich ihre grausige Blüte erlebt hatten. Führt eine direkte Linie von der Pädagogik der NS-Ideologie und deren Erziehungsbibel *Die deutsche Mutter und ihr erstes Kind*, die Johanna Haarer verfasst hatte, zu jenem Kasernenhofdrill, der den jungen Kurgästen in manchen Heimen abverlangt und durch unmenschliche Methoden erzwungen wurde? Waren die Menschen, die in den Heimen Verantwortung trugen, selbst

Opfer ihrer eigenen Traumata oder der ihrer Eltern? Gaben sie die Grausamkeiten, denen sie selbst ausgesetzt waren, an Schwächere weiter? Gab es jenseits einer möglicherweise von der NS-Erziehungsdoktrin durchtränkten Pädagogik in den Kurheimen zumindest in den ersten Jahrzehnten der jungen Bundesrepublik auch eine Kontinuität des medizinischen und pflegerischen Personals? Oder war alles bloß die Folge der Überforderung des Personals und eines damals schon herrschenden Personalmangels? Und gab es womöglich eine Gesundheitsfürsorgeindustrie, die unabhängig von medizinischem Nutzen an den Kinderkuren als lukrativem Wirtschaftszweig in strukturschwachen Regionen verdiente?

Die folgenden Recherchen werden belegen: Ja, es gab diese Gesundheitsfürsorgeindustrie. Kinderärzte wurden beispielsweise Mitte der 1970er-Jahre dazu angehalten, zur Auslastung von Kinderkurheimen beizutragen, als Anreiz wurden ihre Kurverschreibungen honoriert.

Solche Fragen waren lange tabu. Mittlerweile werden sie auch von der Politik gestellt, im Januar 2020 bei einem Gespräch mit der Autorin über das Thema etwa vom baden-württembergischen Sozialminister Manne Lucha. Die Familienminister aller Bundesländer haben inzwischen gemeinsam an das Bundesforschungsministerium appelliert, ein Forschungsprojekt zum Thema auf den Weg zu bringen. In Baden-Württemberg hat das Sozialministerium Vertreter von Verbänden, Krankenkassen, Kurträgern und ehemaligen Verschickungskindern zum regelmäßigen Austausch eingeladen. Das erklärte Ziel dieser Treffen heißt: Aufklärung der Geschehnisse in den Kurheimen. Andere Bundesländer tun Ähnliches.

Es ist an der Zeit, die Tür in diese Vergangenheit weit aufzumachen und das Dunkel auszuleuchten. Die heute erwachsenen Kinder zu sehen, in denen einst etwas zerstört wurde, als niemand ihre Heimwehtränen trocknete. Als sie Teller leer essen mussten, auch wenn sie vor lauter Ekel erbrachen. Als sie nicht wagten, in ihren Briefen nach Hause ihre Qualen und Ohnmachtserfahrungen anzusprechen, weil sie befürchteten, dass ihnen niemand glauben, das Heimpersonal vielleicht aber die Briefe lesen und sie zusätzlich bestrafen würde.

Kinder warnten sich gegenseitig

Was die Erwachsenen nicht ahnten oder nicht ahnen wollten, sprach sich unter den Kindern teilweise sehr wohl herum. Die knapp sechsjährige Ursula aus dem Sauerland bekam Ende der 1960er-Jahre von ihrem Bruder, der ein Jahr zuvor verschickt worden war, den Tipp, am Abend vor der Abreise eine ganze Tube Zahnpasta aufzuessen. Sie bekomme dann so hohes Fieber, dass man sie unmöglich in den Zug setzen könne. Ursula wollte auf keinen Fall erleben, was ihr Bruder in der Kur erlebt hatte. Sie hatte zwar nur eine verschwommene Ahnung davon, was das im Einzelnen war, aber sie hatte bemerkt: Er war nach seiner Rückkehr nicht mehr der lebhafte Junge von vorher. Er war nun verschlossen und in sich gekehrt. Ursula ging kein Risiko ein. Sie aß die Zahnpasta. »Ich bin drum herumgekommen«, sagt sie heute und meint die Kinderkur.

Auch Martina wusste, dass es schlimm werden konnte. Sie erinnert sich noch an die Erleichterung unter den Kindern im Zug von Süddeutschland an die Nordsee, als der wirklich bis nach Sylt fuhr und nicht in Richtung Norderney abbog. Von Norderney hatten sie nämlich Fürchterliches gehört. Angsteinflößende Geschichten kursierten über viele Heime. Die Erwachsenen haben sie offenbar weggewischt, wie Geschichten vom Spukmann unter dem Bett.

Warum melden sich die ehemaligen Verschickungskinder erst jetzt zu Wort, viele Jahrzehnte später? Ein wichtiger Teil der Antwort liegt in der Ungleichheit des Erlebens. Ansätze zum Erzählen trafen immer wieder auf den Unglauben, den Spott oder die Wut anderer, die ebenfalls eine Kinderkur absolviert haben, aber ganz andere Bilder und Erinnerungen mitbrachten – schöne Erinnerungen, die sie sich nicht zerreden lassen wollten. In manchen Familien geraten Geschwister über die Frage, was in der Kinderkur geschehen ist, im Erwachsenenalter in erbitterten Streit. Es geht um nicht weniger als die Deutungshoheit über die eigene Kindheit.

Die einen möchten eine geborgene Kindheit hinter sich wissen. Die anderen können keinen Frieden mit dem Damals schließen, sie möchten, dass man ihre Verwundungen endlich zur Kenntnis nimmt. Hört man genauer hin, eint die Betroffenen jedoch noch etwas anderes, eine gemeinsame Sorge: Nie mehr sollen Kinder solch institutioneller Gewalt ausgesetzt sein wie sie einst. Und für das eigene Leben gilt wohl für die meisten, was Melanie, 1976 als Sechsjährige nach Bad Dürrheim verschickt, so formuliert: »Ich möchte mich, wenn ich alt bin und Hilfe brauche, nie mehr so ohnmächtig fühlen wie damals als Kind.« Die Angst, noch einmal als Schwächere in einem Machtgefüge anderen, Stärkeren hilflos ausgeliefert zu sein, ist für sie ein unerträglicher Gedanke. Und nicht nur für sie.

»Wir waren ja alle so klein«, beschreibt eine andere Verschickte mehr als eine Altersstufe oder Körpergröße. Und eine weitere findet mit den Worten »Wir wurden alle ganz nackig gemacht« ein schlüssiges Bild für die Erfahrung des Ausgeliefertseins. »Alles war plötzlich weg: die vertraute Umgebung, die Familie, die

Freunde. Einfach alles.« Hört man solche Sätze, sieht man unwillkürlich schutzlose kleine Mädchen vor sich, nicht erwachsene Frauen, die nun selbst längst erwachsene Kinder haben.

Medikamentengabe ohne medizinische Indikation

Für Medikamentenversuche, wie sie die Pharmazeutin Sylvia Wagner für Erziehungsheime nachgewiesen hat, wurden bislang keine Belege in den Akten zur Verschickung gefunden. Aber schon früh sagte Wagner, dass es einige Hinweise gebe, dass Kinder in den Kinderholungsheimen sediert worden seien. Wagner hält das für sehr naheliegend, weiß sie doch aus ihrer Recherche, dass in der Eingewöhnungs- und Heimwehphase der Heimerziehungsunterbringung Kinder medikamentös sediert wurden. Warum, fragt sie, solle das bei der vergleichbaren Personalsituation – zu wenig und fachlich oft nicht qualifiziert – in den Kindererholungsheimen anders gewesen sein?

Für die Heilstätte Maria Grünewald, in Wittlich in der Eifel gelegen, hat sie in der Fachzeitschrift *Medizinische Welt* einen Bericht aus dem Jahr 1961 über den Einsatz von Contergan »als ideales Mittel zur Sedierung unserer tuberkulosekranken Kinder« gefunden. »Kinder, die besonders unter der Trennung von zu Hause litten, gewöhnten sich viel schneller in ihre neue Umgebung ein und wurden ausgeglichener, wenn man schon am ersten Tag mit der Verabreichung von Contergan begann«, zitiert Wagner den Bericht.

Auch in den Kindererholungsheimen gab es abends Tee. Manche Kurkinder erinnern sich, nach dem Genuss des Getränks müde geworden zu sein. Das passt zu der Anweisung, die der

Kinderarzt und Hannoveraner Pädiatrie-Professors Kurt Nitsch 1961 in einer Abhandlung, verfasst mit Kurt Hartung, gibt. Unter dem Titel *Klimakuren bei Kindern. Zur Behandlung von Konstitutionsschwächen* schreibt er: »Wir bekennen uns zu der Auffassung, dass besonders sensible und vegetativ labile Kinder mit großem therapeutischen Nutzen in Krisenzeiten oder bei Änderung des Milieus kurzfristig sedativ behandelt werden können. So ist es etwa sinnvoll, in der ersten Zeit einer Klimakur ein leichtes Schlafmittel am Abend zu geben und über Tag ein niedrig dosiertes Sedativum. Die Kinder gewöhnen sich schneller ein und werden in ihrer allgemeinen Umstimmung nicht durch unerwünschte Reize behindert. Ebenso sind wir davon überzeugt, dass besonders psycholabile Kinder zur Eingewöhnung kurze Zeit ohne Schaden mit Meprobamaten oder ähnlichen Präparaten behandelt werden dürfen.« Das sind Beruhigungsmittel und Tranquilizer, die, wie Wagner betont, medizinisch nicht indiziert waren. Ohne Einverständnis der Eltern sei eine solche Medikamentierung Körperverletzung.

Die Erinnerungen mancher Kinder an sogenannte Heimwehpillen passen ins Bild. Andere erinnern sich an Spritzen. Auch davon wird hier noch ausführlich die Rede sein.

Nitsch ist es auch, der in der erwähnten Anleitung zur Durchführung der Klimakur rät, Kindern keinesfalls den ersehnten Nutzen ihres Verschickungsaufenthaltes als Begründung für die Reise zu nennen. »Vielmehr muss dem Kind suggeriert werden, dass ›die schönste Reise seines Lebens‹ bevorstände.«

Heimweh als Synonym für Trauma

Die Briefe aus der Kur enthielten meist keine Details zu Atmosphäre, Abläufen, Problemen. Aber manchmal genügen wenige Worte, um alles zu vermitteln. Diese sechs zum Beispiel: »Ich möchte so gerne nach Hause.« Keine emotionalen Schnörkel, keine künstliche Dramatik. Und doch ist das ein Notruf, abgesetzt in tiefster Verzweiflung. Geschrieben hat den Satz die neunjährige Dagmar am 4. Mai 1970.

1970: Das ist das Jahr, in dem die Beatles kurz vor ihrer Auflösung ihre Fans in aller Welt noch immer in Ekstase versetzen. Aber auch Simon & Garfunkel, Led Zeppelin und viele weitere Musiker veröffentlichen wegweisende Alben: Die Popmusik spiegelt wie die Mode einen großen Umbruch. Die Röcke waren längst kürzer geworden, die Sitten lockerer. In Berlin wird am 14. Mai der Kaufhausbrandstifter Andreas Baader befreit – dies gilt als Geburtsstunde der Roten Armee Fraktion. Die Welt ist in Aufruhr. Autoritäten werden infrage gestellt, Gewissheiten wanken. Von all dem aber ist in den Kinderholungsheimen nichts zu bemerken. Sie befinden sich an Orten, deren Namen einen guten Klang haben, weil sie auch für Erwachsene beliebte Urlaubsziele sind. Ihre Namen bringen den Geruch von Seeluft und Sonne oder den erdigen Geschmack von Wald mit sich. Aber der schöne Schein trügt.

Dagmars Brief veranschaulicht, wie bedrohlich und einschüchternd viele Kinder die fremdverordnete Erholung empfunden haben. Er ist mit Tinte geschrieben, in der ungelenken Schrift eines Grundschulkindes. Man sieht den Buchstaben die Mühe an, die es das Mädchen gekostet hat, sie ohne Kleckse und unschöne Korrekturen zu Papier zu bringen. Aber gerade in ihrer Bescheidenheit schnüren einem Dagmars Worte die Kehle zu.

Sie erzählen nicht von offensichtlich Skandalösem. Sie sind eine stille Bitte um Erlösung. Sie sagen nicht, wie furchtbar das Leben an diesem fernen Ort ist. Kein Wort von Einsamkeit, fehlender Zuwendung und dem Gefühl, mutterseelenalleine inmitten der anderen zu sein. Doch zwischen den Zeilen hockt das Elend. Gerade mal zwei Wochen ihrer Kur hatte Dagmar hinter sich, als sie diesen Brief schrieb. Vier Wochen lagen also noch vor ihr. Sie berichtet davon, wie viel Schnee jetzt im Mai noch liege. Dass die Sonne bei den Spaziergängen so sehr blende, dass sie eine Sonnenbrille brauche. Fast hat man den Eindruck, alles Drumherum in diesem Brief diene nur einem einzigen Zweck. Dem nämlich, den einen wichtigen Satz endlich loswerden zu können, ihn gleichzeitig aber auch gut zu tarnen. »Ich möchte so gerne nach Hause.« Dagmar fügte noch eine Bitte dazu: »Schreib mir mal ein paar Karten oder Briefe.« Auf den Briefumschlag hat sie mit Buntstiften ein großes rotes Herz gemalt. Es hängt an einer roten Schnur und verschließt den Briefumschlag wie ein Siegel. Nur die Adressaten also sollten lesen, was das kindliche Herz so sehr beschwerte. Wie vernünftig ist dieses Kind, wie sehr bemüht, den Konversationston der Erwachsenen zu treffen. Um keinen Preis will es auffallen oder gar Ärger machen.

»Sechs Wochen waren einfach eine viel zu lange Zeit«, sagt Dagmar heute. Und die begann schon mit einem Schock. Gleich beim Eintreffen im Kurheim wurden Dagmar und ihr ein Jahr jüngerer Bruder getrennt. Dabei war das doch beider Trost gewesen: dass sie in der Fremde ein vertrautes Gesicht nahe bei sich haben würden. Vielen Geschwistern oder Freunden erging es so. Noch zu Beginn der 1990er-Jahre, berichtet eine Verschickte, wurden die Betten von ihr und ihrer Zwillingsschwester auseinandergestellt. Die beiden hatten einander zum Trost bei der Hand gehalten, um einschlafen zu können. Der knapp sechsjährigen Caroline war die Vorstellung von einem Urlaub mit den drei Jungs aus ihrem Wohnhaus, die wie Brüder für sie waren, zunächst durchaus verlockend erschienen. Aber die hier das Regiment führenden Nonnen trennten sie gleich bei der Ankunft im hessischen Bad Soden von ihren Freunden. Caroline hatte das starke Empfinden: »Das ist ungerecht.« Dem ersten Schrecken sollten weitere folgen.

Caroline (2. von links) glücklich wieder zu Hause nach der Kur

Dass viele Verschickungskinder angepasst und demütig auf ihre emotionale Entwurzelung reagiert haben, wurde als Beweis für die Charakterbildungskraft des Systems gewertet. Diese krude Interpretation belegen viele Entlassberichte der Kurärzte an den jeweiligen Kinder- oder Hausarzt: »Albert ist ein braves Kind« steht da etwa. In diesem Fall wurde aber nur aktenkundig gemacht, wie sich ein Kind aus Selbstschutz in innere Emigration und Resignation geflüchtet hat. Auch Dagmar und Caroline fühlten sich ohnmächtig. »Ich habe mich gefügt und darauf gewartet, dass die sechs Wochen um sind«, sagt die erwachsene Caroline.

Wenn Kinder sich beklagten, dann wurde das routiniert abgewiegelt. Immer wieder findet sich dieser Mechanismus in den Akten: Der Beschwerde eines Kindes folgt das Verwiesenwerden ins Reich der Erfindungen. Via Kinderschutzbund gelangten beispielsweise im Jahr 1965 die Vorwürfe einer Siebenjährigen an das badische Landesjugendamt in Karlsruhe. »Am meisten entsetzt sind wir über die sehr glaubhafte Erzählung des Kindes, dass die Kinder, wenn sie nicht essen wollten, mit der Peitsche zum Essen gezwungen würden, und wenn sie sich erbrechen, das Erbrochene wieder essen müssten. Abends nach 8 Uhr dürften die Kinder nicht mehr austreten. Bis 8 Uhr morgens sind die Klosetts verschlossen. Bei nassen Betten gibt es Prügel, ebenso bei Verschmutzung der Betten durch Nasenbluten. (…) Wir halten es für ausgeschlossen, dass das Kind alles erfunden hat«, schreibt die Sachbearbeiterin – mit der Bitte um Aufklärung.

Das zuständige Landratsamt Sinzheim jedoch »sieht keine Veranlassung, die Arbeitsweise des Kindererholungsheims zu bemängeln«. Gewährsfrau für diese amtliche Zurückweisung der Vorwürfe ist keine unabhängige Prüferin, sondern der Einfachheit halber eine der in Verdacht Gezogenen – die stellvertretende Heimleiterin. Die hat wissen lassen, die Behauptung, dass Kinder nachts nicht austreten dürften, sei unrichtig. »Kinder, bei denen bekannt ist, dass sie Bettnässer sind, erhalten am Abend weniger Flüssigkeit und werden außerdem bei den Mahlzeiten entsprechend berücksichtigt.« Auf den Vorhalt, dass die Kinder mit der Peitsche zum Essen gezwungen würden und Erbrochenes wieder essen müssten, hat die Heimleitung erklärt, es gebe im ganzen Heim weder Stock noch Peitsche.

Zum Vorhalt, das Kind könne doch nicht alles erfunden haben, erklärte die anwesende Ordensschwester laut Antwortschreiben des Landratsamtes, es sei unrichtig, dass überhaupt geschlagen werde. »Es wird zugegeben, dass es einmal vorkommt, dass ein Kind von einer Tante einen ›Klaps‹ bekommt, wenn dies zur Herstellung der Disziplin erforderlich ist.«

Aufarbeiten statt leugnen

Banalisieren, bagatellisieren, leugnen, wegschieben: Was hier am Einzelbeispiel sichtbar wird, war bis fast in die Gegenwart das Modell für den Umgang mit Problemen in der Gesundheitsindustriesparte Kinderkuren. Und noch heute findet sich in einem internen Gedankenaustausch auf Heimleitungsebene der Satz, der nicht von einer Offenheit im Umgang mit der eigenen Geschichte spricht. »Noch bin ich sehr zuversichtlich, dass uns kein Schatten aus einer längst vergangenen Zeit trifft«, ist da in einer Mail zu lesen. Viele der Fragen rund um den Komplex sind augenblicklich noch nicht abschließend zu beantworten. Sie müssen Teil weiter gehender interdisziplinärer Forschung sein. Dieses Buch erzählt von Einzelschicksalen, die jedoch über sich hinausweisen. Es stellt Recherchen vor, die an anderer Stelle mit großer Wahrscheinlichkeit ähnliche Ergebnisse zutage bringen werden. Außer Frage steht aber schon jetzt: Was geschehen ist, hat Kinderseelen verletzt. Es widersprach allen Prinzipien der Bindungstheorie. Die Kinder waren in der Kinderkur einem System ausgesetzt, das zumindest in der Praxis völlig außer Acht ließ, dass zur körperlichen immer auch die seelische Gesundheit gehört.

Die erfahrene Familientrauerbegleiterin Mechthild Schroeter-Rupieper aus Gelsenkirchen, selbst ein Verschickungskind aus dem Ruhrgebiet, hat eine interessante Beobachtung gemacht. In ihren Trauerseminaren lässt sie die Teilnehmer immer dort auf ihrer Lebenslinie eine Kerze hinstellen, wo zum ersten Mal Traurigkeit in ihr Leben gekommen ist. Die 56-Jährige hat festgestellt, dass die Frauen und Männer oft die Zeit in der Kinderkur mit einem Licht markieren. Auch Mechthild Schroeter-Rupieper selbst hat ihre Kerze genau dort hingestellt. Sie rechnet die Zeit der Kinderkur in vielen Biografien der Kategorie der noch immer nicht gelebten Trauer zu.

Zur Verteidigung des manchmal ignoranten Umgangs mit den Kindern, ist man schnell geneigt, partielle Themenblindheit zu unterstellen: Damals habe man bei Kinderkrankheiten eben rein von dieser Physis her gedacht. So aber stimmt diese Verallgemeinerung nicht. Mancher Fall macht ratlos, weil schlicht eins und eins nicht zusammengezählt wurden. So liest sich der Bericht einer Mutter aus dem Jahr 1973 über die Kur ihrer gerade mal 21 Monate alten Tochter wie das Protokoll eines vorsätzlichen ärztlichen Kunstfehlers. Das Kind, das so früh schon zwei Lungenentzündungen hinter sich hatte, neigte zu Asthmaanfällen. Die traten regelmäßig montags auf. Dann nämlich verließ der Vater, der weit entfernt arbeitete, die Familie wieder für die ganze Woche. Der Kinderarzt vermutete ganz nachvollziehbar, die Anfälle seien seelisch bedingt. Überhaupt nicht nachvollziehbar ist, was er nun als Kur für diese ins Körperliche durchschlagende Trennungsangst verordnet: einen vierwöchigen Kuraufenthalt für das noch nicht einmal zweijährige Mädchen! Wieso er es sinnvoll fand, dieses Kind ohne jede vertraute Bezugsperson auf die Nordseeinsel Norderney zu schicken, wird sein Geheimnis bleiben. Die Mutter erinnert sich, dass der Verordnung ausdrücklich nicht nur die »gute Seeluft« zugrunde lag, sondern sie auch die Chance für die Tochter beinhalten sollte, sich ein wenig mehr vom Vater abzukoppeln. Die Angst vor dem Verlust des Vaters sollte also durch eine noch brutalere Trennung geheilt werden. Schweren Herzens, aber dem folgend, was sie für höhere ärztliche Einsicht hielten, brachten die Eltern ihre Tochter in das von der Krankenkasse zugewiesene Erholungsheim.

Dort nahm eine Schwester in Ordenstracht Erwachsene und Kleinkind in Empfang. Die Eltern bugsierte sie in einen Büroraum. Das Mädchen nahm sie an der Hand und verschwand mit ihm in den Tiefen des alten Klinkersteingebäudes. Die Eltern hatten keine Gelegenheit, ihre Tochter noch einmal in den Arm zu nehmen oder ihr ein paar tröstende Worte zu sagen. Dieser Moment hatte Züge einer Entführung. Doch damit nicht genug: Besuche seien verboten, tat die Schwester den überrumpelten Eltern kund. Dies war über lange Zeit eine weitverbreitete Regel in den Kurheimen – zwar nicht unbedingt rechtskonform, dafür umso gängiger. Lediglich im Heim anrufen durften sie, aber nur einmal in der Woche, um sich nach ihrer Tochter und deren Gesundheitszustand zu erkundigen. Das Kind selbst durfte nicht ans Telefon. Die Eltern durften nur zuhören, wie sich eine Schwester mit der Kleinen unterhielt. Man kann sich ausmalen, welch Quälerei das für Kind und Eltern war.

Das Weihnachtsfest 1973, zu dem die Tochter wieder hätte zu Hause sein sollen, wollte man zum Trost besonders schön gestalten. Doch das Kind durfte noch nicht zurück nach Hause. Es sei, so der herrische Bescheid, als die Eltern telefonisch die Abholung klären wollten, noch nicht genesen. Ein längerer Aufenthalt sei zum Wohl der Kleinen. Zu widersprechen kam ihnen wie schon bei der Kurverschreibung selbst nicht in den Sinn. Autoritätsgläubigkeit und Obrigkeitsfurcht durchzog noch immer Teile der Gesellschaft, obwohl viele gesellschaftliche Verkrustungen seit Ende der 1960er-Jahre aufbrachen. Vor allem Ärzte aber und ihr professionelles Personal genossen noch immer kuschendes grenzenloses Vertrauen als Autoritätspersonen mit Wissensvorsprung.

Einen Anruf außer der Reihe ließ das strenge Regiment der Schwestern nicht einmal an Heiligabend, sondern nur am Ersten Weihnachtsfeiertag zu. »Es war ein fürchterliches Weihnachtsfest für uns«, schreibt die Mutter in ihrem nun der Forschung zur Verfügung gestellten Bericht über diese für alle Familienangehörigen traumatische Erfahrung. Die war mit dem endlich erreichten Schlusstermin der Aufenthaltsverlängerung noch immer nicht vorbei. Nun hieß es, eine Mandelentzündung müsse erst auskuriert werden: neuerliche, zeitlich unbestimmte Kurverlängerung. Diesmal aber hielt die Mutter es nicht mehr aus. Sie bestand darauf, ihre Tochter heimzuholen. Daraufhin bot man ihr zumindest einen konkreten Termin für die Abholung an: Anfang Februar. Als die Mutter mit ihrer zweiten, fünfjährigen Tochter dann endlich auf Norderney ankam, erkannte das Kurkind weder sie noch ihre Schwester wieder. Nach über zwei Monaten Trennung waren beide Fremde für sie geworden. »Das ist deine Mama und das deine Schwester«, musste die Schwester im Erholungsheim erklären. Brav wiederholte das Mädchen, als spreche es über Menschen, die es gerade erst kennengelernt habe: »Oh, meine Tante Mama und meine Wester!«

Zwei Wochen lang fremdelte die Kleine zu Hause weiter, wollte sich nicht in den Arm nehmen lassen und vermied jeden Körperkontakt mit der Mutter. Kuscheln wollte die Zweijährige nur noch mit ihrem Vater – mit jenem Mann, von dem sie sich in der Kur hätte lösen sollen. Ein Schlaglicht auf die Verstörtheit des Mädchens wirft eine Episode, die sich einige Zeit nach der Kur zutrug. Für ein Familienbild versammelten sich die Eltern mit ihren beiden Töchtern bei einem Fotografen. Die Kleine wehrte sich mit Händen und Füßen gegen den Aufenthalt im Atelier. Der neue Kinderarzt, den sich die Eltern wohlweislich gesucht hatten, mutmaßte, die Kamera habe schlimme Erinnerungen an die Kur wiederaufleben lassen. Das Kind habe wohl geglaubt, wieder geröntgt zu werden, wie Monate zuvor auf Norderney.

Brüchige und spärliche Erinnerungen

Alles, was hier an Beispielen für Schrecken in der Kur aufgeführt wurde, sind Ausnahmen. Ausnahmen nicht deshalb, weil andere ehemalige Verschickte sich an nette Aufenthalte erinnern. Sondern weil durch familiäre Aufzeichnungen, durch Aktennotizen, durch ein paar im Gedächtnis gebliebene scharfe Details zu äußeren Faktoren die Kinderkuren verortbar oder ihre spezifischen Schrecken wenigstens genauer benennbar sind. Viele Kurkinder haben den Schrecken in sich sitzen, die Details aber verdrängt und keine Aufzeichnungen als Unterstützung. Inzwischen brechen sie ihr Schweigen, stützen einander bei der oft mühsamen Spurensuche in der eigenen Vergangenheit. Für viele liegt die völlig im Dunkeln. Die Namen der Heime haben sie vergessen. Für viele ist es schon ein Erfolg, den Namen des Ortes zu wissen, an dem sie ihre Kur verbracht haben. Sie tasten sich etwa auf Postkartenbörsen an ihre eigene Geschichte heran, hoffen, dort ein Bild ihres einstigen Heims zu finden.

Viele haben bis tief in ihr Erwachsenenleben hinein mit der Vorstellung gelebt, nur ihnen sei es in ihrer Kinderkur so ergangen. Nur sie hätten gelitten. Im Erfahrungsaustausch mit anderen im Rahmen der Verschickungskinderinitiative begegnen sie nun endlich Leidensgenossen, vor denen sie sich nicht wortreich erklären müssen. Wie viel Erleichterung spricht aus dem oft gehörten Satz »Endlich glaubt mir jemand.«

Dass die Erinnerungen so bruchstückhaft sind, liegt jedoch nicht nur daran, dass sie in ganz jungen Jahren gebildet wurden. Es liegt auch an den Mechanismen der Psyche, die einsetzen, wenn Angriffe auf die Seele übermächtig sind. Wenn der Übergriff auf die eigene Integrität sich nicht bewältigen lässt, setzt ein, was die Psychologie Dissoziation nennt. Dann werden nicht nur die Gefühle von dem Ereignis getrennt – sondern auch beides erst einmal aus der zugänglichen Erinnerung verbannt. »Dann kann man nur überleben, indem man die Wucht des Geschehens abmildert und die Ereignisse fragmentiert«, erklärt Arne Burchartz, der als Kinder- und Jugendlichen-Psychotherapeut mit seinen Klienten auf dem Weg der Heilung versucht, ihre Erinnerungen wieder zusammenzusetzen.

Wenn aber das Geschehene in viele kleine Erinnerungsfetzen zerlegt wird, gibt es kein vollständiges Bild mehr davon. Die Erzählung darüber bleibt zwangsläufig löchrig und fahrig. Aber das in kleine Portionen aufgeteilte Erinnerte kann in alle nur erdenkliche Winkel des Ichs verschoben werden. So schützt sich die Seele und ermöglicht ein Weiterleben. Die Unmöglichkeit, zusammenhängend zu erzählen, hat ernste Folgen: Die unstimmige Erzählung führt zu Unglauben bei den Angesprochenen, der Unglaube zu weiterer Verunsicherung der Erzählenden.

Arne Burchartz arbeitet seit Jahren mit traumatisierten Kindern und Jugendlichen. Bei den Verschickungskindern sieht er so ziemlich alle Parameter für ein Trennungstrauma erfüllt. Burchartz beschreibt das Dilemma, in dem die Kinder sich befanden: »Sie wurden in den Zug gesetzt, ohne zu wissen, was mit ihnen geschieht, und ohne darauf vorbereitet worden zu sein. Für kleine Kinder ist es entsetzlich, wenn die elterliche Fürsorge unterbrochen wird. Das Kind bekommt Angst und fragt sich: ›Was passiert mit mir? Wer sorgt jetzt für mich?‹« Aus der Bildungsforschung ist bekannt, wie elementar die Bindung für das Sicherheitsgefühl des Kindes ist. Beim Gros der Verschickungskinder wurde diese Bindung schon durch die oft mehrere Stunden dauernde Anreise ohne vertraute Bezugsperson gestört. Aus Kindern wurden Transportgüter, die von A nach B gebracht werden mussten. Von Berlin in den Schwarzwald, von Oberschwaben an die Nordsee, kein Weg war zu weit. Wenn es sein musste, fuhren die Züge bereits zu nachtschlafender Zeit los. Die Verwandlung der kleinen Menschen in Stückgut wird durch den Begriff Verschickungskinder unfreiwillig gut ausgedrückt. In manchen Erinnerungen ist ein Detail der Entindividualisierung doch haften geblieben: Reinhard und Heike, deren Schicksal in den folgenden Kapiteln genauer beleuchtet wird, wissen beispielsweise noch genau, wie sie bei der Ankunft auf Borkum zu Nummer 11 und Nummer 15 wurden.

»Die Kinder wurden überflutet von Angst, Unsicherheit und Hilflosigkeit«, gibt der Pädagoge, Theologe und Kinder- und Jugendlichen-Psychotherapeut Burchartz eine herbe Diagnose ab. »Diese Kinder haben schlagartig all ihre Sicherheit verloren.« Damit meint er das, was Erwachsene allzu oft als »ein bisschen Heimweh« oder gar als »Reisefieber« abtaten. Beide Begriffe reduzieren eine seelische Ausnahmesituation, die Kinderärzte mittlerweile so ernst nehmen, dass sie ihr Krankheitsmerkmale zuordnen. Depression und Angst sind Symptome, die etwa der Kinderarzt Christopher A. Thurber aufgrund empirischer Untersuchungen in Feriencamps und Internaten der Trennung und dem neuen Zwangserleben zuordnet. »Heimweh«, formuliert Arne Burchartz schonungslos, »ist ein schönes Wort dafür, sich ein Trauma anzueignen.«

Einer Reporterin, die 1951 für eine Reportage über den Kuralltag ins Kindersolbad Bad Friedrichshall kommen möchte, empfiehlt der damalige Chefarzt, nur Kinder zu befragen, die bereits ein paar Wochen da sind, »damit vermieden bleibt, dass heimwehkranke Kinder zur Befragung kommen, wodurch sich leicht ein schiefes Bild ergeben könnte«. Es ist höchste Zeit, das wirklich schiefe Bild, das dieser Chefarzt so mitentstehen ließ, geradezurücken.

Was ist also geschehen in den Kinderkurheimen? Wenden wir uns den Zeitzeugen zu und dem, was sie berichten. Und schauen wir in die Archive und auf die dort schlummernden Aktenvermerke, Briefe, Beschwerden – kurz auf alles, was die Berichte der ehemaligen Verschickungskinder vervollständigen und ergänzen kann. Denn jedes Dokument ist ein Puzzleteilchen, das hilft, das System der Kinderkurverschickung zu durchleuchten und offenzulegen.

Kapitel 1

Das Heimweh-Trauma

Sabine in Bad Rappenau

Nur wenige Monate bevor Sabine im Februar 1970 in die Kindererholung geschickt wird, ist ihre kleine Schwester überraschend gestorben. Das System Kinderkur bemächtigt sich Sabine, obwohl das sechsjährige Mädchen statt Drill dringend Trost gebraucht hätte.

In der Zeit davor war Sabine schon auf einen Baum geklettert, da hatte es ihre ältere Cousine gerade mal über die Türschwelle geschafft. So charakterisierte jedenfalls Sabines Tante, die wie viele der Onkel und Tanten aus Sabines großer Verwandtschaft auf dem Land lebte, ihre Nichte gerne. Für das vor Leben strotzende Stadtkind Sabine waren die Besuche dort eine einzige große Einladung, das Leben auszukosten. Die heute 56-jährige Sabine resümiert schlicht so: »Ich war ein vitales, sportliches und schlankes Kind.« Dieses Mädchen ging gern in den Kindergarten. Es spielte mit Freunden auf der Straße, wie das in den 1960er-Jahren in ihrem Viertel in Stuttgart so wie in vielen anderen Städten auch noch möglich war. Nur ab und zu fuhr mal ein Auto durchs Wohngebiet, eher Ereignis als Gefahr. In den heimischen Straßen und auf den Spielplätzen »habe ich mich Dinge getraut«, erzählt Sabine von sich als Kind. »Ich war immer aktiv.« Sie mag das Kind, das sie einmal war, mit all seinen Wesenszügen – und vermisst es. Man begreift das auch, ohne dass sie es sagen muss.

Die Welt war für die umtriebige Sechsjährige ein einziger Abenteuerspielplatz, sie eroberte sich täglich ein weiteres Stückchen Selbstständigkeit. Ein wenig darf man sich Sabine wie Pippi Langstrumpf aus den Kinderbüchern Astrid Lindgrens vorstellen. Auch rein optisch: Sie trug ihr Haar zu zwei Zöpfen gebunden, die mit Gummibändern zusammengehalten wurden. Zwar nicht geflochten wie die von Pippi – aber die Gummibänder wurden von roten Kugeln geschmückt, die wie große Herzkirschen aussahen. Lustig, fast ein bisschen frech wirkte das. Ein aufmüpfiges Kind, das sich gegen die Erwachsenen gestellt hätte, war Sabine aber nicht, ein aufgewecktes dagegen durchaus. Man muss sich ihr Leben und Wesen davor vor Augen führen, um zu begreifen, was Sabine in nur einem Vierteljahr, zwischen Dezember 1969 und Frühjahr 1970, genommen wurde. Sie verlor alle Zuversicht und das Vertrauen in die Welt, die sie umgab. Sie ging ihrer Mutter danach nicht mehr von der Seite. Es war jetzt undenkbar, dass sie anderswo übernachtet hätte als in ihrem vertrauten Bett in ihrem Zimmer zu Hause. Ihre Welt war sehr klein gemacht worden.

Geliebte kleine Schwester

Zum Davor gehört auch, dass Sabine liebend gern eine große Schwester war – und stolz darauf, mit viereinhalb Jahren endlich in dieser Position zu sein. Sie nahm ihre Aufgabe so ernst, wie man das als Kindergartenknirps eben kann. Die Große und die Kleine teilten sich bald ein Zimmer, nur anfangs schlief der Säugling bei den Eltern im Schlafzimmer. Aber auch in diesen Nächten war Sabine in ihren Gedanken bis zum Einschlafen immer bei ihrem Schwesterchen Elke – nur eben vom Nebenzimmer aus.

Es gibt ein Bild von Sabine und Elke, aufgenommen im Jahr 1969 von einem Kaufhausfotografen. Lange vor allzeit paraten Taschentelefonen mit Fotofunktion waren Familienbilder nicht nebenbei im Alltag, sondern nur bei festlichen Gelegenheiten oder auch im Urlaub entstanden. Ende der 1960er-Jahre wurde es nun es eine weitverbreitete Gewohnheit, während des Einkaufsbummels ein Foto von sich machen zu lassen. Man ging nicht extra in ein Fotostudio, man konnte das im Kaufhaus erledigen: Gleicher Hintergrund, gleiche Stofftiere, gleiche Bälle – Fotos wie das von Sabine und ihrer Schwester klebten in vielen Familienfotoalben, standen in Schrankwänden. Kuriose Kleidung, ernster Blick, ein schamlos unnatürliches Studiosetting bestimmten diese Momentaufnahmen. Falls man sie später wieder hervorkramt, betrachtet man solche Bilder üblicherweise als irgendwie schräge Relikte, skurrile Erinnerungen. Das Leben ist weitergegangen und hat sich verändert. Für Sabines Schwester aber hat es nur wenige Wochen nach ihrem Foto ein jähes Ende gefunden.

Auf dem Bild hält die große Schwester die kleine ganz fest. Elke umklammert einen rot-weiß gepunkteten Ball. Dass er diese Farben hatte, ist wie so vieles aus dieser Zeit in Sabines Gedächtnis eingeprägt, das Foto selbst ist schwarz-weiß. Es hat Seltenheitswert, es gibt nicht viele Bilder, auf denen diese Beziehung festgehalten ist. Denn wenige Tage vor dem Weihnachtsfest 1969 hörte Sabine auf, eine große Schwester zu sein. Elke war gerade einmal anderthalb Jahre alt, als sie erkrankte – an einer schweren Erkältung, wie man zunächst glaubte. »Sie war verschnupft, hat schwer geatmet, gehustet – und der Kinderarzt hat Bronchitis diagnostiziert«, erinnert Sabine sich. Die Eltern waren zwar besorgt, ihr anderthalbjähriges Kind rang im Bettchen nach Atem. Aber letztlich vertrauten sie den Worten des Arztes: Erkältung, das hörte sich nicht lebensgefährlich an. Doch der Mann mit dem Stethoskop und der Erfahrung mit vielen vermeintlich ähnlichen Fällen, die sich fast von selbst auskuriert hatten, verkannte die Gefahr. Wie sich später herausstellte, litt Elke an einem angeborenen, nicht entdeckten Herzfehler.

Sabine fasst die Dramatik dieses Vorweihnachtstages in zwei nüchternen Sätzen zusammen: »Als ich abends ins Bett ging, waren wir eine intakte Familie mit krankem Kleinkind. Als ich morgens aufwachte, war meine Schwester nicht mehr da.« »Nicht mehr da«, diese Formulierung verpackt ins Isoliermaterial sachlicher Kargheit, dass Elke in der Nacht gestorben war. Sabine war keine große Schwester mehr. Sie musste niemanden mehr beschützen. Dass sie von nun an selbst Schutz gebraucht hätte, wollte niemand sehen.

Die Eltern hatten Elke nach einem Erstickungsanfall am späten Abend noch als Notfall ins Krankenhaus gebracht. Schemenhaft erinnert sich Sabine an den überstürzten Aufbruch in die Klinik, daran, wie die Eltern noch im Hinausstürzen die Nachbarin alarmierten. Bei der fühlte sich die Sechsjährige in dieser Nacht, in der es um Leben und Tod ging, sicher. Man kannte einander, die Frau setzte sich Sicherheit spendend ans Bett. Noch schien der Standardtrost »Alles wird gut, du wirst sehen« ein aus dem Wissen und Können der Erwachsenen gespeistes Versprechen. Und doch erinnert sich Sabine auch an einen Moment des Zweifels – als sie in den Stunden zwischen dem alten und dem neuen Leben aufwachte und sich in dieser Zwischenwelt, halb noch im Traum, halb kurz wach, fragte, »warum die Nachbarin noch immer bei mir saß«. Aber die Müdigkeit war stärker als die Verwunderung, Sabine schlief wieder ein.

Am Morgen war die Nachbarin noch immer da. »Sie sagte, ich solle mit nach unten kommen«, erinnert sich Sabine an diesen gespenstischen Dezembermorgen. Sie folgte der Frau, die in ihrer Erzählung keinen Namen hat: »Ich bin einfach aufgestanden und mitgegangen.« In der Wohnküche waren ihre Eltern umringt von Menschen, einem Knäuel Erwachsener. Wer alles da war, kann Sabine nicht mehr sagen. Aber alle werden wohl Angst gehabt haben vor dem Moment, in dem man dem einen Kind eröffnen musste, was dem anderen widerfahren war. »Ich habe sofort gesehen und gespürt, dass etwas Schlimmes passiert war.«

Mit welchen Worten ihre Eltern ihr erklärt haben, dass Elke gestorben war, weiß Sabine nicht mehr. »Ich weiß nur, dass ich das nicht kapiert habe.« Wie soll man auch verstehen, dass sich eine Welt der unendlichen Möglichkeiten über Nacht in einen Ort der Düsternis und der Schutzlosigkeit verwandelt. Was Sabine von diesem Tag und den folgenden in Erinnerung geblieben ist, ist der Anblick von Erwachsenen, die ihre Lebendigkeit verloren hatten. »Ich habe gesehen, wie gebrochen meine Eltern waren.« Der Schmerz der Eltern, die ihr Kind verloren hatten, war so übermächtig, dass er die Wunde des Mädchens verdeckte, das seine kleine Schwester verloren hatte und dringend der Zuwendung bedurfte. Man nahm wohl an, ihr kindliches Gemüt habe sich nach dem fraglos heftigen Schock der Nachricht rasch zurückgebogen in Akzeptanz und Freude am Hier und Jetzt. Sabine erinnert sich nicht, getröstet oder in den Arm genommen worden zu sein. »Es gab überhaupt nicht sehr viele Gespräche darüber, was uns als Familie geschehen war.«

Die Erwachsenen retteten sich damals in Krisen oft in den Schweigemodus. Der Irrglaube, was man nicht ausspreche, finde so auch keinen Zugang zu den tieferen Regionen der Seele und falle irgendwann von einem ab wie eine vollgesogene Zecke, war noch weit verbreitet. Das war ein hilfloser Versuch des

Selbstschutzes, der nicht funktionierte. »Wir hätten alle Hilfe gebraucht. Aber dann eben als Familie«, ist Sabine heute überzeugt. Ihr wurde der Verlust von Momenten tiefer in die Seele getrieben, von denen die Eltern gar nicht bemerkten, dass und wie das Kind sie aufnahm. So gab es gleich am Todestag von Elke eine grausig-spöttische Verzerrung der Normalität. Einer der älteren Cousins aus Bayern, den das Telegramm mit der Todesnachricht nicht mehr rechtzeitig erreicht hatte, stattete seinen Weihnachtsbesuch in Stuttgart ab. In seinem Koffer brachte er Geschenke – auch eines für seine gerade verstorbene Cousine.

Nach den Weihnachtsfeiertagen wurde Elke beerdigt. Sabine erinnert viele Sonntage danach, an denen der Weg die verwaiste Familie an Elkes Grab führte. Sie hat das sich oft wiederholende Erlebnis noch vor sich, mit ihrer Mutter Bekannte oder Nachbarn beim Einkaufen auf der Straße zu treffen. Die Mutter war immer ein kontaktfreudiger und offener Mensch gewesen. Entsprechend viele Menschen, die sie auf diesen Erledigungstouren trafen, sprachen mit ihr – und anders als zu Hause sprach die Mutter mit ihnen offen über Verlust und Trauer. Als hätten unterwegs gesprochene Sätze keine Chance, sich im Leben der Sprechenden festzusetzen, als würden sie dort gleich wieder verweht.

Wenn die Bekannten der Mutter kondolierten, blieb in den Beileidsbekundungen zwar auch ein bisschen Bedauern für Sabine übrig. Was der aber nachdrücklicher in Erinnerung geblieben ist, ist die immer gleiche Ermahnung: »Du musst jetzt brav sein. Deine Eltern haben schon so viel Kummer.« Als könne Gehorsam Schmerz mildern. »In der Trauer der Erwachsenen war wenig Raum für meine Trauer«, sagt Sabine heute aus dem Abstand von über 40 Jahren. »Ich habe Jahrzehnte gebraucht, bis ich verstanden habe, dass das auch mein Verlust war.«

Familie in Trauer

Sabine erzählt sehr ausführlich vom Tod ihrer kleinen Schwester, weil sie findet, nur so könne man verstehen, was zwei Monate später geschehen ist und mit welcher Wucht sie das erfasste. »Das alles hat meine Familie durcheinandergewirbelt«, sagt sie. Um nichts aber waren sowohl ihr Vater als auch ihre Mutter stärker bemüht als ums Nichtauffallen. Beide hatten sich »beim Bosch«, wie man in Baden-Württemberg sagt, kennengelernt, einem der großen und auch sozial eingestellten Arbeitgeber in Stuttgart. Das galt schon als die halbe Miete für ein Leben ohne Zukunftsangst.

Die Mutter war 19-jährig vor dem Bau der Mauer allein über die grüne Grenze aus Thüringen gekommen. Sabines Vater war ein Flüchtlingskind aus Schlesien. Beide suchten ein besseres Leben als das, das sie hinter sich gelassen hatten. Das konnte ihrer Meinung nach nur gefunden werden, so hat es ihre Tochter wahrgenommen, wenn man »möglichst angepasst lebte«. Bis zu Elkes Tod gelang das auch. Aber eine trauernde Familie kann diesem Anspruch nicht mehr ohne einen alle Energien verzehrenden Kraftaufwand gerecht werden. Sie steht nun neben dem Leben der anderen, fern der vorigen Normalität. Für sie herrscht nun Ausnahmezustand. Jede Stunde, jeden Tag.

Aus der neugierigen und umtriebigen Sabine wurde ein anderes Kind, eines, dessen Gemütszustand der Arzt bei der Schulfähigkeitsuntersuchung im Kindergarten wenig später so beschrieb: scheu, schüchtern, sensibel. Nur in ihrer Unterwäsche standen die Kinder vor dem Untersuchenden und wartetet auf dessen Erlaubnis, endlich Schulkinder werden zu dürfen. Dann gehörte man ja faszinierenderweise endlich zu »den Größeren«. Wie eine Musterung sei das gewesen, sagt Sabine, der ihre Kurzbeschreibung durch den Arzt heute noch in den Ohren klingt: scheu, schüchtern, sensibel. Dass die Worte nicht in Vergessenheit gerieten, dafür sorgte schon deren häufige Wiederholung durch die Mutter. Sie wurden als endgültig vorgebracht, als könne man gegen die Diagnose einer medizinischen Autorität wenig ausrichten. Nur passte ein scheues, schüchternes, sensibles Kind nicht ins Konzept der Eltern und Verwandten. Alle in der Familie waren groß und robust »und konnten was aushalten«. Dass Sabine nicht grundlos, auch nicht wegen einer genetischen Disposition scheu, schüchtern und sensibel geworden war, sondern dass sie trauerte – diesen Gedanken wollte keiner an sich heranlassen. Am ehesten hatte vielleicht der Schularzt eine Ahnung von der Traurigkeit des Mädchens bekommen, an dessen Schulreife er zweifelte. Aber für Traurigkeit gab es keine Kennziffer und keine Therapieanwendung beim Hausarzt vor Ort.

Sabine glaubt sich zu erinnern, man habe den Eltern die Idee einer Kur schmackhaft gemacht. Frische Luft und Tapetenwechsel tue dem Kind doch jetzt gut. Es sei blass. Das Solebad in Bad Rappenau tue Wunder für die Atemwege und die Bronchien. Der Hinweis auf eine organische Schwäche, auf heraufziehende Krankheiten – hat er Sabines Eltern ins Mark getroffen? Haben sie erschreckt gedacht: Nicht schon wieder? Diskutiert man in einer solchen seelischen Ausnahmesituation mit einem Arzt? Stellt man sich gegen seinen Rat? Holt man eine Zweitmeinung ein, auf die Gefahr hin, als uneinsichtige Querulanten zu gelten?

Sabines Eltern taten all das nicht. Sie waren einfache Arbeiter. Keine im Gespräch mit Autoritäten geübten Akademiker, die es gewagt hätten, mit Ärzten auf Augenhöhe über Sinn und Unsinn einer Maßnahme zu diskutieren. Sie fügten sich ins eingespielte System der Erholungskuren für Kinder, das sich, so die allgemeine Einschätzung, bestens bewährt hatte. Die Stadt Stuttgart hatte unter anderem mit dem Solebad in Bad Rappenau einen Vertrag geschlossen und schickte regelmäßig erholungsbedürftige Kinder dorthin zur Kur. Das waren übliche Strukturen, wie sie zwischen Heimträgern, Heimen und Kommunen Tradition hatten. Dagegen lehnten sich kleine Leute nicht auf, falls ihnen überhaupt Bedenken kamen. Entgegen der Diagnose des Schularztes hatte Sabine es nie an den Bronchien. Sie war ein schlanker Typ, aber kein Kind, das unter Mangelernährung litt.

Kuranbieter werben massiv

Um ihre Häuser auszulasten, warben die jeweiligen Träger massiv bei möglichen Verschickern: Das waren etwa große Firmen mit Betriebsärzten, Kinder- und Hausärzte oder auch städtische/staatliche Gesundheitsstellen.

Die Innere Mission, das spätere Diakonische Werk, verschickte beispielsweise regelmäßig ihr Angebot an Erholungskuren. Eine aus dem Jahr 1963 stammende, mehrseitige Empfängerliste zeigt, wie breit diese Offerte gestreut wurde. Die Oberpostdirektion findet sich hier ebenso wie die Bundesbahndirektion, die Krankenkassen sowieso: von der AOK und der Barmer Ersatzkasse über die Kaufmännische Krankenkasse Halle bis hin zur DAK, aber auch einzelne Firmen, etwa ZF Friedrichshafen, Standard Elektrik Lorenz (SEL) und die Robert Bosch GmbH, der Arbeitgeber von Sabines Eltern. Aber nicht nur große, auch viele kleine Betriebe wurden auf die Möglichkeit von Kuren hingewiesen.

Rücksicht auf die Situation der Kinder und ihrer Familien nahmen die eingefahrenen Strukturen dabei offenbar nicht. Also verleibte sich das System Sabine ein und erteilte klare Ansagen. Damit sie die anderen Kinder dort nicht gefährdete, musste sie bereits zwei Wochen vor Kurantritt in häusliche Quarantäne, abgesondert von anderen Kindern, und durfte nicht in den Kindergarten. Das war keine Sonderregelung, es galt für alle Kurkinder vor ihrer Abreise. Sabine ging mit ihrem Vater in dieser Zeit zum Schwimmen ins Hallenbad – und hatte plötzlich dicke Warzen am Fuß. In einer Hopplahopp-Aktion schnitt der Arzt ihr diese am Wochenende weg. Sabine erinnert sich noch gut an die Aufregung bei ihren Eltern, sie könnte kurz vor der Reise nicht kurfähig sein.

Ihren Eltern hält die erwachsene Sabine zugute, dass sie wenige Wochen nach dem Tod ihrer jüngsten Tochter noch immer in einem extremen Ausnahmezustand gewesen seien. Bei ihrer Entscheidung, ob sie dem Druck von außen nachgeben und ihre nun einzige Tochter fortschicken sollten, waren sie auf sich selbst gestellt. Niemand konnte ihnen Rat geben. Obendrein sollte ja alles ganz schnell gehen. Getreu dem Motto: Wenn das Kind bald wegfährt, kommt es auch bald wieder zurück. Augen zu und durch!

Die Eltern dieser Generation, ist Sabine heute überzeugt, übernahmen viele der Erziehungsmethoden, die sie selbst erlernt – oder erduldet – hatten. Kinder hatten einfach »zu folgen«, wie die Ausdrucksweise für Gehorsam doppeldeutig sagt: Die Kleinen folgen den Großen dann ein Leben lang nach. Die kritiklose Achtung vor Autoritäten wurde zu Hause eingebläut. Das Ergebnis dieser Strenge bilanziert Sabine so: »Sie haben sich ein Leben lang den Ärzten und Lehrern unterlegen gefühlt.« Folglich taten sie, was ihnen geraten wurde. Mit den besten Absichten natürlich, wollten sie ihrer Tochter doch beste Startvoraussetzungen bieten. »Ihre Hoffnung war wohl, dass ich dann gesund und fröhlich wieder zu ihnen zurückkomme.« Das Ziel aller: Das Kind, aufgepäppelt durch die Kur, sollte noch im Sommer eingeschult werden.

Vielen von denen, die verschickt wurden, erging es ganz ähnlich. Sie wurden kurz vor ihrer anstehenden Einschulung zu Kurkindern. Oft war die Verschickung das erste Mal, dass sie allein fort von ihrem Zuhause und ihrer Familie waren. Der Gedanke, das Herausgerissenwerden aus der gewohnten Umgebung und allen vertrauten Zusammenhängen könne eine junge Seele auch völlig überfordern, kam wohl nicht allzu vielen Eltern. Sabines Mutter lebt noch. Die inzwischen 82-Jährige kann sich nicht mehr recht erinnern, glaubt aber, ihre Tochter selbst habe in Kur gewollt. Anfangs freute sich Sabine auch durchaus auf Bad Rappenau. Sie war, anders als manches von Anfang an ängstliche Kurkind, gespannt auf die anderen Kinder, die sie dort treffen würde. Sie glaubte den Versprechungen der Erwachsenen, es werde dort schön sein, es würden viele lustige Dinge auf sie warten. Man beschwor Ferienlagerromantik mit ganz vielen Abenteuern herauf – in bester Absicht, ohne irgendeine Ahnung zu haben, wie so ein Kuraufenthalt wirklich ablief. Verreist war Sabine bis zu diesem Zeitpunkt immer gerne – aber eben mit den Eltern.

Hat man wirklich einem sechsjährigen Mädchen die Entscheidung überlassen, ob es in Kur will? Und hätte das Kind überhaupt die Chance gehabt, Nein zu sagen? Sabine ist ratlos, ob die Erinnerung ihrer Mutter stimmt. Sollte das so sein, sagt sie, könne sie darüber nur den Kopf schütteln. Zugleich stellt sie sich den Horror der nun gänzlich kinderleeren Wohnung vor. Auch die Eltern muteten sich mit der Kur einiges zu. Sabine weiß noch, wie sie an einem Februartag des Jahres 1970 wirklich höchst zufrieden mit ihrem Kinderköfferchen, das randvoll mit Gummibärchen und Kinderschokolade gefüllt war, in den Zug gesetzt wurde. Abfahrt 11.52 Uhr ab Hauptbahnhof Stuttgart, so steht es in der Akte des Jugendamtes Stuttgart. Eine Szene beim

Abschied hat Sabine noch gut vor Augen. Die Mutter stand am Bahnsteig und winkte so lange, wie sie den Zug überhaupt noch sehen konnte. Und so lange schaute auch Sabine zurück.

Begleitet wurden Sabine und 69 andere Kinder von vier Begleiterinnen. Diese Aufgabe übernahmen Fürsorgerinnen, Schreibkräfte des Gesundheitsamtes, manchmal auch pensionierte Kindergärtnerinnen. So ist es in den alten Dokumenten nachzulesen.

Dort findet sich auch folgender Text eines »netten Liedchens«, den das Heim seiner Hausordnung voranstellt:

In dem schönen Unterland/
lugt ein neues, schönes Haus/
gar nicht weit vom Neckarstrand/
aus des Schwärzbergs Bäumen raus.
Frühling, Sommer, Herbst und Winter/
ziehen in den hellen Bau/
lauter lust'ge Schwabenkinder/
– und der Ort heißt Rappenau.

Das Lied macht der erwachsenen Sabine Gänsehaut, als sie es in den Akten findet.

Noch im Zug fing die kleine Sabine damals an, von ihrem Schokoladenproviant zu naschen. Nur so, aus Spaß an der Fahrt – nicht, weil sei geahnt hätte, dass man ihr den Koffer samt Inhalt gleich bei der Ankunft abnehmen würde.

Drill statt Trost

Die Euphorie der sechsjährigen Sabine endete dann auch mit der Ankunft am Kurort. Der entpuppte sich schnell als eine gänzlich andere, von Sabine überhaupt nicht als fürsorglich empfundene Welt – und strafte das Liedchen Lügen. Das erste Bild, das vor Sabines innerem Auge aufsteigt, wenn sie sich an die Ankunft erinnert, ist Schnee. Viel Schnee. Durch den mussten die Kinder einen »gefühlt sehr langen Weg« gehen. Bis zum Knie reichte der Schnee, das Stapfen in der dicken Winterkleidung war anstrengend. Als die Kinder endlich am Kurheim ankamen, sollten sie auf Gruppen verteilt werden und ihre Zimmer zugewiesen bekommen. Sie standen in einem großen Saal, während nacheinander ihre Namen vorgelesen wurden. Der von Sabine war nicht darunter. Am Ende blieb sie als Einzige übrig. Heute scheint ihr das ein weiteres Indiz dafür, dass ihre Kurverschickung in großer Eile veranlasst wurde. Immer wieder wurde ihr Name auf der Fahrkarte, die sie um den Hals trug, mit denen auf der Liste der Neuankömmlinge abgeglichen. Kein Zweifel: Laut Bürokratie war sie gar nicht da.

Aber irgendwo musste man ja hin mit ihr. Also kam sie, weil sie für ihre sechs Jahren sehr groß war, in die Gruppe der Erst- und Zweitklässler. Das waren die, von denen man bereits etwas mehr Selbstständigkeit erwartete. Sabine wäre jedoch gern bei den Jüngeren gewesen, »weil die mehr umhätschelt wurden«. Sie ahnte schon, dass Starksein – oder der äußere Anschein von Starksein – sie in ihrem angeschlagenen Zustand zu viel Kraft kosten würde. Aber auf Anzeichen von Unbehagen nahm niemand Rücksicht, vielleicht nahm man sie im routinierten Lauf der Geschäfte auch gar nicht erst zur Kenntnis. Die Kinder hatten sich an das System anzupassen, nicht umgekehrt. Am Ende des Ankunftstages fanden sich nach einer Zeit bangen Wartens dann doch noch ein Bett und ein Kleiderspind, die für sie reserviert waren. Ein anderer Teil der Bürokratie hatte also durchaus auf Sabine gewartet. Nachträglich aber wünscht sie sich, damals wäre kein Bett frei gewesen und man hätte sie umgehend wieder nach Hause schicken müssen.

Sabine in Bad Rappenau (hintere Reihe, 4. von rechts)

Die sechs Wochen Kur erlebte Sabine als Zeit permanenter Überforderung. Die Süßigkeiten, die man ihr wie allen anderen abgenommen hatte, wurden verteilt – allerdings nur in der Gruppe der Kleineren. Sie aber war in der Gruppe der Kinder, die schon lesen konnten, obwohl sie doch noch nicht einmal eingeschult war. Jedes von ihnen bekam seine Post ausgehändigt. Sabine musste nun eben warten, bis eine der Kindergärtnerinnen Zeit dafür hatte, ihr die Post von den Eltern vorzulesen – und manchmal wartete sie vergeblich. Einziger Trost: Die Eltern schickten dreidimensional schillernde Märchenpostkarten. Die brachten ein wenig Wärme und Humor, konnten aber auch nur ein paar Momente lang etwas daran ändern, dass Sabine sich verlassen fühlte. Allein. Ausgesetzt in einer Welt, die es nicht gut mit ihr meinte. »Ich wusste ja überhaupt nicht, ob ich meine Eltern jemals wiedersehen würde. Ich kannte ja Verlust«, beschreibt sie ihren damaligen Horizont.

Statt Trost gab es Drill. Für die Sechsjährige war es eine schier unleistbare Aufgabe, ihr Bett jeden Morgen selbst zu machen. Es fiel ihr schwer, das Bettlaken an allen Kanten festzustecken und die dicke Zudecke akkurat gerade zu ziehen. In ihren Erinnerungen halfen die Erst- und Zweitklässler einander gegenseitig, entwickelten Strategien, wie sie die hohen und langen Betten aus eigener Kraft beziehen konnten. Sie, die Außenseiterin, die versehentlich der Gruppe zugeteilt worden war, blieb außen vor. Sie galt allen als die dumme Kleine. Wer sich mit ihr abgegeben hätte, hätte sich selbst klein gemacht. Das schmerzte.

Mit ihren sechs Jahren war es ihr bereits entsetzlich peinlich, nackt mit den anderen Mädchen, aber auch den Jungs von der Umkleidekabine zu den Wannen für die Solebäder zu laufen. Wer die Abläufe schon kannte, packte sich ein Handtuch für den Weg von der Kabine zur Wanne ein. Bei den Inhalationssitzungen sangen die Kinder in den gekachelten Dampfbädern Lieder wie »Wenn die bunten Fahnen wehen« und »Jetzt fahr'n wir über'n See«. Das Atmen beim Singen sollte die stark mit Sole und Jod angereicherte Luft tief in die Verzweigungen der kindlichen Lungen bringen. »Mir war diese salzhaltige Luft einfach zuwider – fast bis zum Würgen«, sagt Sabine.

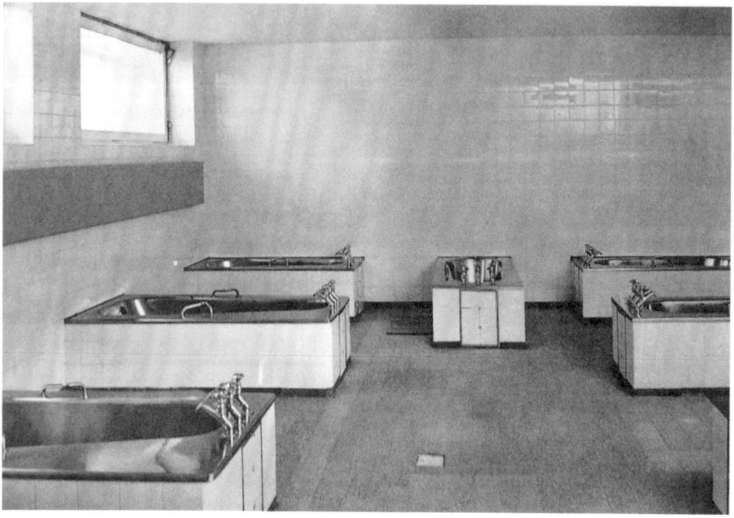

Kalt und steril – die Wannen für die Solebäder

Sie erinnert sich an riesige Scheiben von großen Landbrotlaiben, die sie mit Marmelade, zu ihrer Verwunderung aber, anders als zu Hause, ohne Butter aßen. Schlecht schmeckte es eigentlich gar nicht – aber selbst das habe ihr durch den Unterschied zum Gewohnten und den Zwang zum Einfügen Heimweh bereitet. Sie erinnert sich an Kakaostunden am Nachmittag und an immer wieder Grießbrei und Pudding. Zwischen Kindern, die abnehmen sollten, und solchen, die zunehmen sollten, machte die Sitzordnung im Speisesaal keinen Unterschied. Sie saßen zusammen. Während die einen gerne mehr gegessen hätten und nach den Mahlzeiten noch Hunger hatten, mühten sich die anderen, mit den zugeteilten Mengen auf ihren Tellern fertig zu werden. Beim Gedanken an den randvollen Suppenteller von damals überkommt Sabine noch heute körperlicher Ekel bis zum Würgereiz. Was sie vor sich sieht, nennt sie »spülwassergraue Brühe mit dicken, fetten Fleischklumpen«. Sabine war keine Fleischesserin. »Selbst das nur anzugucken, war eklig.« Aber die Ansage an die Kinder lautete in Bad Rappenau wie in den anderen Erholungsheimen: Du stehst nicht auf, bevor du nicht aufgegessen hast.

»Ich habe heute noch dieses Gefühl sehr präsent, wie dieser Fleischbrocken unter Zwang in meinem Mund war und nicht runter wollte«, sagt Sabine. Immerhin, sie hat, anders als manches andere Verschickungskind, keine Erinnerung daran, dass sie Erbrochenes wieder aufessen musste. Was sie aber nicht mehr loswird: die dunkle Erinnerung, lange allein in einem Zimmer über einem Teller mit Brühe gesessen zu haben. Sie hatte es nicht mehr fertiggebracht, das sie Anwidernde in sich hineinzulöffeln. Also galt der Befehl: Kein Aufstehen, bevor der Teller nicht leer ist. Der düsteren Szene fehlt der Anschluss. Sabine weiß nicht mehr, wie und nach welcher Zeit das Kräftemessen zwischen ihr und dem Aufsichtspersonal zu Ende ging. »Wahrscheinlich habe ich einfach ein paar Programmpunkte am Mittag verpasst.« Schlimmeres will sie sich nicht vorstellen.

Weinende Kinder

Was sie aber mit Sicherheit weiß: dass sie viel geweint hat. Und damit war sie nicht allein: »Wir alle haben viel geweint.« Sabines Körper aber fand außer dem Weinen noch ein weiteres Ventil für Schmerz und Verlassenheitsgefühle. Fast jede Nacht bekam das Mädchen Nasenbluten. »Das hatte ich zuvor noch nie und nach der Kur auch nicht wieder«, sagt sie.

Sabine erschrak über das Blut, das aus ihrer Nase auf ihr Kopfkissen tropfte. Vor allem aber hatte sie auf einmal ein riesiges Problem: Ihr Bett war verschmutzt. Sie versuchte zwar, die

Spuren des nächtlichen Nasenblutens zu verstecken, indem sie ihr Kopfkissen mit der verschmierten Seite nach unten drehte. Sie findet selbst drastische Worte für das Bild, das ihr Schlaflager nach diesen Nächten bot: »Das war eine ziemliche Sauerei.« Aber ihr Malheur konnte natürlich nicht unentdeckt bleiben.

Es fiel beim morgendlichen Wecken sofort auf. Um die Ursache kümmerte sich niemand. Keiner fragte, ob ihre Nasenschleimhaut zu trocken sei oder ob sie Kummer habe. Statt das verstörte Mädchen zu trösten, wurde geschimpft, ihr gar Strafen angedroht. Hier tanzte ein Kurkind aus der Reihe, brachte Unordnung in die Heimroutine. »Aber ich konnte das ja nicht kontrollieren.« Behandelt wurde das Nasenbluten nicht. »Da interessierte sich kein Arzt dafür.« Das nächtliche Nasenbluten wurde als Ungehorsam wahrgenommen, als Bockigkeit, nicht als Leiden. »Es war dort alles sehr, sehr geschäftig«, beschreibt Sabine die Atmosphäre im Heim. Keinen Moment lang entstand das Gefühl, sie sei willkommen, gar man habe sie gern, stattdessen ein ganz anderes: »dass Kinder einfach Arbeit waren«. Selbst eine Sechsjährige merkte, dass für die Erzieherinnen und Helferinnen nicht Spaß an ihrer Tätigkeit im Vordergrund stand.

So gerne hätte Sabine einen neuen sauberen, weiß leuchtenden Kopfkissenbezug bekommen. Aber sie musste auf dem blutbefleckten Kissen bis zum nächsten regulären Wechsel der Bettwäsche schlafen. Das Kalkül des Personals: Auch ein neuer Bezug würde wohl wieder vollgeblutet. Die Folge für Sabine: Ihr nächtliches Nasenbluten blieb als Makel für alle weiter sichtbar. Was Sabine berichtet, findet sich als Motiv immer wieder in den Erinnerungen von Verschickungskindern: die Bloßstellung vor anderen. Wer denjenigen, der die Disziplin stört, freigibt für Spott und Verachtung, erreicht damit zweierlei: Die Furcht der anderen, ebenfalls bloßgestellt zu werden, hält sie zur Disziplin an.

Zugleich bietet der Spott über die Ausgegrenzten ein Ventil für Stress und Angst, die ein System von starren Regeln und ständigen Bestrafungen hervorruft. »Wir mussten halt parieren«, fasst Sabine die Grundstimmung der sechs Wochen Kur zusammen. Selbst beim Spazierengehen mussten die Kinder in Zweierreihen gehen. Ausscheren war verboten.

»Freudlos« ist das Wort, das Sabine als Beschreibung für die Kurzeit wählt. In ihrer Erinnerung gibt es keine Farben in diesem Kinderheim. »Da war nichts Buntes. Nichts. Nicht im Speisesaal und auch nicht im Schlafsaal. Die Wände waren weiß, die Bettwäsche auch. Alles war grau oder weiß.« Dem Kind drängte sich der Eindruck auf, Lebendigkeit und Freude seien hier unerwünscht.

Wenn sie an die verweigerte Bettwäsche denkt, fällt Sabine noch ein weiteres »Hygieneproblem«, wie sie es nennt, ein. »Wir wurden offenbar nicht dazu angehalten, regelmäßig unsere Unterwäsche zu wechseln.« Als sie nach sechs Wochen wieder zu Hause ist, findet ihre Mutter die Unterhosen und Unterhemden bis auf zwei Garnituren ungetragen so im Koffer, wie sie sie eingepackt hatte.

Sabine fand kleine Fluchtmöglichkeiten aus dem Kuralltag. Im Gegensatz zu vielen anderen genoss sie die verordnete zweistündige Mittagspause. Diese bot ihr die Möglichkeit, sich zumindest für kurze Zeit aus den Zwängen, den Vorschriften und der bedrückenden Atmosphäre auszuklinken. »Ich habe mir einfach gewünscht, Rückzugsmöglichkeiten zu haben. Ich war froh, mich da hinlegen zu können und dann einfach zur Ruhe zu kommen.« Nachts fand sie diese Ruhe nicht. Unruhig sei es im Schlafraum gewesen, nie richtig still. Immer war dort jemand wach, brauchte Trost oder tappte an ein anderes Bett und tröstete ein anderes Kind. Nur zur Außenseiterin Sabine kam niemand. Die lag wach und grämte sich: »Ich habe dort nie genügend Schlaf bekommen.«

Abgeschoben und alleingelassen

Eines Morgens schöpfte Sabine Hoffnung, die Zeit in Bad Rappenau könne zu Ende sein. Sie saß gerade über dicken Marmeladebroten beim Frühstück und schaute aus dem verglasten Speisesaal nach draußen. Dort näherte sich ein Paar dem Eingang, und im Frühstückszimmer sprang eines der Mädchen auf. Nach wenigen Sekunden lagen das Kurkind und die Erwachsenen einander in den Armen. Das war etwas Ungeheuerliches: Elternbesuche während der Kur waren verboten. So hielten es, bis auf ganz wenige Ausnahmen, alle Kurheime in dieser Zeit. Ob dieses Verbot allerdings bei einer rechtlichen Anfechtung wirklich Bestand gehabt hätte, zweifelt ein Mitarbeiter des Sozialamts der Stadt Stuttgart in einer internen Aktennotiz an das Gesundheitsamt vom 8. Februar 1958 sehr grundsätzlich an. Er gibt zu bedenken, dass eine Vereinbarung, »wie wir sie mit den Eltern für die Erholungsfürsorge in Aussicht genommen haben«, nur eine moralische, aber keine rechtliche Wirkung habe. Ein weiterer Vermerk vom 3. März 1958 wird deutlicher und ergänzt diese Niederschrift. Eltern haben danach die freie Verfügung über ihre Kinder, und zwar vor allem in der Wahl des Aufenthalts. Sie könnten also zu »jeder Zeit ohne einen triftigen Grund ein Kind aus einem Erholungsheim wegholen«. Der Schreiber schließt mit der Feststellung: »So etwas kann man nur im Guten verhindern.« Über diese rechtlichen Bedenken aus dem Apparat setzt man sich in den Heimen, so belegen es die Hausordnungen und Erzählungen, flächendeckend und bundesweit hinweg. Man setzte auf Gehorsam und Zahlungsdruck. Und versuchte es gar nicht erst »im Guten«.

Sabines Mutter hatte mit dem Gedanken an einen Besuch gespielt, aber nur, um ihn sofort zu verwerfen. Sie hat ihrer Tochter später gestanden, sie hätte Angst gehabt, die Kur würde nach einer solchen Regelverletzung abgebrochen und die Eltern müssten dann anstelle der Krankenkasse die gesamten Kosten tragen statt nur eines Anteils. Mit dieser Sorge stand sie nicht allein. Viele der Kurkinder kamen wie Sabine aus Arbeiterfamilien mit sehr begrenzten finanziellen Möglichkeiten.

Damals beschäftigte die Sechsjährige aber nicht so sehr die Frage, warum überhaupt Besuch kam und warum gerade zu diesem Mädchen. Sie nahm die Umarmungen schlicht als Beweis dafür, dass es außerhalb des Kurheims weiterhin Eltern gab, die auf ihre Kinder warteten. Oft genug waren nicht nur ihr daran Zweifel gekommen: »Wir haben uns ja alle abgeschoben und alleingelassen gefühlt.«

Vermutlich kann sich kein Erwachsener mehr wirklich vorstellen, wie lang sechs Wochen für ein Kind sein können. Doch schließlich kam der langersehnte Moment der Heimreise. Nur lief auch das Heimkommen ganz anders ab, als Sabine sich das erträumt hatte. Zwar begleitete eine Erzieherin die Kindergruppe auf der Zugfahrt nach Stuttgart. Aber die Ankunft der Kurkinder war schlecht, vielleicht auch nur gedankenlos organisiert. Der Zug fuhr in den Bahnhof ein, hielt – »und dann ist da wohl eine Wolke Kinder unkontrolliert aus dem Zug geströmt«. In Sabines Erinnerung endet die Betreuung durch die Erzieherin in diesem Moment. Sie fühlte sich nicht mehr zuständig. Die Mütter und Väter aber standen in der Halle des Kopfbahnhofs, weit weg von den Kindern auf dem Bahnsteig. »Ich bin mit ausgestiegen, aber ich habe mich nicht weggetraut vom Zug«, erinnert sich Sabine. So wenig war von dem geblieben, was dieses Mädchen nur kurze Zeit zuvor noch ausgezeichnet hatte: Wagemut, Neugier, Keckheit.

Sabines Schock lässt sich mit »Ich wurde dort nicht abgeholt« umreißen, so erlebt sie diese für sie dramatische Situation. Die anderen Kinder waren bald weg. Sie stand noch immer allein am Bahnsteig. »Ich weiß noch, dass ich angefangen habe zu weinen.« Vielleicht hatten sich ihre Eltern um wenige Minuten verspätet. Vielleicht hatten sie auch nur etwas tiefer in der Bahnhofshalle gewartet und nicht gleich gesehen, dass Sabine sich nicht in dem Pulk Kinder befand, der den Bahnsteig entlangrannte und in die Halle ausschwärmte, um die jeweiligen Eltern zu finden. Jedenfalls kann Sabines Alleinsein nicht sehr lange gedauert haben. Aber diese kurze Zeit genügte, um einen Gedanken zu bestätigen, der sie die ganzen sechs Wochen über geplagt hatte: »Sie haben mich weggegeben und wollen mich nicht wieder zurückhaben.« Als ihre Eltern dann auftauchten, brach unter Schluchzen aus ihr heraus, dass sie nie mehr von ihnen weggehen werde.

Diese Art Heimkehr war für die Mutter nicht weniger verstörend als für die Tochter. Die Hoffnung, ein gesundes, freudestrahlendes Kind, das zugenommen hatte, in die Arme schließen zu können, war zerschlagen. Statt einem Springinsfeld, wie man damals sagte, stand da ein heulendes Häufchen Elend, die Zöpfe schief gebunden, untröstlich, Rotz und Wasser heulend. »Ich weiß noch, wie entsetzt sie war«, sagt Sabine. Die Ahnung, dass da etwas schiefgegangen war, wurde später von einem stummen Zeugen genährt: dem Gruppenfoto aus der Kur. Ein Standardmitbringsel, mit dem das Kurheim signalisierte, dass es nichts zu verbergen hatte: Es zeigt seine Schutzbefohlenen her und bezeugt so, dass das, was auf den Fotos zu sehen ist, seine Ordnung hatte. Schaute ein Kind ängstlich, verdruckst, unglücklich drein, war das die Schuld des Kindes, nicht die des Systems.

»Wir haben halt morgens irgendwelche Kleidung aus dem Schrank gezogen«, erinnert Sabine sich an den Tag der Aufnahme. »Da hat niemand drauf geachtet, dass das zusammenpasst.« Also wählte sie zum Fototermin einen dicken Pullover und eine Hose. Weil sie bereits so groß war und eine lange Hose brauchte, die sich oben viel zu weit um ihre schmale Taille legte, trug sie Hosenträger. Aber nicht unter dem Pullover, wie zu Hause, wo die Mutter ihr beim Anziehen half. Auf dem Foto trägt sie die Hosenträger über dem Pullover. Für ihre Mutter stellte das einen unübersehbaren Makel dar. »Wir sollten immer picobello sein, sauber und vor allem nicht auffallen.« Etwas war also in der Kur nicht so gelaufen, wie die Eltern sich das gedacht hatten. Sabine meinte zu spüren, dass diese Erkenntnis sich nun als Enttäuschung auf sie richtete: Ihre Kraft hatte nicht ausgereicht, die Erwartungen der Mutter zu erfüllen. Deren Leitspruch umzusetzen, dass alles gut werde, wenn man sich nur genügend Mühe gebe. »Aber das war ja in diesem Fall völlig sinnlos gewesen«, setzt sie noch heute an, als müsse sie sich rechtfertigen.

Aus dem Kind, das auf Bäume geklettert ist, wurde nun ein Kind, das sich extrem in sich zurückzog. Auf zynische Art verwirklichte sich so das Erziehungsideal der Eltern, denn Sabine war von nun an bemüht, niemals aufzufallen. Kaum konnte sie lesen, flüchtete sie in die Fantasiewelt der Bücher. Ihre Abenteuer lebte sie dort – und nicht mehr im wirklichen Leben mit seinen unkontrollierbaren Gefahren und ekligen Suppen. Sie nennt das nun Stellvertreterabenteuer. »Das fand ich klasse, denn ich wollte meine Ruhe und mich nicht mehr anderswo hinbegeben«, sagt sie. Die Angst, verloren zu gehen oder alleingelassen zu werden, wurde durch dieses Verharren im Vertrauten verstärkt.

Eltern gehen zum Alltagsgeschäft über

Sabine erzählte ihren Eltern vom Nasenbluten, vom Heimweh und von der Süßigkeitenkonfiszierung. Mutter und Vater zweifelten auch gar nicht daran, dass ihre Tochter sich jede Nacht in den Schlaf geweint und Albträume erduldet hatte. Sie sahen ja schon an der bis zum Wegwerfpunkt verdreckten Unterwäsche, dass nicht alles gut gelaufen sein konnte. Aber für sie addierten sich diese Aspekte eines als Drangsal empfundenen Zwangsaufenthalts nur zu einer Art verpatztem Urlaub, nicht zum großen Unglück, zur psychischen Grausamkeit, als die Sabine die Kur erlebt hatte. Die Tochter ist davon noch heute enttäuscht: »Sie haben mir zwar geglaubt, aber sie sind einfach zum Alltagsgeschäft übergegangen.« Mit dem Übergang zur Tagesordnung haben ihre Eltern »nichts getan, dass es mir besser geht«.

Auch das ist symptomatisch für die Erfahrungen vieler Verschickungskinder. Selbst wenn ihnen geglaubt wurde, was längst nicht immer der Fall war, blieb das ohne Folgen. »Ich hätte tatsächlich den Schutz der Erwachsenen gebraucht. Ich hätte wieder Selbstvertrauen gebraucht, um in anderen Situationen stark zu sein«, sagt Sabine. Sie hätte sich damals schon gewünscht, dass ihre Eltern einen Beschwerdebrief geschrieben hätten. Oder dass sie gesagt hätten: Nie mehr musst du Fleisch essen! Das wären klare Signale gewesen, praktische Zusicherungen. Nach so einem Versprechen sehnte sich Sabine, nach dem Satz, und wäre er nur in kleinen Gesten ausgedrückt worden: »Wenn dir noch einmal Ungerechtigkeiten widerfahren, dann stärken wir dir den Rücken!« Das hätte die Kur nicht ungeschehen gemacht, aber den Erfahrungen die existenzielle Dramatik nehmen können. Doch so ein Signal blieb aus.

Der Rückzug in die Fantasiewelten der Bücher war ein Weg

für Sabine, mit den neuen Ängsten klarzukommen. Fürsorge für andere bot einen weiteren. Als sie acht Jahre alt war, wurde Sabine wieder zur großen Schwester. Die Freude über das neue Geschwisterchen war riesig. Bis heute jedoch muss sich Sabines Schwester dagegen wehren, von der Älteren, die immer mit dem Schlimmsten rechnet, die stets die Ausgleichende sein will, die nach Harmonie strebt und sich selbst eine »Gutmacherin« nennt, erstickend bemuttert zu werden. Sabine weiß um ihre Überfürsorge. Aber vom ersten Tag an plagte sie die Furcht, der jüngeren Schwester könne etwas zustoßen. Als die mit ein paar Nachbarskindern zusammen an die Nordsee verschickt werden sollte, fand die Kurkandidatin selbst das eine tolle Idee. Aber als Sabine von den Verschickungsplänen erfuhr, machte sie ihren Eltern »sehr deutlich, dass ich das nicht gut finde und dass das nicht gemacht werden solle«. Ihre Worte und ihr Auftreten mussten damals schon sehr drastisch gewesen sein. Die Eltern ließen von dem Plan wieder ab, wohl auch, weil ihnen Sabines Einspruch die ganze Verstörtheit der Kurheimkehrerin wieder vor Augen rief: »Meine Eltern wollten nicht noch mal ein Kind so zurückbekommen, wie ich gewesen war.«

Sabine selbst hatte bis zu einem Schullandheimaufenthalt gebraucht, bis sie wieder anderswo als zu Hause schlafen konnte. Sogar der Versuch, bei einer befreundeten Familie zu übernachten, war zuvor gescheitert. In der fremden Umgebung geriet das Mädchen in Panik und war nicht mehr zu beruhigen. Noch in der Nacht musste Sabine zurück nach Hause gebracht werden. Solche Angstanfälle erlebte sie trotz ihres Klammerns ans Gewohnte mehrfach. Einmal verlor sie beim Schäferlauf in Markgröningen, einem Traditionsfest im Südwesten, das Tausende von Besuchern anzieht, den Anschluss an die Eltern. Ein anderes Mal schlenderte sie allein über ein weitläufiges Waldheimgelände, auf dem die Familie picknickte, und fand nicht mehr zurück. Auch in diesen Fällen wurde sie von Panik erfasst. »Ich war so angeknipst«, beschreibt sie das, »so jenseits einer normalen und angemessenen Reaktion.« Sie weiß noch, wie sich ihr die folgende Vorstellung aufdrängte und wie sie sie laut herausschrie: »Sie werden mich nie wiederfinden. Ich werde das neue Baby nie sehen.«

Niemand nimmt die Hilfeschreie wahr

Dass Sabine anstrengend anders geworden war, sahen alle, die sie vor der Kur gekannt hatten. Aber niemand nahm die Verhaltensauffälligkeiten als Hilfeschrei eines traumatisierten Kindes wahr. Eher sah man ihre Ängste als zwar unübersehbare, aber letztlich bloß anstrengende Zimperlichkeit, die herauswachsen würde wie ein verunglückter Haarschnitt. Das Nichtverstandenwerden und die Gewalt der Ängste selbst machten Sabine einsam. Am Ende der Schulzeit etwa war ein ganz bestimmtes Ausflugsziel bei ihren Gleichaltrigen beliebt, ein Wellenbad, das zum Solebad ihres Kurorts gehörte. »Ich weiß, dass da viele hingefahren sind und dort schöne Wochenenden verbracht haben.« Für Sabine aber war es unvorstellbar, wieder an den Ort ihrer Kurzeit zurückzukehren. »Ich bin nie mitgefahren. Der Ort ist für mich verbrannt.« Sie nennt das selbst ganz klar eine Vermeidungsstrategie. »Ich wusste ja nicht, was da mit mir passiert. Es hätte natürlich die Möglichkeit bestanden, dass Jahre später alles ganz anderes ist, dass ich nun da eine schöne Zeit verbringe. Aber es hätte auch sein können, dass die Erinnerungen so auf mich einstürzen, dass ich zusammenbreche.« Sabine ging lieber auf Nummer sicher.

Heute, nachdem sie Menschen getroffen hat, die ihre Erfahrung teilen, rückt der Gedanke näher, vielleicht doch irgendwann einmal einen Besuch am alten Kurort zu wagen, vielleicht in Begleitung anderer. Aus dem Reden über ähnliche Erlebnisse erwächst eine neue Kraft. Sabine und die anderen wollen das Geschehen nicht mehr auf sich beruhen lassen. Aus dem passiven Erdulden, der privaten Schicksalsergebenheit und dem individuellen Gespräch mit einem Therapeuten wird nun ein öffentliches, immer lauter werdendes Gespräch, das die Gesellschaft nicht mehr überhören kann. »Das empfinde ich schon als sehr wohltuend.«

Und offenbar auch stärkend. Als sie neulich dann endlich nach Jahrzehnten wieder in Bad Rappenau war, gab es das Heim nicht mehr. An seiner Stelle entstehen gerade neue Häuser. Die Rückkehr an den Ort ihrer Kur und die damit einhergehenden Gefühle haben Sabine nicht übermannt. Das Herzklopfen der Nacht vor der Fahrt war unbegründet gewesen. Denn nun ist sie die Akteurin. Und niemandem mehr hilflos ausgeliefert.

Bis heute hat Sabine jedoch große Probleme, einzuschlafen. Denn einschlafen bedeutet loslassen, die Kontrolle über das Drumherum aufgeben. Sabine fällt das schwer. Das macht auch Partnerschaften schwierig. »Vertrauenmüssen kann ich überhaupt nicht.« Wie korrigiert man Kindheitserlebnisse, frühe, tief eingebrannte Lektionen, die tiefen Verwundungen durch scheinbar Kleines und Banales? Sabine weiß noch immer keine schlüssige Antwort, der Austausch mit anderen ist nur ein Anfang ohne Erfolgsgarantie. »Mir ist einfach zu früh zu viel Sicherheit entzogen worden«, sagt sie skeptisch.

Es gab schon einmal eine Zeit, als sie glaubte, der Kur endgültig entkommen zu können. Ihre behüteten Aufenthalte in Buchwelten hatten geholfen, das Durchstarten in eine Partnerschaft, ein Umzug nach Großbritannien. Andere Dinge waren nun wichtiger als die Kindheitserinnerungen, das Leben nahm Fahrt auf. »Es ging mir gut«, sagt Sabine. Bis Anfang 30 jedenfalls. »Dann kam die erste Lebenskrise, die auch beruflich bedingt war.« In der Folge ging die Partnerschaft zu Ende. Daraufhin wagte Sabine einen großen Schritt. »Ich habe eine Therapie begonnen.« Den Tod der Schwester und die kurz darauffolgende Verschickung streifte die Therapie aber nur. Die heftige depressive Verstimmung ihrer Patientin mochte die Therapeutin nicht auf diese Kindheitserlebnisse zurückführen. Zunächst berappelte Sabine sich auch. Sie schaffte den Wiedereinstieg in die Normalität und fand eine neue Arbeit. Aber zehn Jahre später war ihre Kraft aufgezehrt, brachen die neuen Barrieren gegen den alten Schmerz. »Ich konnte nicht mehr zur Arbeit gehen, hatte richtig heftige Burn-out-Symptome«, beschreibt sie diese Phase. Dieses Mal ging sie für sechs Wochen in eine Klinik für Psychosomatik.

Hier begann dann die richtige Deutung ihrer Symptome. Sabine begriff, dass sie immer nur hingenommen hatte, was damals mit ihr geschehen war – als sei das ihre eigene Schuld gewesen, als sei sie eben ein zu großes Sensibelchen gewesen. Dieses Erdulden macht sie heute wütend. Sie begreift, dass sie kein extrem schwaches Kind war, sondern bloß ein verletzliches, mit dem das Gesundheitssystem unsensibel umging. Ihre Wut richtet sich darauf, »dass es passiert ist«. Darauf, dass niemand ihre Trauer begriffen hat. Vor allem darauf, »so hilflos und dem Ganzen so ausgeliefert gewesen zu sein«. Aber es ist auch die Wut darüber, »dass dieses Thema in meiner Familie keinen Platz gefunden hat«. Den bekommt es nun, weil auch viele andere Verschickungskinder ihre Geschichten erzählen.

Sabine formuliert für sich, was für viele andere gilt: »Die

Wandlung tut gut.« Sie kann die Folgen der seelischen Erschütterungen für ihr Leben sehr gut beschreiben. »Es hat mir so viel Kraft und Normalität geraubt, die ich mir bis jetzt wieder erarbeiten muss. Vor allem Selbstvertrauen und Selbstbewusstsein. Das ist ein ganz schwerer Kampf.« Es geht dabei um vieles, um »entgangene Lebensfreude, die Fähigkeit, mit Leichtigkeit durchs Leben zu gehen und einfach Dinge auch mal sein zu lassen«.

Kapitel 2

Gesunde Kinder werden starke Arbeitskräfte

Woher stammt die Idee der Kinderkur?

Dass in den Kinderkuren auch nach 1945 – und bis in die 1980er-Jahre – veraltete Methoden angewendet wurden, verkrustetes Denken weiterwirkte und man überholte Standards umsetzte, kann nicht verwundern. Die Geschichte dieser Therapiemaßnahme reicht weit zurück in die Zeit der einsetzenden industriellen Revolution. Die Industrialisierung zeigt schnell ihre Kehrseite, die Luftverpestung durch Fabriken etwa. Immer mehr Menschen zogen in die Städte, hin zu den neuen Arbeitsplätzen, und wohnten dort auf engem Raum. Niedrige Löhne und lange Arbeitszeiten schränkten die Möglichkeiten der Arbeiterschaft ein, das Elend abzuwehren. Krankheiten, wie etwa Tuberkulose, verbreiteten sich in den überfüllten armen Stadtvierteln besonders schnell. Die Kinderkur ist vom Gedanken getragen, den Leidtragenden der Industrialisierung Hilfe zu leisten – und eine gesunde, belastbare Arbeiterschaft für aufstrebende Industriemächte zu sichern. Im Grunde gilt das bis in die 1980er-Jahre. Immer wieder wird betont, dass Kinder, auch wenn sie während des laufenden Schuljahres verschickt werden, zwar Unterricht versäumen, zukünftig jedoch weniger oft krank sein würden. Es ging also nicht nur um das persönliche Wohlbefinden der Verschickungskinder, sondern vor allem darum, so der Blick der Institutionen, sie für die spätere Arbeitswelt und das Erwerbsleben zu stärken.

Für die meisten Kinder, die kein Asthma oder andere kurträchtige Krankheiten hatten, war die Untersuchung vor der Einschulung die Schnittstelle mit dem System der Verschickungen. Es waren die Ärztinnen und Ärzte der Gesundheitsämter, die aus der Gruppe der Vorschulkinder diejenigen Mädchen und Jungs auswählten, die sie für kurreif hielten. Viele Kinder sind in dieser Lebensphase (zum ersten Mal) verschickt worden. »Für die Ärzte des Gesundheitsamtes (Anm. d. A.: Stuttgart) ist es wenig erfreulich als Zulieferer das Soll nicht erfüllen zu können, was aber nicht machbar ist«, ist ein Satz, der sich in einem Schreiben aus dem Jahr 1980 findet. Dass in der prosperierenden Bundesrepublik dabei nicht nur tatsächliche Schwächen oder Krankheiten, sondern auch sozialpädagogische Motive eine Rolle spielen, zeigen die Geschichten dieses Buches.

Aber gehen wir zurück zu den Anfängen: Das ursprüngliche Anliegen war also die Kräftigung und Abhärtung der Menschen, als Ende des 18. Jahrhunderts im englischen Brighton das erste Seebad gegründet wurde. Das erste Seehospiz eröffnete John Coackley Lettsome 1796 in Margate an der Themsemündung. In den 30 Betten sollten Patienten aus ganz England behandelt werden, die an Hauttuberkulose, Skorphulose genannt, erkrankt waren, referiert 1985 auf dem Kinderärztetag in Frankfurt der aus Wyk auf der Nordseeinsel Föhr stammende Arzt Ernst-Günter Schultze. Das *Royal Seabathing Infirmary for the relief of scorphulous poor of London and all England* gilt Schultze als Vorbild für alle Seehospize und Kinderheilstätten in Europa.

Die Gründung der Seehospize in Deutschland erfolgte anfangs allerdings nicht mit Blick auf die Armen. Sie war getragen vom Wunsch der besten Stände, den Sommer am Meer zu verbringen. Den Auftakt machte 1793 in Doberan Großherzog Friedrich Franz I. von Mecklenburg-Schwerin. Sein vornehmes

Beispiel machte schnell Schule, eine Gründungswelle von Bädern mit Sommerfrischeangebot folgte. Den Seebädern traten aber schnell Einrichtungen im Landesinneren an die Seite: Die Solebäder boten Ersatz für das salzige Meerwasser ohne Reise bis ans Meer. Bereits 1801 errichtete der Salinenarzt J. W. Tolberg in Elmen bei Magdeburg die erste Solebadeanstalt. Der Wettbewerb mit den Seebädern um Patienten und Kurgäste war eröffnet; und die Einrichtungen auf dem trockenen Land waren keineswegs chancenlos. Schultze vermerkt vor den Kinderärzten gute Erfolge bei der Behandlung kindlicher Atemwegserkrankungen und rheumatischer Beschwerden.

Pionier auf dem Gebiet der Kindersolbäder war der Arzt und Pädagoge August Herrmann Werner aus dem württembergischen Ludwigsburg. 61 Jahre nach Tolbergs erster Solebadeanstalt, 1862 also, eröffnet Werner, Gründer der international beachteten Kinderheilanstalt in Ludwigsburg, im damaligen Jagstfeld, das später zu einem Stadtteil von Bad Friedrichshall wurde, ein weiteres Haus, in dem diesmal ausschließlich kranke und geschwächte Kinder mit der »kräftigenden und lindernden Wirkung der Sole« behandelt wurden. Ziel war es, pro Jahr 300 Kinder aufzunehmen. Vom Kindersolbad Bad Friedrichshall, auch *Bethesda* genannt, wird hier noch detaillierter berichtet werden: Mehr als 100 Jahre später verschickt man Andrea dorthin zur Kur (siehe nächstes Kapitel).

Zunächst ist das, anders als Werners Ludwigsburger Haupthaus, kein besonders wahrgenommenes Unterfangen. Erst 1883 nimmt ein Konkurrenzbetrieb in Bad Dürrheim im Schwarzwald den Betrieb auf und rühmt sich fortan, nicht nur Deutschlands, sondern Europas höchstgelegenes Solbad zu sein. Von Tuberkulose, Asthma, Bronchitis, Katarrhneigung bis zu Mangelleiden reichen die Diagnosen der dort behandelten Kinder. Beide Häuser betonen – durchaus auch aus wirtschaftlichen Gründen – ihr jeweiliges Alleinstellungsmerkmal. Das eine Haus konnte auf die längste Tradition verweisen, das andere warb damit, am höchsten Punkt der deutschen Topografie gelegen zu sein – so die Rollenverteilung.

Der Ausbau des Eisenbahnnetzes wurde auch beim Bau der Kinderheilstätten zum Schrittmacher der Entwicklung. Mit der besseren Erreichbarkeit der Küsten wurden verstärkt Seehospize gebaut. Der Arzt Friedrich Wilhelm Beneke initiierte die Gründung des Vereins für Kinderheilstätten an den deutschen Küsten, der sich am 13. April 1881 zusammenfand. Beneke hatte als Arzt im Deutschen Hospital in London die Meeresheilkunde kennengelernt. Das weckte in ihm das Interesse, die Wirkung der Nordseeluft, der Trinkkur und des Badens zu erforschen. Auf Benekes Initiative geht der Bau von vier Kurheimen für Kinder zurück. Am 15. Juli 1882 wurde das erste provisorische Seehospiz in noch gemieteten Räumen auf Norderney eröffnet, am 15. Juli 1883 eines in Wyk auf Föhr. Nach etwas mühseliger Finanzierung konnte auf Norderney am 1. Juni 1886 das voll ausgebaute Haus, das ab 1890 Seehospiz *Kaiserin Friedrich* heißen würde, seine Arbeit aufnehmen. Häuser in Zoppot bei Danzig und in Groß-Müritz öffneten ebenfalls in dieser Zeit. Dazu kamen noch das Seehospiz in Norddorf auf Amrum, das Nordseesanatorium in Wyk auf Föhr-Südstrand und das Sanatorium *Goldener Schlüssel* auf der Halbinsel Eiderstedt bei Sankt Peter-Ording. Erlebnisse in all diesen Häusern hinterließen Spuren, die uns zum Teil von Verschickungskindern überliefert wurden.

In den Anfangsjahren sind die Bedingungen in den Heimen der Zeit entsprechend einfach. Schultze schreibt, dass sich die Therapie der Kinder »auf reichliche Ernährung, See- oder Solebäder, Soletrinkkuren sowie Liegekuren und Spielen im Freien beschränkt habe«. Die ungefähre Zahl der zur Verfügung stehenden Kurplätze veranschlagte der Arzt Carl Haeberlin, ein thalassotherapeutisch behandelnder Mediziner, auf 760 Betten in den vier Ursprunghospizen und weitere 2810 in 29 zusätzlichen Heimen. In seinem Überblick kommt Schultze zu dem Schluss, dass »1906 in Lungenheilstätten 1009 Kinder, in Solbäder 21 545, in Seebäder 8065, in geschlossene Ferienkolonien auf dem Land 17 085 sowie weitere 11 197 Kinder in sonstige Landaufenthalte sowie 7328 in Tageserholungsstätten« in Kur geschickt wurden. Mehr oder weniger verbrämt gesteht er ein, dass sich unter den Kurstätten auch weniger qualifizierte Häuser befanden. Er sieht also einen Widerspruch zwischen dem propagierten Anspruch der Kinderkur und deren Wirklichkeit. Der Kurerfolg, schlussfolgert er für diese Zeit, sei stets »eine Frage der hinter der Arbeit und in der Betreuung stehenden Persönlichkeiten« gewesen. Unkommentiert lässt der Mediziner die Tatsache, dass zahlreiche gar nicht für diesen Zweck gedachte Häuser, Pensionen und Hotels im Laufe der Zeit als Kinderheime genutzt wurden.

Nach dem Ersten Weltkrieg waren die Versorgungslage und die wirtschaftlichen Verhältnisse extrem schwierig. Die Widerstandskraft und der Gesundheitszustand der Bevölkerung litten, die Bekämpfung der Tuberkulose wurde zu einer großen medizinischen Herausforderung. Die Caritas etwa beschloss auf ihrer Verbandstagung 1924 in Bad Lippspringe das, was auch viele andere Träger und Betreiber von Kinderkurheimen der Krise entgegenstellten: die Spezialisierung. Die Aufteilung in Erholungsheime, Genesungsheime und Heilstätten setzte ein. Zu den Betreibern gehörten die Vorläufer des Diakonischen Werkes, die Zentralwohlfahrtstelle der Juden und das Deutsche Rote Kreuz. Was in dieser Notstandszeit beschlossen wurde, hatte Bestand und Wachstumspotenzial. 1983 verfügte etwa der Deutsche Paritätische Wohlfahrtsverband über 301 Erholungs- und Kinderheime mit 21 510 Betten und 89 Kurkliniken und Sanatorien für Kinder und Erwachsene mit über 10 000 Betten.

Nach dem Zweiten Weltkrieg bemühten sich, so Schultzes Feststellung, Eltern, »die wirtschaftlich nicht in der Lage waren, ihren Kindern einen Aufenthalt in gesunder Luft zu bieten«, zunehmend um eine Verschickung. Die Verwendung des Begriffs Verschickung direkt nach den Erfahrungen der NS-Zeit und deren sogenannter Kinderlandverschickung zeugt entweder von Unsensibilität – oder von vorsätzlicher Pflege bestimmter Traditionselemente. Offiziell waren im Rahmen der NS-Kinderlandverschickung Kinder aus wiederholt bombardierten Städten zu ihrem Schutz für oft lange Zeit in ländliche Gegenden evakuiert worden. Gleichzeitig entzog das NS-Regime aber so die Kinder auch dem Einfluss ihrer Eltern und konnte sie noch besser ideologisch beeinflussen als nur durch die Aktionen der Hitlerjugend. Auch die Kinderlandverschickten des Zweiten Weltkriegs mussten irgendwie ihr Heimweh aushalten und Härte zeigen, um zu überleben. Die Haltung »Was uns nicht umbringt, macht uns stark« erleichterte der Generation der Kriegskinder das eigene Über- und Weiterleben. Das belegen viele Berichte und Selbstzeugnisse.

Viele der im Krieg Verschickten verlangten offenbar später von ihren eigenen Kindern die gleiche Härte sich selbst gegenüber und eine stoische Ergebenheit in die Verhältnisse. Etliche hatten das Kriegsende fern der Heimat erlebt und sich allein zurück nach Hause durchschlagen müssen. Solche Erlebnisse prägen, vernarben und verhärten. Die Elterngeneration jener Kinder, die in der Frühzeit der Bundesrepublik in Kur verschickt wurden, war wohl mehrheitlich der festen Überzeugung, ihren Kindern etwas Gutes zu tun, wenn diese fern der oft noch vom Bombenkrieg gezeichneten Städte ihre Kräfte stärken konnten.

Beim Essen im Kindererholungsheim Todtmoos

Ansprechpartner der Eltern waren unter anderem die freien Wohlfahrtsverbände und die Betriebskrankenkassen. Die stiegen oft ebenfalls ins Kurgeschäft ein und unterhielten eigene Häuser »zum Besten der Kinder ihrer Betriebsangehörigen«, wie Schultze schreibt. Auch sie widmeten ehemalige Pensionen, Privathäuser und Hotels um. Finanziert wurden die Heilverfahren in der Bundesrepublik durch die Bundesversicherungsanstalt ebenso wie durch die Landesversicherungsanstalten, die auch als Träger einzelner Einrichtungen auftraten. Weitere Akteure waren die Ersatzkrankenkassen. So betrieb etwa die Barmer Ersatzkasse das *Schloss am Meer* in Wyk auf Föhr. Die Deutsche Angestellten Krankenkasse DAK beispielsweise unterhielt das *Haus Hamburg*, das Solekurheim *Bad Sassendorf* und das Kinderkurheim *Schuppenhörnle* am Feldberg im Schwarzwald.

1953 gründete sich der Verband privater Kinderheime in Wyk

auf Föhr, der zunächst nur für Kinderkureinrichtungen zuständig war. Das Kinderkurwesen war für deren Betreiber auch eine Chance, am wirtschaftlichen Aufschwung der Bundesrepublik zu partizipieren. Quer durchs Land entstanden neue Kliniken und Erholungsheime.

In den Archiven finden sich die Schreiben vieler Privatpersonen ohne jede pädagogische Vorbildung, die ihre Häuser für die Kindererholung anboten. Sie alle profitierten von der großen Verschickungsfreudigkeit nach Ende des Zweiten Weltkriegs. Zunächst überstieg die große Nachfrage die Zahl der freien Plätze. Auch dieses zahlenmäßige Missverhältnis hat begünstigt, dass sich Kuranbieter auf dem Markt halten konnten, deren pädagogisches Verständnis nicht auf dem Stand der Zeit war.

Folgende Zahlen, ermittelt für das Jahr 1964 vom Berliner Nexus-Institut, geben eine Vorstellung von der Größe der Kinderkur-Industrie: Die meisten Heimplätze gab es mit 15 144 in Baden-Württemberg, gefolgt von Nordrhein-Westfalen (14 887), Bayern (13 574), Niedersachen und Bremen (10 670) und Schleswig-Holstein mit Hamburg (8431). Es befand sich mit über einem Drittel ein überproportional großer Anteil der Heime in privater Hand, nämlich 407 von 1143 Häusern der 1964 im Heimverzeichnis des Kinderarztes Sepp Folberth gelisteten Einrichtungen.

Kurt Nitschs Schrift *Klimakuren bei Kindern* ist zu entnehmen, dass es wohl keine bundeseinheitliche Regelung der Kurfinanzierung gab. Bei den gesetzlich Versicherten übernahmen die Krankenkassen die Kosten. Je nach wirtschaftlichen Verhältnissen mussten Eltern einen Eigenanteil entrichten. Einzelne Landesversicherungsanstalten und die Bundesversicherungsanstalt übernahmen augenscheinlich die Gesamtkosten. Die eigentlichen Kurkosten, so Nitsch, machten die Tagessätze der Heime aus.

Die Kinderkuren waren aber wie jedes marktwirtschaftliche

Unternehmen gezwungen, auf gesellschaftliche Veränderungen zu reagieren – zumindest auf jene, die direkt auf die Ökonomie durchschlugen.

Kritik und Verbesserungsvorschläge

1975 hat Wolf Rainer Wendt, der damalige Erziehungsberater und Abteilungsleiter am Stuttgarter Jugendamt und spätere Professor an der Fakultät für Sozialwesen an der Berufsakademie Stuttgart, ein sozialpädagogisches Curriculum für die Kindererholung vorgelegt. Er sah dringenden Handlungsbedarf und schreibt, dass »die Kindererholung bislang eines der am meisten vernachlässigten Gebiete der sozialpädagogischen Praxis« sei, obwohl doch alljährlich viel mehr Kinder für einige Wochen auf diese Weise betreut würden als junge Menschen durch öffentliche Erziehung in Heimen. Zwar liege den sechswöchigen Kuren normalerweise eine ärztliche Indikation zugrunde, aber bei den stets auch psychischen und erzieherischen Problemen der Kinder sei auch die sozialpädagogische Ausgestaltung des Aufenthaltes notwendig – selbst für die Gesundung im medizinischen Sinne.

Wendt formuliert in seiner Handreichung hohe Anforderungen an Heime und Personal, nennt aber auch andere Gründe für eine Verschickung als rein medizinische. Offiziell ging es stets um physische Gesundung, tatsächlich war die Verschreibungspraxis flexibel. Wendts Curriculum lässt erkennen, dass auch soziale und wirtschaftliche Gründe im Elternhaus eine Rolle spielten.

Auf 282 Seiten führt der Text detailliert aus, wie eine aus sozialpädagogischer Sicht perfekte Kur ausgestaltet sein sollte.

Dazu gehört vieles, was, laut Erinnerung der meisten Verschickungskinder, auch nach 1975 offenbar keinen Weg in die Praxis fand. Wie etwa die Erläuterung zum täglichen gemeinsamen Duschen, wofür sich die Kinder »bis auf das Unterzeugs ausziehen und nach dem Zähneputzen im Waschraum zusammen in den unteren Waschraum gehen, wo sie sich dann ausziehen und die Badekappen aufsetzen. Im Duschraum seifen sie sich zwei Minuten von unten bis oben ein und duschen sich dann ab. Anschließend waschen sie sich das Gesicht mit Seife.«

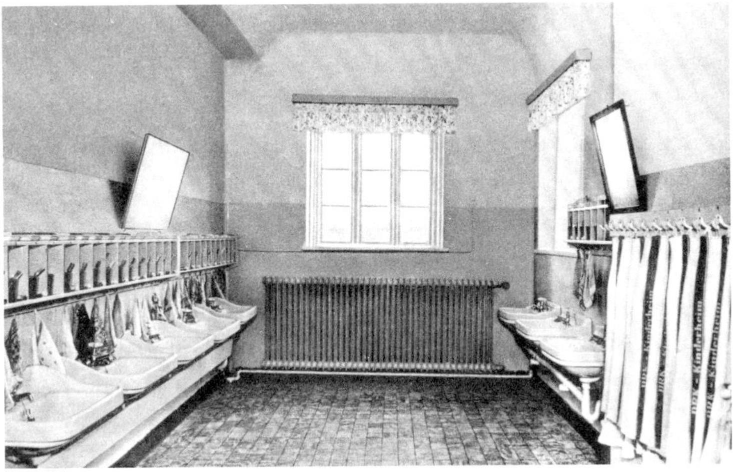

Handtücher in strenger Ordnung im Waschraum des DRK-Kindererholungsheims in Wittdün auf Amrum

Ehemalige Verschickungskinder berichten immer wieder, dieser Zwang zur kollektiven Nacktheit sei ihnen peinlich gewesen. Wendt kennt das und schreibt darum in seinen methodischen Hinweisen: »Den Kindern wird freundlich und ruhig, aber bestimmt erklärt, dass man selbstverständlich und natürlich unbekleidet dusche und dass dies den Kindern noch in jeder Kur Spaß gemacht habe, auch wenn sich der eine oder andere etwas geniert habe.« Derart detailgenau ist die gesamte Handlungsanweisung formuliert. Nicht alles fand Eingang in die Praxis.

Zum Thema Schlafen vermerkt Wendt, dass sich die Kinder in den ersten Nächten erst an die neue Umgebung gewöhnen müssten. Er rät zu »beruhigenden Worten« an die einzelnen Kinder und mahnt an, was in vielen Häusern offenbar unberücksichtigt blieb: »Mit Strafandrohungen für Ruhestörer zu arbeiten, empfiehlt sich nicht. (…) Der Erzieher setzt sich längere Zeit zu einem solchen Kind ans Bett, ohne viel zu sagen oder das Licht anzuschalten, möglichst bis das Kind in seiner Gegenwart eingeschlafen ist.«

Offenbar ebenfalls keinen Eingang in die Praxis fand Wendts Passage zum Umgang mit Bettnässern. Die empfiehlt: »Wenn die Kinder aus dem Zimmer sind, entfernt man die Laken derjenigen, die eingenässt haben, ohne Aufhebens davon zu machen. Keineswegs dürfen die Kinder – sozusagen zur Strafe – damit beauftragt werden. Das würde die Angst, das Schuld- und Schamgefühl und die Verspanntheit der Bettnässer nur erhöhen. Der Erzieher merkt sich die betreffenden Kinder und schenkt ihnen am Abend besonders liebevolle Zuwendung. (…) Sie müssen sich geborgen und sicher fühlen.« Ebenfalls missachtet wurden die Ratschläge des Sozialpädagogen zum Briefeschreiben. Das Briefgeheimnis sei prinzipiell zu wahren in der Kur. Bemerke der Erzieher, dass für die Eltern sehr beunruhigende Sätze in einem Brief stünden, könne er »allenfalls mit Zustimmung der Kinder dem Brief eine Mitteilung über seine Situation beifügen«.

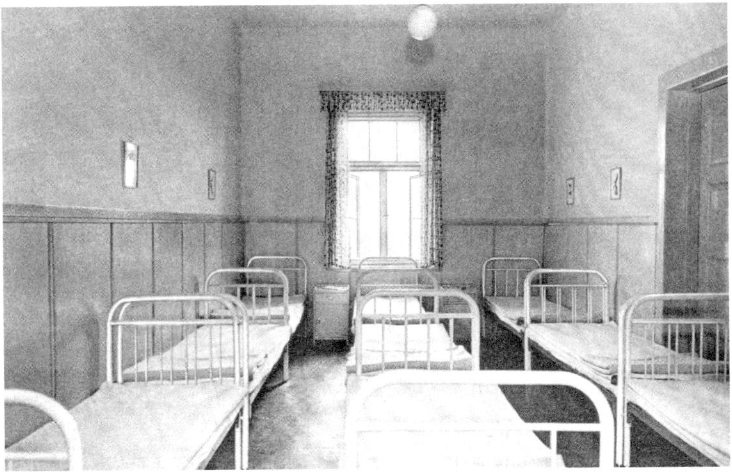

Ein Schlafraum im DRK-Kindererholungsheim in Wittdün auf Amrum

Wendts Curriculum, das 1975 im Wohlfahrtswerk für Baden-Württemberg erscheint und Gültigkeit für alle Kindererholungsheime in diesem Bundesland beansprucht, nimmt Bezug auf zeitgenössische Theorien und wissenschaftliche Arbeiten einer fortschrittlichen Pädagogik. Die Schrift macht deutlich, dass sich kein Verantwortlicher in den Kindererholungsheimen weder heute noch für die 1970er- und 1980er-Jahre darauf zurückziehen kann oder konnte, es nicht besser gewusst zu haben. Wer so handelte, wie es viele Verschickungskinder erleben mussten, handelte wider besseres Wissen und zum Schaden der Schutzbefohlenen.

Ab dem Jahr 1978 tagte, um die brennende Frage der Kinderärztetagung nach Sinn und Erfolg der Kuren vorzuberaten, der dazu einberufene *Arbeitskreis Kinderkuren*, wie der Frankfurter Professor Kurt Hartung in einer Einführung ins Thema berichtet. Schon auf den ersten Seiten des über 300 Seiten dicken Tagungsbandes wird deutlich: Es knirschte zwischen Kinder- und

Kurärzten. Die Zeichen standen auf kontroverser Auseinandersetzung.

In einer Elternbefragung aus dem Jahr 1978 zur langfristigen Wirksamkeit von Heilverfahren bei Kindern mit Atemwegserkrankungen sehen übrigens 56 Prozent der Befragten eine Verbesserung des Gesamtzustandes ihres Kindes unmittelbar nach der Kur. Sechs Wochen später liegt die Erfolgsquote aus Sicht der Eltern noch bei 51 Prozent, neun Monate später bei 49 Prozent. Das heißt, etwa die Hälfte der Eltern schätzt, dass ihr Kind von der Kur profitieren konnte, die andere sieht das nicht so. Die Ärzte urteilen positiver: Sie sehen gleich nach der Kur für 75 Prozent der Kinder eine Verbesserung, nach einem halben Jahr noch bei 56 Prozent. Man müsse nicht schwarzsehen für die Zukunft, beendet Schultze seinen Vortrag. Voraussetzung für das Überleben der Kur sei jedoch, sich weiter dem jeweiligen Bedarf anzupassen.

Mit dieser etwas blauäugigen Weitermachen-Haltung formuliert er das, was erstaunlicherweise als Bilanz der ganzen Kinderärztetagung gelten kann. Obwohl die tief liegenden Probleme und strukturellen Defizite des Systems angesprochen werden, wird keine Notbremse gezogen.

Mitte der 1980er-Jahre steht der Betrieb vieler Kureinrichtungen gefährlich auf der Kippe. Es werden nicht mehr genügend Kinder für ihre in Deutschland zu diesem Zeitpunkt seit fast 200 Jahren etablierte Heilmaßnahme abgeordnet. In den rückläufigen Kurverordnungen macht sich der Geburtenrückgang der 1960er-Jahre deutlich bemerkbar.

Eine Stuttgarter Gemeinderatsvorlage aus dem Jahr 1980 fasst die Situation aus Sicht der Stadt wohl beispielhaft für die demografische Lage der Bundesrepublik zusammen. Danach setzte der starke Geburtenrückgang etwa 1967 ein. Auf die Altersgruppe der Sechs- bis unter 15-Jährigen wirke er sich ab der zweiten Hälfte der 1970er-Jahre aus, und zwar zunehmend. »Die volle Auswirkung auf die Erholungsverschickung wird erst ab etwa Mitte der 1980er-Jahre eingetreten sein«, heißt es in dem Dokument.

Konkret heiße das für die baden-württembergische Landeshauptstadt, dass die Zahl der für eine Verschickung im Wesentlichen in Betracht kommenden Kinder seit Anfang der 1970er-Jahre um rund 16 Prozent zurückgegangen sei. Sie werde bis Mitte der 1980er-Jahre weiter abnehmen, was eine Gesamtverringerung um 35 Prozent ergebe. Die Ursache sei auch in der zunehmenden Scheu der Eltern zu suchen, ihre Kinder während der Schulzeit in Erholung zu schicken, außerdem in der Tatsache, dass Versicherungsträger in den letzten Jahren ihre Versicherten vermehrt auf Kinderkuren in eigene Kureinrichtungen verwiesen hätten.

Vor dem Hintergrund, dass viele der einst Verschickten heute die Frage umtreibt, warum sie überhaupt eine Kur verordnet bekamen, obwohl sie gar nicht krank waren, liest sich die nun folgende Passage aus der Gemeinderatsvorlage überaus erhellend. Sie belegt, dass es ein über den Gesundheitszustand der Kinder hinausgehendes Interesse an den Verschickungen gab. In dem Zustandsbericht samt dringender Handlungsanweisungen steht zu lesen:

»(…) ist die Mitwirkung des Arztes bei der bestmöglichen Ausnützung der Kapazität der Heime unerlässlich. Nur der Arzt kann entscheiden, welches Kind sich noch für freie Plätze in dem oder in jenem Heim eignet und in welcher Weise unter Berücksichtigung der Jahreszeiten über freie Plätze nach der ärztlichen Indikation am besten verfügt wird. Von der Verantwortung auf höchstmögliche Ausnützung der Heime sollten die Ärzte nicht entbunden werden.«

1982/83 hatte der Arbeitskreis Anforderungsprofile für die verschiedenen Bereiche der Kinder-Kurheilfürsorge veröffentlicht. In ihnen haben die Ausschussmitglieder Kriterien »für die Ausstattung von Kinder-Kureinrichtungen im personalen und sachlichen Bereich festgelegt, einschließlich einer differenzierten Indikationsliste«. Hartung hält mit seiner Kritik nicht hinter dem Berg, wenn er weiter schreibt: »In der praktischen Arbeit sind dennoch manche Defizite auszugleichen.«

Der Titel des Kinderarztkongresses 1985 – *Kinderkuren und Kinderheilverfahren auf dem Prüfstand* – klingt brisant und dürfte die weitsichtigeren Akteure der Kindererholungsindustrie in Unruhe versetzt haben. Als Thema ihrer 37. Jahrestagung haben die Kinderärzte gerade jetzt, wo sie nach dem Willen einiger verstärkt die Wirtschaftlichkeit der Heime im Auge haben sollen, die Überprüfung dieser Heilmaßnahme gewählt, die lange weitgehend unstrittig war. Die Deutsche Gesellschaft für Sozialpädiatrie eröffnet damit eine neue Diskussion. In seinem Geleitwort zum Tagungsband schreibt Theodor Hellbrügge, Inhaber des ersten deutschen Lehrstuhls für Sozialpädiatrie an der Ludwig-Maximilians-Universität München und Begründer der deutschen Sozialpädiatrie nach 1945, man habe immer versucht, die Bedeutung der Kinderkuren auch wissenschaftlich zu begründen. Das stimmt, und nun werden ganz wissenschaftlich Zweifel angemeldet. »Die Trennung von der Familie ist selbstverständlich ein Problem«, konstatiert der auf Norderney arbeitende Kinderarzt Wolfgang Menger. Um dann aber einzuwenden, dass doch auch ein chronisch krankes Kind allmählich eine angemessene Selbstständigkeit erreichen müsse. Die Frage, die sich angesichts mancher Berichte ehemaliger Kurkinder aufdrängt, lautet natürlich: Um welchen Preis?

Auf dem Kinderärztekongress des Jahres 1985 wurde eine der großen Veränderungen noch einmal ins Gedächtnis gerufen: Seit den 1960er-Jahren sind Kinder sehr viel weniger von Mangelkrankheiten betroffen. Die Deutschen haben schon lange ihre Reisefreude entdeckt, Eltern fahren jetzt selbst mit ihren Kindern in Urlaub und delegieren die Genesung ihrer Kinder nicht von vorneherein an ferne Erholungsheime. Also ändern sich laut Ernst-Günter Schultze die Verschickungsgründe. »Immer mehr rückte die spezifische Heilfürsorge in den Vordergrund, bei der Kinder nach ihren Indikationen möglichst in bestimmte Klimazonen oder bestimmte Spezialeinrichtungen verschickt werden, deren fachliche Einrichtung diesen besonderen Aufgaben entspricht und deren Ärzte über einschlägige Spezialerfahrung verfügen.« Schultze wird konkret: »Aber nicht nur die chronischen Krankheiten der Haut, der Atemwege oder andere Organsysteme sind heute Gründe zu einer Verschickung eines Kindes, sondern auch Wohlstandskrankheiten, die mit steigendem Wohlstand der Bevölkerung auch beim Kind nicht ausbleiben, wobei die Überernährung heute obenan steht und mangelnder körperlicher Übungszustand, fehlende Abhärtung, nervöse Störungen durch falsche Lebensführung mit Überreizung durch Lärm und Pseudoerlebnisfülle weitere Schäden setzen.« Er sieht das als Folge mangelnder pädagogischer Leistung berufstätiger Eltern, die die Erziehung ihrer Kinder nicht mehr »in der richtigen Weise übernehmen können«. Und zunehmend mehr Eltern seien wohl auch nicht mehr bereit, so die Beobachtung des Arztes, ihre Kinder während der Schulzeit sechs Wochen in Kur zu schicken. Was Schultze ebenfalls bemängelt: die geringen Erfahrungen der behandelnden Ärzte am jeweiligen Heimatort mit dem Kurwesen, aus Sicht der Erholungsheime ein gravierendes Manko. Die Badeärzte, macht Schultze deutlich, versuchten dem schon seit den 1950er-Jahren durch das regelmäßige Angebot von Fortbildungsveranstaltungen entgegenzuwirken.

Die Deutsche Gesellschaft für Sozialpädiatrie verabschiedet 1985 Anforderungsprofile an alle an der Kur Beteiligten – für Indikationsstellung, für die richtige Zuweisung in die passende Einrichtung, für die erforderliche räumliche, personelle und apparative Ausstattung der Häuser. Sie will damit den »negativen Entwicklungen, die im Verlauf der siebziger Jahre auf dem Sektor der Kinderkur eingetreten waren, entgegenwirken«. Nur mit diesen unabdingbaren Voraussetzungen sei eine Kur effizient. Die Kinderkur bekommt also Bewährung.

Aber wirklich besser oder gar radikal anders wird sie eben nicht. Im Jahr 2017 legt dann sehr provokativ Ulrich Wahn, emeritierter Professor und Direktor für Pädiatrische Pneumologie und Immunologie an der *Charité* in Berlin, in einem Artikel im *Deutschen Ärzteblatt* den Finger in die Wunde. Er unterstreicht die Bedeutung einiger wichtiger, anspruchsvoll arbeitender Spezialkliniken für die Behandlung von Asthma, Rheuma, Neurodermitis, Mukoviszidose und Diabetes. Das »Verschicken« in eine Kurklinik aber sei heute ein Relikt aus einer Versorgungswelt ohne hinreichenden Effizienznachweis. Wahns Schlussfolgerung ist knallhart bereits im Titel seines Artikels zu finden: »Opas Kinderkur ist tot.«

So viel zur Theorie. Für die Verschickungskinder ist die Wirklichkeit der Kindererholung aber gelebter Teil ihrer Biografien. Wie sah die Praxis dort aus? Was haben sie erlebt? Wie prägt sie das bis heute?

Kapitel 3

Das NS-Erbe

Andrea in Bad Friedrichshall

1978 ist die ZDF-Hitparade noch eine deutsche Institution. Einer ihrer Nummer-eins-Hits in diesem Jahr kommt von einem sehr jungen Star, von der damals im März erst zehnjährigen Andrea Jürgens. »Ich liebe euch doch beide« heißt das Lied, ein Scheidungssong. Einer der größten Fans von Andrea Jürgens, dem weiblichen Gegenstück zum Kinderstar Heintje, ist ebenfalls erst zehn und heißt ebenfalls Andrea. Sie kennt alle Texte auswendig, singt alle Lieder mit. All die Schlager, die von traurigen Kindern erzählen, die um Liebe und Aufmerksamkeit buhlen. Für die eine Andrea sprach die andere aus, was die selbst fühlte: eine tiefe, unerfüllte Sehnsucht nach Mutter und Vater. Auch wenn bei diesem Paar Scheidung nie ein Thema war.

Mit »Ich liebe euch doch beide« im Kopf und ein paar Groschen Taschengeld in der Jackentasche schlich sich Andrea an einem verschneiten Tag unbemerkt aus der elterlichen Wohnung. Ihr Ziel: der Blumenladen ein paar Querstraßen weiter. Das Mädchen war geradezu besessen von der Idee, dort eine rote Rose für seine Eltern zu kaufen. In Gedanken hatte Andrea das Szenario x-mal durchgespielt. Es klappte auch alles, zumindest äußerlich. Als sie von der Einkaufstour zurück war, stellte sie die Blume in ihrem Kinderzimmer in eine Vase, baute den Plattenspieler auf und legte die Schallplatte mit ihrem allerliebsten Andrea-Jürgens-Lied auf. Dann bat sie ihre verwunderten Eltern ins

Zimmer. »Ich hab was für euch«, habe sie gesagt, erinnert sie sich. Und dann ein Feuerwerk all ihrer kindlichen Emotionen abgebrannt. Rose, Musik und ihre eigene Stimme im Duett mit ihrem Idol. Herzerweichend muss das gewesen sein. Ein Signal, fast ein Notruf.

Was folgte? Die Erinnerung endet genau hier, als habe jemand den Plattenspieler angehalten. »Ich weiß nur, dass es nicht befriedigend gelaufen sein kann«, sagt Andrea. Denn sonst wüsste sie mehr. Könnte von Umarmungen und tröstenden Worten der Eltern berichten. Nichts vom damals Ersehnten ist in ihrer Erinnerung verzeichnet. Die Episode spricht gerade deshalb für sich. Sie erzählt von einem verzweifelten Kind. Irgendwann, so hat es sich in Andreas Kopf festgesetzt, hatte die Liebe ihrer Eltern zu ihr einen tiefen, nie mehr wirklich kittbaren Riss bekommen.

Kurerzählungen sind Familiengeschichten

42 Jahre später sitzt Andrea am Esstisch ihrer Wohnung und erinnert sich. An diesem Tisch saßen auch Andreas hochbetagte Eltern oft. Vor ihrem Tod ging es hier häufig um Familienangelegenheiten. Im Hintergrund gurgelt hin und wieder die Kaffeemaschine, als wolle sie kommentieren, was die Hausherrin erzählt. »Auch wenn es sehr hart klingt. Aber würden meine Eltern noch leben, könnte ich niemals so offen erzählen, wie ich als Kind gefühlt habe«, sagt Andrea. Bis zum Ende war sie für die beiden da, stand ihnen bei in ihren letzten Tagen und Stunden. Dennoch gab es nie wirklich zu Ende erzählte Geschichten zwischen ihnen. Die von der Kinderkur 1975 ist eine davon. Für Andrea ist sie eine der wichtigsten ihres Lebens.

Andreas Erinnerungen und die der Verschickungskinder sind nicht nur Protokolle bundesrepublikanischer Gepflogenheiten. Sie sind auch Familiengeschichten. Sie handeln nicht nur von Institutionen, Kurheimträgern, Ärzten, Erzieherinnen und Kindergärtnerinnen, sondern auch von Kindern und Eltern. In diesen Familiengeschichten bilden die Erlebnisse der Kindererholung oft einen Einschnitt. Im schlimmsten Fall haben sie das Band zwischen Eltern und Kindern dauerhaft zerschnitten. Immer aber haben sie das Urvertrauen verletzt, das Kinder mit ihren Eltern verbinden sollte. Wer von seinen Verschickungserlebnissen erzählt, klagt offen oder verdeckt immer auch ein wenig die eigenen Eltern an, weil die das Kind ausgeliefert haben an ein System, dessen dramatische Wirkung sie nicht erkannt haben. Nicht immer gelingt es, zum Erlebten nach und nach Abstand zu gewinnen, sich einen abgeklärten Blick anzueignen. Denn es kostet große Anstrengung, in eigener Sache zu abstrahieren, zu akzeptieren, dass auch die Mütter und Väter aufgrund eigener leidvoller Erfahrungen blind waren oder sein wollten.

Andrea fällt der Perspektivenwechsel nach dem Tod ihrer Eltern leichter. Auch wenn die Erinnerung an ihre Kurzeit bisweilen noch richtig schmerzt. In manchen Momenten geht sie wieder so tief, dass Andrea die Tränen kommen. Dann sind die Ohnmachtsgefühle und die Erinnerungen an Nächte voller Angst, ans Ausharren im eingenässten Bett, an den Horror der Entdeckung wieder sehr gegenwärtig. Doch ihre Tränen sind jetzt kein Einbruch des Chaos ins erwachsene Leben mehr. Sie sind erlaubt. Wenn sie weint, fühlt sich Andrea dem kleinen Mädchen, das sie einmal war, sehr nah.

Andrea vor der Kurverschickung 1975

Die Erwachsene versucht dann, der Sechsjährigen, die noch in ihr wohnt, beizustehen. Die Tränen sind kein Zeichen von Schwäche mehr, sondern ein Signal des Aufbruchs und der Stärke. Sie sind nicht privat. Sie bringen bundesrepublikanische Gewissheiten ins Wanken. Ein Zurück aber gibt es für Andrea nicht mehr. Wie beim Fahrradfahren gilt: Wer tüchtig in die Pedale tritt, kann leichter die Balance halten als der, der es im Stillstand versucht. Es ist Frühling. Es herrscht Corona-Alarm. Aber Andrea, 51, Mutter zweier erwachsener Söhne, strahlt viel Energie aus. Sie muss jetzt wie andere Menschen auch, draußen manchmal eine Maske vor Mund und Nase tragen. Aber einen anderen, viel hinderlicheren Schutzpanzer hat sie vor nicht allzu langer Zeit abgelegt.

Die Fahrt in die Vergangenheit

An einem Novembertag im Jahr 2019 hat Andrea ins Navigationssystem ihres Autos eine Adresse eingegeben, an die zurückzukehren sie sich lange nicht vorstellen konnte. Knapp 85 Kilometer trennen ihr Zuhause von diesem Ort. Nun aber macht sich Andrea auf zum Schreckensort ihrer Kindheit. Ihr Ziel heißt, wie damals im Alter von sechs Jahren: Kindersolbad Bad Friedrichshall, das *Bethesda*, gelegen im eingemeindeten Ortsteil Jagstfeld. In einem alten Prospekt wirbt es mit dem Slogan »Das Kinderparadies von Bad Friedrichshall«. Andrea ist eigentlich schon ein paar Jahre zu spät für eine erfolgreiche Spurensuche. Das Haus, um das ihre Gedanken seit damals kreisen, steht nicht mehr. 2017 wurde es abgerissen, das Gelände verkauft. Wohnungen sollen hier entstehen. Das Kinderkurheim existiert nur noch auf historischen Fotos – und in der Erinnerung vieler ehemaliger Kurkinder.

Im November 2019 steht Andrea vor einem Stück Brache. Auf einem angrenzenden Areal heißt ein Neubau wie das alte Heim: Kindersolbad. Aber hierher kommt kein Kind mehr zur Erholungskur. Der Träger hat gewechselt, nun werden hier Kinder aus familiären Krisen geborgen. »Stärken stärken – Schwächen schwächen« steht auf einer Plexiglastafel vor dem Neubau. Das Haus ist jetzt eine Einrichtung der Jugendhilfe Bad Friedrichshall mit einem »multiprofessionellen Team von sozial- und heilpädagogischen, psychologischen und medizinischen Fachkräften«, wie es in der Selbstbeschreibung heißt.

Wie dieses Haus hat auch Andrea die Vergangenheit hinter sich gelassen. Sie hat sich ein Leben aufgebaut, ist selbstständige Unternehmensberaterin, coacht Menschen in Führungspositionen und solche, die in schwierigen Zeiten durchhalten müssen.

Aber nun fühlt sie sich nicht wohl am Ort der Erinnerungen. Der Atem geht schneller, das Herz pumpt. Es ist ein mulmiges Gefühl, hier zu sein. Sie will es und gleichzeitig schaltet der Körper auf Flucht. Auf der Facebookseite des heutigen Kindersolbads hat Andrea einige Tage vor der Fahrt einen Kommentar hinterlassen: »Was dort betrieben wurde, war seelischer Missbrauch vom Feinsten.« Auf ihren Post hat das Heim genauso öffentlich reagiert: »Es tut uns leid, dass Sie damals so schlechte Erfahrungen gemacht haben. Sicher gab es Zeiten in der Geschichte des Kindersolbades und auch anderer Einrichtungen, in denen die Behandlung der Kinder unvorstellbar war im Gegensatz zu den heutigen Standards.« Andrea aber hatte eben bemängelt, dass sie auf der Homepage der Einrichtungen keine Aufarbeitung erkennen könne. Sie will nun in die Tiefe gehen.

Ein Foto als Beweis

Andrea hat ein Foto eingesteckt. Sie hat das Bild laminieren lassen, damit es durchs viele Anfassen keinen Schaden nimmt. Luftdicht verschweißt, ist diese Momentaufnahme aus der Kindheit so auch konserviert – vielleicht nicht für die Ewigkeit, aber für lange Zeit. Ihrer Besitzerin kann sie jedenfalls dauerhaft als Anker der Erinnerungen dienen.

Obligatorisches Gruppenfoto als Beweis für ihren Aufenthalt. Andrea weiß nicht mehr, warum sie auf dem Foto fehlt.

Andrea betrachtet das Foto jetzt wieder, während sie an einem alten eisernen Gartenzaun entlangläuft. Sieht der nicht aus wie der Zaun auf dem Bild? Zu diesem Zeitpunkt sucht Andrea noch nach Fakten, nach einem soliden Untergrund und Rahmen für ihre Erinnerungen. Das Foto in Postkartengröße ist bisher der einzige gegenständliche Hinweis darauf, dass sie an diesem Ort als Verschickungskind war. Aufgenommen wurde es auf einem Spielplatz. Eine Gruppe von 18 Mädchen sitzt brav für den Fotografen aufgereiht auf zwei Wippen. Ganz außen, an den Enden des Wippbalkens, sitzt jeweils eine Erzieherin. Die eine hat kaum das Teenageralter hinter sich. Die andere dürfte schon ausgebildete Erzieherin sein, ist vermutlich schon Mitte 20. Die Kinder schauen nicht eben fröhlich drein, manche scheint die Sonne zu blenden. Die Hausschuhe an ihren Füßen weisen darauf hin, dass sie wohl nur kurz für das Bild von drinnen nach draußen zitiert wurden.

Jedes Kurheim hatte seine speziellen Orte, wo die obligatorischen Gruppenbilder fürs Fotoalbum der Eltern aufgenommen wurden. Mal war es ein Geländer an einem Strandweg, mal ein Klettergerüst, um das sich die Kinder gruppierten, und mal, wie in Bad Friedrichshall, der sandige Spielplatz mit seinen Wippen. Erzählen sollten alle Bilder dasselbe: Hier herrscht Kuridylle.

Andreas Bild wurde irgendwann im Frühsommer des Jahres 1975 aufgenommen. Das Kuriose daran ist, dass Andrea selbst auf ihrem einzigen Beweisstück gar nicht zu sehen ist. Erst wenn man das Bild umdreht, steht auf seiner Rückseite mit blauem Stift in Erwachsenenhandschrift ihr Name geschrieben. »Das ist der Beweis, dass ich wirklich da war«, sagt sie. Dass sie nicht auf dem Foto zu sehen ist, passt allerdings zu ihren spärlichen Erinnerungen. Andrea weiß noch, dass sie in einem riesigen Flur gestanden hat. Sie muss sich da, glaubt sie, ein Telefonat mit ihren Eltern ertrotzt haben. Durch Renitenz, durch Widerworte und Protestgeheul? Sie weiß es nicht mehr. Aber sie weiß noch, wie sie in den Hörer gefleht hat: »Bitte, bitte, holt mich nach Hause!« Sie war in ihrer Verzweiflung nicht zu beruhigen und nicht umzustimmen von den Tanten. Die mahnten, sie werde das große Abschiedsfest verpassen. Andrea war das egal. Sie wollte keine Minute länger an diesem Ort bleiben. Schon gar nicht feierlich Abschied nehmen von dort, wo sie sich so unwohl gefühlt hatte. War sie erfolgreich damit? Ihr Platz auf dem Foto zumindest blieb leer. Die Vermutung liegt nahe, sie sei nicht mehr im Heim gewesen, als der Fotograf kam. Oder gibt es andere Gründe für dieses Kurbild ohne Kurkind? Ob die Erzieherin, die ihr das Bild schickte, überhaupt begriffen hat, dass Andrea gar nicht darauf zu sehen ist, lässt sich nicht mehr klären.

Auf jeden Fall aber liefern die paar Worte auf der Rückseite des Fotos Eckdaten für eine Zeit, über die Andrea seit Langem

Gewissheiten sucht. Denn die Zeit in der Erholung, ist sie wie viele andere Kurkinder überzeugt, hat ihr Leben nachhaltig beeinflusst. Auf der Rückseite der Fotografie steht: »Zur Erinnerung an Deinen Kuraufenthalt im« – dann folgt der Stempel »Kindersolbad, Bad Friedrichshall, Haus I – Pinguin«. Handschriftlich geht es weiter: »vom 24. 4 – 4.6.75, Dein Frl. Ursel«. Verglichen mit manchen Kurkindern weiß Andrea damit schon viel. Aber es ist ihr viel zu wenig.

Andrea muss schon lange mit Ungewissheit leben. Muss den Zweifel aushalten, ob nicht doch alles ganz anders war, als ihre lückenhaften Erinnerungen und ihre Rückschlüsse daraus es darstellen. Ob sie sich alles oder vieles nur eingebildet hat. Ob die Kinderärztin mit dem großen Busen, der tiefen Stimme und der kalten und groben Art wirklich so garstig gewesen ist. Ob in den schlaflosen Nächten, in denen sie sich zurückerinnerte an die Stunden im dunklen Heimzimmer, in denen sie vor Verzweiflung einnässte und sich dann vor dem Ertappt- und Getadeltwerden fürchtete, die Fantasie mit ihr durchging und verzerrte Bilder ins Gedächtnis malte. Andrea fragte sich sogar, ob es den riesigen Speisesaal, in dem sie glaubte, noch genau ihren Platz zwischen all den anderen Kindern nennen zu können, wirklich gegeben hat. Und ob die Erinnerung an das Hungergefühl, mit dem sie den Saal nach dem Mittagessen regelmäßig wieder verlassen hat, ihre Wurzel nicht anderswo hat. Andrea sollte, anders als die Mehrzahl der Verschickungskinder, in der Kur nicht zunehmen, sondern abnehmen.

Sie hat sich immer wieder vor Erinnerungen und Zweifeln weggeduckt und sich eingeredet, mit viel Optimismus könne sie die Zukunft meistern. »So bin ich durchs Leben marschiert – immer mit dem ungebrochenen Willen, aus Zitronen Limonade zu machen.« Als Diplompädagogin mit dem entsprechenden psychologisch-wissenschaftlichen Hintergrund kam sie tags zurecht mit den eigenen Erinnerungen – da schaltete sie den Verstand ein. Nachts aber half ihr dann meist, den sich über die Jahre und Jahrzehnte hinweg meldenden Hunger des Kindes, das im Speisessaal keinen Nachschlag bekam, im Hier und Jetzt durch Essen zu stillen. Diese Strategie der Sorgenvertreibung durch Essen hatte schon in der Kindheit funktioniert – bis sie zum Problem wurde. So oder so steht das Essen im Zentrum vieler Verschickungskinder-Geschichten. Vielen geht das damalige Essenmüssen ungeliebter Speisen trotz intensivem Ekels nach. Andrea gehört zu denen, die nicht genug essen durften, obwohl sie Hunger hatten. Nicht wenige Verschickungskinder klagen über Essstörungen, die bis heute andauern.

Manchmal hatte Andrea ihre Erinnerungen nicht schnell genug im Griff. Im Fitnessstudio etwa, wo Andrea eine Frau sah, die ihrer verhassten Kinderärztin so ähnlich sah, dass sie möglicherweise nicht im nettesten Ton fragte: »Entschuldigen Sie, sind Sie Kinderärztin und heißen Sie vielleicht ...?« Der konsternierte Blick der Frau holte sie dann zurück in Logik und Realität. Die Frau sah aus, wie die Kinderärztin damals ausgesehen hatte. Wäre sie es wirklich gewesen, hätte nun ja eine alte Frau vor Andrea sitzen müssen. Aber für Sekunden waren Vergangenheit und Gegenwart ineinander verschmolzen. In solche Fallen will Andrea nicht länger gehen. Die Reise nach Bad Friedrichshall soll Klarheit bringen, was sich in den sechs Wochen zwischen dem 24. April und dem 4. Juni 1975 zugetragen hat. Mit belastbarem Wissen will sich Andrea gegen plötzliche Attacken aus dem Dunkel des Gedächtnisses wehren.

Die Geschichte des Kurbads, in das sie als Kind geraten war, beginnt lange vor Andreas Geburt. Sie genauer zu betrachten, erhellt vieles.

Das Heim, sein Personal und seine Geschichte vor 1945

Die in Archiven aufbewahrten Akten des damaligen Kindersolbads Bad Friedrichshall geben eine Ahnung, was die aktuelle Heimleitung in ihrer Antwort auf Facebook mit »nicht immer den aktuellen Standards« entsprechend gemeint haben könnte. Am 1. Juli 1949 unterschrieb der promovierte Kinderarzt Heinz Herfurth, geboren am 30. November 1911, seinen Anstellungsvertrag beim ältesten deutschen Kindersolbad. Wo Herfurth die Zeit nach seiner Entlassung aus russischer Kriegsgefangenschaft im November 1945 verbracht hatte, ist den Akten nicht zu entnehmen. Wohl aber, wo er vor seiner Einziehung zur Wehrmacht tätig war: in der Kinderklinik der Berliner *Charité*. Und zwar vom 1. Februar 1938 bis zum 31. März 1943, wie eine Zusammenstellung seiner Beschäftigungszeiten in seiner Personalakte auflistet. Es lohnt sich, diesen Arbeitsplatz genauer zu betrachten, um Heinz Herfurth einschätzen zu können.

Die *Charité* war schon damals nicht irgendeine Klinik. Sie ist die Klinik der Berliner Universität und galt, so schreibt 2008 der Medizinhistoriker Johannes Vossen in einem Aufsatz zur Rolle der medizinischen Fakultät im Nationalsozialismus, als angestrebte Endstation einer akademischen Karriere. Herfurth arbeitete in der Kinderklinik, an der Georg Bessau, Lehrstuhlinhaber für Pädiatrie der Berliner Universität, seit April 1932 das Direktorat führte. Unter dessen Führung schwenkte die Klinik auf die Linie der NS-Gesundheitspolitik ein. Wichtig, schreibt der Medizinhistoriker Thomas Beddies, sei vor allem die Aufzucht gesunder Kinder für Volk und Staat gewesen.

Bessau entfernte schon 1932, also vor Hitlers Machtübernahme, die jüdischen Kinderärzte an der *Charité* aus ihren Ämtern, als er Personal reduzieren musste. Sein Schüler Werner Catel wurde einer der drei Obergutachter im NS-Kinder-Euthanasie-Programm. Bessaus Hauptforschungsthema war die Immunbiologie der Tuberkulose. Auf dem Gebiet der Entwicklung und Einführung einer Tuberkulose-Schutzimpfung galt er laut Thomas Beddies als führend in Deutschland. 1942 wurde er Vorsitzender der *Arbeitsgruppe Impfung* des Reichstuberkuloseausschusses. Die Kinderklinik der *Charité* war nicht nur in die sogenannte Aktion T4, die Ermordung psychisch kranker Menschen durch Gas, verwickelt, sondern auch in die vom sogenannten *Reichsausschuss zur Erfassung erb- und anlagebedingter schwerer Leiden* veranlassten Tötungen behinderter Kinder.

Georg Bessau meldete auch fehlgebildete Kinder gegen den Wunsch der Eltern an den Reichsausschuss. Aus Sicht der Historikerin Sophie Rohr lässt selbst das nicht unbedingt auf eine nationalsozialistische Haltung schließen. Allerdings, so betont sie 2013 in ihrer Dissertation *Die Kinderklinik der Charité im Spiegel der Krankenakten von 1941–1948*, verstieß man bereits damals gegen Vorschriften und Gesetze, wenn man anvertraute Schutzbefohlene ohne Einwilligung zu Humanversuchen heranzog. Ethisch verwerflich und verbrecherisch war dieses Tun allemal. Die überarbeitete Neuauflage des *Lehrbuchs für Kinderheilkunde* aus dem Jahr 1948 ist trotzdem unter anderem dem Andenken Georg Bessaus gewidmet. Von Distanzierung von den einstigen Koryphäen der Zunft kann also keine Rede sein. Verantwortlicher Herausgeber der 16. Auflage des Standardwerks aus dem Jahr 1948 ist Hans Kleinschmidt, von dem in der Folge noch als pädagogischem Ratgeber die Rede sein muss.

Hans Kleinschmidt kann, so urteilt Thomas Beddies, als die zentrale Figur in der Reorganisationsphase der Westpädiatrie ausgemacht werden. Er nahm Einfluss auf die Besetzungen von

Lehrstühlen, platzierte seine Schüler; er steuerte über die *Monatsschrift Kinderheilkunde* Ton und Richtung der wissenschaftlichen und auch der standespolitischen Debatten. Noch lange nach seiner Emeritierung 1954 wirkte er über seine Schüler und in verschiedenen Funktionen als graue Eminenz der bundesdeutschen Pädiatrie. Der NS-Medizin-Experte Ernst Klee zitiert Kleinschmidt mit dem Satz: »Wir Kinderärzte wollen helfen, damit ein gesundes, lebensmutiges und opferungswilliges, der nationalsozialistischen Idee entsprechendes Geschlecht heranwächst.«

Wer in der Zeit des Nationalsozialismus am Universitätsklinikum der *Charité* als Arzt tätig war, steht begründbar im Verdacht, sich direkt oder indirekt durch Meldung ans Gesundheitsamt am Euthanasie-Programm der Nazis beteiligt zu haben. Im Herbst 1942 kommt es an der *Charité* laut Beddies zu Menschenversuchen mit »Reichsausschuss-Kindern, die der Wissenschaft dienen, indem sie unter anderem in der außerordentlich wichtigen Frage der tuberkulosen Immunisierung zur Verfügung stehen«. Beddies deutet einen Vermerk in einem Brief an die Reichskanzlei Adolf Hitlers so, dass Bessau die Versuche angeregt und sein ehemaliger Schüler und jetziger Lehrstuhlinhaber in Leipzig Werner Catel den Kontakt zum Reichsausschuss hergestellt hat. Ausgewählt wurden laut Beddies' Forschung »Kinder ohne nennenswerte familiäre Bindungen«. Viele davon waren in Kinderheimen aufgewachsen. Den 32 noch vorhandenen Krankenakten ist zu entnehmen, dass Bessau zwei der Kinder persönlich impfte und behandelte. Für die übrigen nimmt Beddies das Gleiche an. Er kommt zu dem Schluss, dass die Impfversuche an den Patienten der Kinderklinik der *Charité* den NS-Medizinverbrechen während des Zweiten Weltkriegs entspreche und dass die Bereitstellung behinderter Kinder für wissenschaftliche Experimente unter bewusster Inkaufnahme von Schmerzen, Gesundheitsschäden und tödlichen Ausgängen eindeutig mit der Funktionalisierung der Insassen von Konzentrations- und Kriegsgefangenenlagern für die dortigen Menschenversuche vergleichbar sei.

Heinz Herfurth trat seinen Dienst an der *Charité* genau in der Zeit an, als es in Deutschland durch den endgültigen Approbationsentzug für jüdische Ärzte nach dem 1. Oktober 1938 zu einem extremen Mangel an Kinderärzten kam, wie Sophie Rohr schreibt. Er profitierte zumindest indirekt von den antisemitischen Maßnahmen der Nazis, die auch zum Aderlass kinderärztlichen Wissens führten. Bei Machtübernahme der Nationalsozialisten 1933 waren in Deutschland nach Rohrs Forschungen 1418 Kinderärzte registriert. Mehr als die Hälfte davon waren jüdischen Glaubens oder jüdischer Abstammung. Nach dem Inkrafttreten der Vierten Verordnung zum Reichsbürgergesetz am 30. September 1938 gab es keine jüdischen Mitglieder in der Liste der Deutschen Gesellschaft für Kinderheilkunde mehr, berichtet Sophie Rohr. Man hatte sie aus ihren Ämtern gejagt und ihnen verboten zu praktizieren. Georg Bessau, Herfurths Klinikchef, tat sich bei dem Hinauswurf jüdischer Kinderärzte aus seinem Krankenhaus mit besonderem Eifer hervor.

Sozialisation als Kinderarzt an der Charité

Das sind Umfeld und ideologischer Dunstkreis, in dem Herfurth seine Sozialisation als Kinderarzt erfährt. Die Personalliste führt ihn als wissenschaftlichen Assistenten. Das Gesuch Georg Bessaus, den Arzt Herfurth als unabkömmlich einzustufen, bleibt allerdings ungehört. Laut Reichsärzteverzeichnis tritt er am 20.

April 1943 seinen Dienst bei der Deutschen Wehrmacht an. Er gerät in Kriegsgefangenschaft. Sein Persilschein, also die damals oft fahrlässig schnell und tatsachenwidrig ausgestellte Bescheinigung durch die alliierten Sieger, die betreffende Person sei unbelastet durch die Nazijahre gekommen, wird ihm nach dem Krieg in Edingen-Neckarhausen ausgestellt. Einen solchen Persilschein bekommt auch Albert Viethen, der im Mai 1949 als Chefarzt des Kinderkrankenhauses *Felicitas* in Berchtesgaden (Träger: Katholischer Jugendfürsorgeverein München) einen neuen Wirkungskreis fand und sich dann 1963 vor dem Amtsgericht Ansbach wegen der Beihilfe zum Mord an bis zu 20 Kindern verantworten muss. Er soll diese von der Uniklinik Erlangen in die Pflege- und Heilanstalt Ansbach überwiesen und damit für die Euthanasie freigegeben haben. Er beteuert, davon nichts gewusst zu haben. Das Kinderkrankenhaus *Felicitas* ist das Haus, in dem Albert, dessen Geschichte hier noch erzählt werden wird, leidvolle Erfahrungen gemacht hat. Auch wenn Viethen zu diesem Zeitpunkt dort nicht mehr tätig war, hielt sich offenbar der Geist, den er dort implantiert hatte.

Im Sommer 1949 beginnt Heinz Herfurth sein neues Leben als Leitender Arzt im Kindersolbad Bad Friedrichshall. Er versieht bis 1961 auch noch eine zusätzliche Aufgabe als Chefarzt einer Kinderklinik. Die Unterländer Metropole Heilbronn ist im Dezember 1944 schwer zerbombt worden, die amerikanischen Besatzungsbehörden müssen die Gesundheitsversorgung schnell wieder hochziehen und lagern schließlich die Heilbronner Kinderklinik aus, in einen Teil der Räumlichkeiten des Kindersolbads Bad Friedrichshall. Aus den Akten geht nicht hervor, ob Herfurth dort dauernd oder wenigstens zeitweise Unterstützung durch andere Mediziner bekam. Andere Ärzte finden nie Erwähnung. Meinte der schöne Titel Chefarzt gar Alleinarzt? Logistisch ist das kaum vorstellbar. Doch das ganze Konstrukt erweist sich ja, wie man gleich sehen wird, als wackliges Provinz- und Nachkriegsprovisorium. Was aber hat den ehrgeizigen Mann, der einmal an einer der renommiertesten deutschen Kliniken im großen Berlin praktiziert hat, in die Provinz getrieben? Und was hält ihn hier? Kommt die entlegene Lage einem Wunsch entgegen, ohne Vorgeschichte neu anzufangen?

Herfurth scheint motiviert, von den baulichen Mängeln des 1862 eröffneten Kindersolbads aber auch extrem genervt. Er hat ein Kurheim übernommen, das 1949 bereits 80 Jahre alt ist. Seine Beschwerdebriefe, in denen er auf einen neuen Anbau hinarbeitet, geben auch Einblick in die Bedingungen, unter denen Kinder in den 1950er-Jahren ihren »Erholungsaufenthalt« verbrachten. Um es vorwegzunehmen: Sie sind eher dazu geeignet, Kinder kränker als gesünder wieder nach Hause zurückzuschicken. Der Klinikarzt aus Berlin wird vordergründig zum Anwalt der Bäderkur für Kinder. Aber das dient ja auch der eigenen Existenzsicherung und dem eigenen Ansehen.

Katastrophale Verhältnisse

Immer wieder weist Herfurth darauf hin, wie gefährlich die Nähe der Kurkinder für die ausgelagerten Kinder aus dem Heilbronner Klinikum sei. Er weist auf die wiederholte Übertragung von »virusbedingten Krankheiten von Solbadkindern auf die Patienten der internen Säuglings- und Kinderabteilung an der Nahtstelle zwischen Solbad und Klinik« hin.

»Auch das ist auf die Dauer nicht ärztlich zu verantworten, denn immerhin kann eine zusätzliche, an sich für sonst gesunde Kinder ›harmlose‹ Infektionskrankheit (wie z. B. Masern oder

Windpocken) bei schwer kranken Patienten der Klinik durch Hinzukommen von Komplikationen (z. B. Pneumonie, Enzephalitis usw.) den Tod herbeiführen.

Auch kann an dieser Nahtstelle durchaus einmal eine Kinderlähmung durch Solbadkinder in die Klinik eingeschleppt werden (vielleicht leichter jedenfalls als umgekehrt), weil ja die Solbadkinder durch ihre regelmäßigen Spaziergänge, Besuch des Wimpfener Talmarktes und ähnlicher Veranstaltungen dauernd Kontakt mit der Umwelt haben. Was bisher dank äußerster Wachsamkeit und vorbildlicher Zusammenarbeit des hoch qualifizierten leitenden Schwesternpersonals relativ gut gegangen ist, braucht durchaus nicht immer gut auszugehen!

Wenn es sich herausstellen sollte, dass die nun schon seit 1949 bestehende und von Jahr zu Jahr immer wieder als nur ›vorübergehend‹ bezeichnete Unterbringung der Heilbronner Kinderklinik in den für klinische Verhältnisse gar nicht geeigneten Räumen des Kindersolbads *Bethesda* sich in praxi doch als Dauerlösung präsentiert, so muss ich als leitender Arzt die Verantwortung für etwaige, aus den (...) geschilderten hygienischen und baulichen Unzulänglichkeiten resultierenden Zwischenfällen ablehnen.«

Herfurth ist in Sorge, in Regress genommen zu werden. Er führt als Untermauerung für seine Forderung nach einem Neubau an, dass »Kriegs- und Nachkriegsverhältnisse heute meines Erachtens nicht mehr als Entschuldigung angeführt werden«. Was er dann beschreibt, wirft ein Licht auf die Verhältnisse in seinen Häusern. Da die Kinderklinik in die Räume des Solbades eingezogen ist, darf man davon ausgehen, dass das, was Herfurth in seiner Beschwerde über die Zustände in der Kinderklinik beschreibt, auch auf den Trakt mit den Kurkindern zutrifft. Herfurth spricht von »primitiven Luftschutzbetten aus dem Krieg, die nicht vorschriftsgemäß zu desinfizieren sind und ständig auseinanderfallen. Auch die Matratzen sind sämtlich noch uralte Seegrasmatratzen, die sich jeder vorschriftsmäßigen Desinfektion entziehen.«

Auch in seinem Jahresbericht für das Jahr 1954 bemängelt er erneut den gesamten Solbadbetrieb in der bisherigen primitiven Form. »Anregung und Vorschläge dürfen erst sinnvoll sein, wenn die geplante Modernisierung greifbare Formen annimmt. Das Jahr bot wiederum die üblichen Schwierigkeiten mit dem kindergärtnerischen Personal (häufiger Wechsel, schlechte Qualität). Als besonders abträglich machte sich das Fehlen einer festen, führenden Hand bemerkbar.«

Fluchtversuch nach Hause

Der Vorfall, den Herfurth dann schildert, illustriert aber vielleicht weniger die Unprofessionalität einer Gruppenleiterin, deren Versagen er deutlich machen will, als die als Heimweh verharmloste Verzweiflung mancher Verschickungskinder. Herfurth schreibt im Jahresbericht 1954 an den Heimträger: »Als kennzeichnend für den derzeitigen ›Geist‹ im Solbad nur ein einziger kleiner Vorfall. Ein achtjähriger Knabe wird von einer Gruppenleiterin, die sich als ›erfahren‹ bezeichnet, wegen Unbotmäßigkeit mit Zimmer- und Bettarrest bestraft, während sie selbst mit der übrigen Gruppe eine Kinovorstellung besucht. Ein zufällig anwesendes Hausmädchen wird so nebenbei gebeten, mal nach dem Jungen zu schauen. Der Junge brennt durch und wird nach längerer Zeit abends von der Heilbronner Bahnpolizei auf dem Bahngelände in Heilbronn aufgefischt. Ich selbst erfahre von diesem Vorfall acht Tage später von dritter Seite!«

Aus Sicht der Kinder stellt sich die Episode vermutlich anders dar, nämlich als Versuch der Flucht eines Verzweifelten, der sich auf eigene Faust vom Heim zum Bahnhof durchgeschlagen hat. Luftlinie sind das immerhin zwölf Kilometer. Darin bloß ein Personalproblem zu sehen, veranschaulicht eindrucksvoll – bei allem Verständnis für Haftungsfragen – Herfurths technokratisch mitleidlosen Blick auf die Kinder, seinen Mangel an Einfühlungsvermögen. Zeitzeugen berichten übrigens immer wieder auch von vielen anderen Heimen, dass sie als Kinder Ausbruchspläne schmiedeten.

Die scheinbare Idylle als Postkarte

Herfurths ärztlicher Bericht für das Jahr 1958 macht deutlich, wie es um die Kuranwendungen bestellt ist. Offenbar hat sich das Kindersolbad schwergetan, eine Gymnastiklehrerin zu finden. Die Lage spitzt sich im Sommer so sehr zu, dass die Kinder nur einmal wöchentlich Gymnastik bekommen, »was offensichtlich zu wenig ist«. Herfurth klagt, etwas, das er »Zeitmangel« nennt, sei ziemlich allgemein zu beanstanden. Anders gesagt: Es herrscht Personalmangel. Die Kinder würden, referiert Herfurth Berichte der Jugendleiterin und der Gymnastiklehrerin, »gejagt und getrieben« – zum »Turnen bzw. zur speziellen Heilgymnastik, zum Baden, zum Inhalieren, zur Höhensonne, zur Liegekur, zum Lieder Lernen, Basteln, Mahlzeiten einnehmen usw.« Herfurth schlussfolgert, eine sinnvolle Ordnung und Koordination sei noch nicht gefunden.

Auch seine Dauersorge wird wieder Thema: die »unzulänglichen räumlichen Verhältnisse«. So sei der mehreren Zwecken dienende Turnraum viel zu klein und verfüge über keinerlei Wasch- und Umkleideräume. Der Fußboden sei zu kalt – »speziell für die Fußübungen am unbekleideten Fuß«. Zuvor hat der nun als Turnraum genutzte Bereich aber offensichtlich als Aufenthaltsraum gedient, denn nun »ist für durchschnittlich 150 Solbadkinder auch der einzige Aufenthaltsraum weggefallen«. Der Speisesaal falle wegen der dort nötigen Vorbereitungsarbeiten auf die Mahlzeiten für diese Zwecke aus. Glaubt man Herfurths Bericht, ist die Lage mehr als angespannt. Vor allem im Sommer fehlte es an einem »ausreichenden, anstaltsnahen, verkehrsungefährdeten Auslauf«. Der Chefarzt rät dringend zum Ankauf einer nahe gelegenen Wiese mit Baumbestand. Sein Resümee: Die Gesamtsituation des Solbades ist nach wie vor äußerst unbefriedigend und verlangt dringend nach Abhilfe. Dessen ungeachtet geht der Kurbetrieb weiter, werden weiter Verschickungskinder nach Bad Friedrichshall beordert. Mit welchem Erfolg und zu welchem Zweck? Das fragt man sich angesichts der Schilderungen Herfurths.

Eltern beschweren sich

Die Mängel der Klinik und Beschwerden über diese Mängel sind Dauerthemen in der Kommunikation zwischen Heinz Herfurth und dem Württembergischen Landesfürsorgeverband. Letzterer ist der Träger des im 1933 eingemeindeten Bad Friedrichshaller Ortsteil Jagstfeld gelegenen Kindersolbads und bittet Herfurth immer wieder schriftlich und sowie in persönlichen Unterredungen in Stuttgart um Klärung der vorgebrachten Missstände. Über mehrere Monate (Herbst 1955 bis Frühjahr 1956) zieht sich etwa ein weiterer Briefwechsel zwischen Herfurth und seiner Aufsichtsbehörde hin. Darin geht es zum einen um die Beschwerde eines Vaters. Sein an Scharlach erkrankter Sohn wurde in einer seiner Meinung nach völlig unzumutbaren Isolierkammer untergebracht. Dieser Vater ist unerschrocken und sichtlich kein Arbeiter mit wenigen Mitteln. Er geht anwaltlich gegen das Heim vor, und der zuständige Regierungsdirektor muss nun den Anwälten die vom Vater beanstandeten Räumlichkeiten schildern. Die Dachkammer, in der vier Scharlachkinder gemeinsam untergebracht waren, hatte demnach eine Größe von 2,40 Meter auf 3,20 Meter: also nur ein wenig mehr als siebeneinhalb Quadratmeter! Der Regierungsdirektor führt gegenüber den Rechtsvertretern des aufgebrachten Vaters an, er müsse im Übrigen noch darauf aufmerksam machen dürfen, »dass es sich in Jagstfeld um ein nachkriegsbedingtes Provisorium handelt, bis die Kinderklinik Heilbronn erstellt ist«.

Die schlechten baulichen Zustände lassen sich jedoch nicht als Begründung für eine Klage der Kreisfürsorgerin des Kreises Tuttlingen heranziehen. Die führt im November 1955 Beschwerde, dass »im Gegensatz zu anderen Heimen« Kinder zum Rückreisetermin nicht reisefähig seien oder zu Hause gleich wieder erkranken. »Dieses Kind nahm ich damals in einem ziemlich reduzierten Zustand schon nach Hause, wo sich die Sache dann noch ausbreitete«, wird ihr Bericht in einer Akte des Württembergischen Landesfürsorgeverbands zitiert. Offenbar hat nicht nur die Tuttlinger Kreisfürsorgerin, sondern auch mancher Vertreter anderer Landkreise Erfahrungen dieser Art gemacht. »Ich weiß nicht, ob diese Dinge der zuständigen Stelle bekannt sind oder ob eventuell den Ursachen nachgegangen werden kann.« Die Rede ist von Kindern, die nur unzureichend bekleidet seien, und von Aussagen der Hausangestellten, wonach »Kinder oft in unzureichend bekleidetem Zustand herumlaufen und das Personal nicht geschlossen hinter der Abstellung dieses Übelstandes, der natürlich Folgen nach sich ziehen muss, stehe«. Das klingt zunächst noch sehr höflich. Aber im Laufe der nächsten Monate soll sich der Ton zwischen dem Chefarzt und der Beschwerdeführerin verschärfen.

Sorge um das Wohl der Kinder

Herfurth muss immer wieder um seine eigene Reputation und die seines Kindererholungsheimes bangen. Und um die wirtschaftlichen Grundlagen des Heimes, das von der Entsendung einer ausreichenden Zahl an Kindern abhängig ist. Die Kreisfürsorgerin mahnt dann auch, sie bringe diese Vorgänge zur Kenntnis »mit der Bitte um mögliche Abstellung, zumal es sich nicht vermeiden lässt, dass der Ruf des Hauses unter diesen Erscheinungen allmählich leidet«. Für ihre Verhältnisse wird die Frau schon deutlich, wenn sie mit einer Sorge endet. »Ich bekomme nämlich immer wieder Schwierigkeiten, wenn ich Kinder nach Jagstfeld einzuteilen habe. In einer kleinen Stadt sprechen sich die Dinge – allein schon in der Schule – sehr rasch herum.« Mit letzterer Aussage meint sie, dass die Kurkinder später von ihren Erlebnissen berichteten und versuchten, andere Kinder zu warnen.

Der Druck auf den Chefarzt Heinz Herfurth ist deutlich spürbar. Der zuständige Sachbearbeiter in der Hauptfürsorgestelle Baden-Württemberg schickt einen Auszug aus dem Bericht der, wie er schreibt, »erfahrenen Kreisfürsorgerin« zur geflissentlichen Kenntnis an den Mediziner. Versehen mit einem ebenfalls bedrohlichen Nachsatz. »Da wir schon die Beobachtung machen mussten, dass die Beschickung des Kindersolbads *Bethesda* an Interesse verliert, wären wir Ihnen für Überprüfung der Angelegenheit sehr dankbar.«

Auf dieses Schreiben vom 24. November 1955 wendet sich Herfurth vier Tage später mit einem dreiseitigen Brief direkt an das »Sehr geehrte Fräulein M.!«, also an die Kreisfürsorgerin am Kreissozialamt Tuttlingen. Man sei in Jagstfeld durchaus nicht empfindlich, was Kritik anbelange, sei doch das nunmehr 94 Jahre alte Kindersolbad *Bethesda* die älteste deutsche Kinderheilstätte dieser Art. Nicht umsonst stünde man vor einer dringend notwendigen Modernisierung. Auch werde man in einem Beruf, der den Menschen – und noch dazu das Kind – zur Aufgabe habe, mit der Zeit recht bescheiden und demütig, was die eigene Unfehlbarkeit anbelange. Vehement weist Herfurth aber trotz aller Konzilianz den Vorwurf der Kreisfürsorgerin von sich, es gebe »einen unbedingt abzustellenden Übelstand«. Er gibt den Ball zurück und sieht die Schuld für Krankheiten, die während der Kur ausbrechen – »wenn in diesem Zusammenhang mit diesem doch recht primitiven Schuldbegriff operiert werden soll« –, überwiegend gerade bei den Entsendestellen. Also bei der Kreisfürsorgerin selbst.

Der kalte Blick des Verwalters

Herfurths Gegenangriff nutzt ebenfalls drohende Untertöne: »Worüber haben Sie sich denn eigentlich zu beklagen?« Spürbar gereizt teilt der Chefarzt aus. Es ist ihm deutlich zuwider, sich als Leiter der Einrichtung rechtfertigen zu müssen. Zugleich muss er in seiner Gegenrede erneut Einblick in die Verhältnisse in seinem Kinderheim geben. So bekommt die ans Kindersolbad *Bethesda* angegliederte Kinderklinik in Bad Friedrichshall offenbar aus den benachbarten Kindersolbädern in Bad Rappenau und Bad Wimpfen Kinder zugewiesen, die an allen möglichen Infektionskrankheiten erkranken. »Je größer das Heim, desto mehr Möglichkeiten der Krankheitsübertragung gibt es naturgemäß. Wie sollte es auch anders sein.« Daraus ein schuldhaftes Verschulden seiner Einrichtung abzuleiten, »scheint mir doch nicht richtig zu sein«. Zu verhindern sei das nur, wenn die Kinder nach ihrer Anreise für mindestens vier Wochen in Einzelquarantäne gesteckt würden. Eine Forderung, »die sich praktisch natürlich niemals verwirklichen lässt«.

Es ist nicht die inhaltliche Argumentation, in der man Herfurth durchaus folgen kann, es ist vielmehr seine Wortwahl an einigen Stellen, die angesichts seiner Vorgeschichte aufschrecken lässt. So spricht er von der »Eliminierung (…) zweifellos inkubierter Kinder vor dem Abtransport«. Auch lässt er alle Höflichkeit fallen, wenn er von den Eltern derjenigen Kinder spricht, »die uns die Infektionskrankheiten ins Heim schleppen«. Seine distanzierte Haltung gegenüber den Verschickungskindern wird überdeutlich, wenn er von den Rahmenbedingungen der Kuren schreibt. »Wenn in einem Kinderheim alle 4 bis 5 Wochen auf einmal 160–170 Kinder an einem Anreisetag zusammenströmen – noch dazu eine in Bezug auf die körperliche Verfassung,

Widerstandskraft durchaus negative Auslese von Kindern! –, so ist damit zu rechnen, dass dieses oder jenes Kind gerade inkubiert ist mit irgendeiner der vielen Kinderkrankheiten.« Von der eingangs selbst gerühmten Demut ist in diesen Passagen wenig zu spüren, auch nicht von Empathie für die Kinder. Hier spricht ein Kinderarzt, dem die ihm Anvertrauten Verschiebemasse sind. Herfurth schreibt ohne jegliche Wärme über die Kinder, deren Wohl und Wehe sechs Wochen in seiner Hand liegen. Er hat den kalten Blick des Verwalters.

Worauf der Fokus des Kurarztes liegt, wird in dem Brief deutlich, den Herfurth in dieser Sache seinem Ansprechpartner beim Württembergischen Landesfürsorgeverband schreibt. So habe eines der Kinder, deren Zustand die Kreisfürsorgerin bemängelt, immerhin 2,5 Kilo an Gewicht zugenommen. Ein weiterer Junge, »ein an sich schon äußerst elendes Würstchen«, sei bald nach seiner Anreise an Scharlach erkrankt und habe 18 Tage mit Penicillin behandelt werden müssen. Dass ein anderer Junge, der während seiner Kur an Angina erkrankt sei, »bei seiner Entlassung aber eine Gewichtszunahme von 4,7 Kilo aufzuweisen hatte, hat sich natürlich nicht herumgeschrien«. Herfurth schreibt sich in Rage und macht aus seiner Verachtung für die Kurkinder keinen Hehl. »Ich persönlich möchte dazu nur anmerken, dass es leichter ist, einen Sack voll Flöhe zu hüten als eine Schar Solbadkinder, die zu einem großen Teil doch aus der sozialen Hefe des Volkes stammen und sich auch so aufführen.«

Dieser Satz offenbart ein Weltbild, das Menschen in nützlich und weniger nützlich für die Gesellschaft unterteilt. Blitzt hier die Sozialisation Herfurths in der Kinderklinik der Berliner *Charité* durch, in einer Zeit, in der solches Denken gesellschaftsfähig, wenn nicht Allgemeingut war? Als die Kinder schutzlose Versuchsprobanden waren?

»Es heißt, die Kinder müssten ihr Erbrochenes essen«

Wieder drängt sich da die Frage auf, warum Herfurth nicht eine andere Stelle als ausgerechnet die eines Kinderkurarztes sucht? Er könnte doch nach einer Praxis streben, in der er mit anderen Kindern zu tun hätte als mit diesen, die ihm sichtlich zuwider sind, diesen Arme-Leute-Kindern, die gleich mehrere Wohlfahrtsträger nach Bad Friedrichshall entsenden? Eine mögliche Erklärung: In Bad Friedrichshall ist er nicht in ein Kollegium eingegliedert. Als verantwortlicher Chefarzt hat er einen weitgehend abgeschlossenen Bereich, ist weniger der Kontrolle durch Eltern und andere Erwachsene unterworfen als in einer Praxis oder normalen Klinik. Auch wenn er sich in Bad Friedrichshall immer wieder mit Beschwerden herumschlagen muss, weitgehend kann er hier doch schalten und walten, wie er will. Seine Ungehaltenheit über die maroden Zustände in Bad Friedrichshall scheinen ja nicht der Sorge ums Kindeswohl zu entspringen, eher dem Ärger, dass diese Zustände Anlass für die Außenwelt bieten, in seinen Herrschaftsbereich hineinzuwirken.

Falls er eine Nische gesucht hat, in der das autoritäre Denken einer anderen Zeit gut überdauern kann, in der das Hierarchiegefälle von ihm zu anderen besonders steil ist: In der Kinderkurklinik hat er sie gefunden. Hier unterliegt er bei seinem Tun und seinen Entscheidungen nicht der täglichen Rechtfertigung, die ihm anderswo vielleicht Kollegen oder Vorgesetzte abnötigen würden. Im Kindersolbad gibt er die Richtung vor – so wie seine Kollegen in den vielen anderen Kurhäusern. In der Abgeschiedenheit halten sich die alten Erziehungsprinzipien sichtlich länger. Das geschlossene System Kur bietet den Ewiggestrigen Entfaltungsmöglichkeiten.

Deutet man Herfurth so, ergibt es plötzlich Sinn, dass er in Bad Friedrichshall verharrt und doch so abfällig urteilt in Briefen nach draußen: »Ich persönlich habe ehrlich gesagt noch kein Kindersolbad gesehen, was in puncto Primitivität mit Jagstfeld wetteifern könnte. Die ganze Bauweise ist derartig mittelalterlich, dass die unbedingt notwendige Beaufsichtigung der Kinder praktisch z. T. ja gar nicht möglich ist. (…) Kein Wunder, dass die Kinder dort ihre Erkältungen bekommen. Der Prozentsatz der interkurrenten fieberhaften Infekte während der Winterkuren ist in der Tat beachtlich hoch!« Herfurth geißelt die Infrastrukturmängel nicht der Kinder wegen, über die er ja wenig mitfühlend schreibt, sondern weil sie verantwortlich sind für die Störung seiner Alleinherrschaft durch höhere Autoritäten. Herfurths Ziel, so darf man ableiten: Renovierung der Klinik, um rechtfertigungsfrei regieren zu können. Heute fragt man sich beim Lesen dieser Korrespondenzen: Hat ein Kuraufenthalt die Kinder unter diesen Bedingungen nicht viel wahrscheinlicher krank als gesund gemacht?

Ganz nonchalant erwähnt Herfurth am Ende seines zuletzt zitierten Briefes das, was von vielen Verschickungskindern über die Jahrzehnte als eine der schlimmsten Erfahrungen beschrieben wird: den Zwang, Erbrochenes wieder aufzuessen. Er kommt darauf zu sprechen ohne konkreten Anlass, er baut vor, um mögliche Vorwürfe schon im Vorhinein zu entkräften. Sollte sich also jemand über diese für die Kinder extrem erniedrigenden Vorfälle doch einmal wirkungsvoll beschweren, hat er nun schon zu Protokoll gegeben, dass man auch da die Schuld bei den räumlichen Bedingungen suchen müsse. Die viel zu großen Speisesäle würden immer wieder das Missfallen der begleitenden Fürsorgerinnen erregen, schreibt er, weil dort eine vernünftige Beaufsichtigung nicht möglich sei. Die Schlüssigkeit der

These, zu große Speisesäle und mangelnde Aufsicht würden begünstigen, dass Kinder ihr Erbrochenes wieder aufessen müssen, führt er nicht weiter aus. Er schlägt einfach einen gedanklichen Purzelbaum: »Kein Wunder, dass es dann heißt, die Kinder müssten bei uns das Gespuckte wieder essen! Was natürlich (hoffentlich) nicht wahr ist.« Ein glaubhaftes Dementi liest sich anders.

Kann man in sein fast neckisch in Klammern eingestreutes »hoffentlich« einen Zweifel an den eigenen Worten hineinlesen? Einen Rest Ahnung von der Seelenerschütterung jener Kinder, die davon berichten, wie sie stundenlang über ihren Tellern mit Erbrochenem sitzen mussten und den Speiseraum nicht verlassen durften, bevor sie es nicht irgendwann von Ekel geschüttelt doch aufaßen? Man kann das natürlich nicht mit letzter Gewissheit ausschließen. Aber meist erscheinen die Kinder in seinen Briefen nur als Nummern in seinem großen Plan vom schönen, neuen und dann auch vorzeigbaren Kindersolbad unter seiner Führung. Dieses »hoffentlich« in Klammern hat also wohl eine andere Funktion. Sollten diese Zustände einmal bewiesen und von den Aufsichtsbehörden geahndet werden, stünde Herfurth da als einer, der nur unter Vorbehalt weitergegeben hat, was das Personal ihm berichtet. Er könnte dann behaupten, seine schlimmsten Befürchtungen seien wahr geworden, man habe ihn als Chef nicht wahrheitsgemäß über Praktiken hinter seinem Rücken informiert.

Keiner glaubt den Kindern

Herfurth mag sich, damals nicht unüblich, als Halbgott in Weiß fühlen. Außer ihm gibt es aber beileibe nicht nur ein paar Schwesternschülerinnen mit wenig Gelegenheit zum Widerspruch im

Heim, sondern auch noch andere Autoritätspersonen, etwa die Jugendleiterin des Kindersolbads, Frau D. Aber auch die zeigt gegenüber den ihr anvertrauten Kindern wenig Herzenswärme und Einfühlungsvermögen. Über die bereits als Beschwerdeführerin zitierte Kreisfürsorgerin aus Tuttlingen (»Frl. M.«) bemerkt sie etwa, es gebe fortgesetzt Schwierigkeiten mit ihr: »Sie behauptet immer wieder, dass bei uns die Kinder gebrochene Speisen wieder essen müssten, was durchaus nicht den Tatsachen entspricht und meines Wissens nach während den 2 1/4 Jahren meines Hierseins nicht vorgekommen ist.« Sie fährt fort: »Nebenbei bemerkt wurde die gleiche Anschuldigung vom Kreisjugendamt Tuttlingen auch in anderen Kinderheimen erhoben.« Die Tatsache, dass die Vorwürfe nicht nur gegen die Bad Friedrichshaller Institution erhoben werden, dass hier möglicherweise eine weitverbreitete Ungeheuerlichkeit angeprangert wird, soll zur Entkräftung der Vorwürfe umgedreht werden: Wenn das in mehr als einem Heim vorkommen soll, kann an der Beschuldigung gleich gar nichts dran sein.

Für die Jugendleiterin ist die Häufung der Fälle ein Indiz für die Unglaubwürdigkeit von Kindern. »Dabei muss darauf verwiesen werden, dass Kinder bei Erzählungen oft mehr auf ihre Fantasie als auf Tatsachen zurückgehen, und ich habe den Eindruck, dass Frl. M. sehr viel auf Erzählungen der Kinder gibt, die sich dann entsprechend interessant vorkommen.« Kinder, die von Missständen berichten, so D.s Schlussfolgerung, lügen grundsätzlich. Wer ihnen Glauben schenkt, ist zum Opfer kindlicher Fantastereien geworden. Wer D.s Replik auf die Vorwürfe liest, dem klingt in den Ohren, was in der Verschickung unglücklich Gewordene unisono berichten: »Es hat uns ja niemand geglaubt!«

Auch D.s Haltung ist keine extreme individuelle Grobheit,

sie lässt sich rückverfolgen auf eine Ideologie, die Kindern keine Rechte zugestand. Sie wurde wie viele andere Erzieherinnen und Aufsichtskräfte der Heime im NS-Regime geprägt. Wobei die Frage erlaubt sein muss, was die gelernte Apothekenhelferin D., die einst wie fast alle Mädchen unter 18 in Hitlerdeutschland im Bund Deutscher Mädel (BDM) organisiert und 1943 der NSDAP beigetreten war, dazu befähigt haben soll, Kinder zu betreuen? Und warum die 1925 Geborene nach dem Krieg von Stuttgart, wo sie und ihre Familie ausgebombt worden waren, ins Kindersolbad nach Bad Friedrichshall ging?

Wie Heinz Herfurth verweist auch sie auf die gravierenden baulichen Mängel des Kindersolbads *Bethesda*. Beim Besuch der Tuttlinger Kreisfürsorgerin hat die Badeschwester wohl ein bisschen zu offen darüber gesprochen, dass sich viele Kinder beim Baden erkälten. Diese Aussage muss korrigiert werden. Einerseits sollen wieder einmal die Kinder die Malaise durch Unvernunft und Ungehorsam verursachen. Die Kurenden, so zitiert D. nun ihre Untergebene, seien selbst schuld, wenn sie sich erkälteten, wenn sie trotz ständigen Ermahntwerdens und allen Aufpassens nach dem Bad ohne Jacke in ihre Zimmer entwischen. Beim Schreiben geht D. wohl auf, dass man da ab einer bestimmten Zahl Erkälteter nachfragen könnte, wie dieses Aufpassen denn aussieht, das so regelmäßig versagt. Also schiebt sie ein besseres Argument nach, das alle Verantwortung vom Heimpersonal nimmt – und formuliert doch wieder so vorsichtig, dass niemand das als Aufruf lesen kann, ein offenbar schon baulich untaugliches Heim von der Liste der nutzbaren Kindererholungsstätten zu streichen. Ganz geschickt also »möchte ich an dieser Stelle darauf hinweisen, dass es in den Gängen des alten Badehauses bei kalter Witterung oft sehr zieht und sich die Kinder trotz aller Vorsichtsmaßnahmen leicht erkälten können«.

Perfide Mischung aus Tyrannei und Vernachlässigung

Der Zwang, Erbrochenes zu essen, eine viel zu hohe Infektionsrate, heftige körperliche Züchtigungen (davon erzählen die Betroffenen in den sozialen Netzwerken), marode Gebäude, Provokation von Erkältungskrankheiten durch jene Bademaßnahmen, die geschwächte Kinder stärken sollen – die Liste der Vorwürfe gegen dieses Heim, in dem Andrea 1975 (nach der Ära Herfurth) ihre Kur verbringen muss, ist lang. Hinzu kommen zum Beispiel jene Punkte, die die Oberpostdirektion Stuttgart reklamiert, die einen Vertrag mit dem Landesfürsorgeverband über die Belegung des Kindersolbads unterhält und viele Kinder ihrer Beschäftigten – darunter auch Andrea – dorthin zur Kindererholung schickt. Telefonisch moniert der Vertragspartner schon knapp zwei Jahrzehnte vorher die Umstände bei der Ankunft der Kinder. Sowohl Eltern wie Begleiterinnen sind einer Aktennotiz vom 6. Februar 1956 nach wohl vorstellig geworden. Die Beschwerde stimmt in vielen Punkten mit dem überein, woran sich viele Verschickungskinder heute noch erinnern.

»1. Wenn in Jagstfeld ein Transport von Kindern ankomme – meistens begleitet von einer älteren Fürsorgerin –, so würden die abholenden Kindergärtnerinnen des Kindesolbads sich in keiner Weise beim Aussteigen aus dem Zug, beim Herausheben des Gepäcks usw. behilflich zeigen, sondern herumkommandieren in einer Weise, die für ältere Personen anstößig sei.

2. Es sei festgestellt worden, dass die Leibwäsche der Kinder während des Solbadaufenthalts viel zu wenig gewechselt werde. Die Kinder würden die Hälfte ihrer mitgegebenen Wäsche unbenützt zurückbringen, während die von ihnen getragene Leibwäsche übermäßig beschmutzt sei.

3. Die Begleitpersonen und Eltern würden beim Abholen der Kinder über die besonderen Vorkommnisse und den Erfolg der Solbadkur in keiner Weise informiert. Es sei verständlich, dass die Eltern sich über das Ergehen ihrer Kinder sehr interessierten, und so seien diese immer sehr enttäuscht, wenn sie nichts erfahren könnten. Besondere Vorkommnisse würden sie oft erst später durch die Kinder selbst erfahren, was zu falschen Darstellungen u. Ä. sehr geeignet sei. So seien Erkrankungen, kleine Unfälle usw. noch nicht bekannt gegeben worden. Kürzlich hätte einem Kind vom Arzt im Solbad der Fingernagel wegoperiert werden müssen. Auch dies hätten die Eltern erst sehr viel später vom Kind selbst erfahren. Durch diese mangelnde Unterrichtung würde sehr viel Verdruss entstehen.«

Die Notiz endet mit dem für den Chefarzt Herfurth gewiss beunruhigenden Satz, viele Stellen trügen sich mit dem Gedanken, »künftig keine Kinder mehr nach Jagstfeld zu senden«. Es gibt keinen Hinweis in den Akten darauf, dass man intern versucht hätte, zum Beispiel an dem Anstoß erregenden Kommandoton – noch so eine Verbindung in die deutsche Vergangenheit – etwas zu ändern. Herfurth schweben andere Verbesserungen vor, er kämpft um den Bau eines neuen großen Schwimmbeckens mit solehaltigem Wasser. Der Mann denkt an die Außenwirkung, nicht an die übers Behandlungstechnische hinausreichenden Bedürfnisse der Kinder. Das neue Becken würde doch im Wettkampf um die Gunst der Eltern potenzieller Kurkinder Punkte bringen. Herfurth ahnt, dass ein Aufenthalt am Meer mit Bad in den Wellen und Spielen am Strand deutlich attraktiver sein könnte als seine Kurklinik im süddeutschen Hinterland.

Kinderkurärzte mit NS-Vergangenheit

Anfang der 1960er-Jahre beginnt Herfurth minutiös zu planen. Er führt umfangreiche Korrespondenzen, um etwa den Soleanteil im Badewasser und die Infektionsgefahr durch das Baden abzuklären. Interessanter als der Inhalt seiner Briefe ist dabei aus heutiger Sicht, mit wem er da korrespondiert. Herfurth, der Mann mit dem Vorleben an der Berliner *Charité* zur Nazizeit, schreibt im Februar 1961 beispielsweise nach Freiburg an den Direktor der Universitätskinderklinik, Walter Keller. Der 1894 in Heidelberg geborene Kinderarzt Keller war von 1939 an Direktor der Universitätskinderklinik Gießen. Ab 1942 war er nach Recherchen des NS-Medizin-Experten Ernst Klee an Polio-Übertragungsversuchen beteiligt und hat auch mit dem Neuropathologen Julius Hallervorden, einem Akteur der Kindereuthanasie, zusammengearbeitet. Keller verweist den »sehr geehrten Herrn Kollegen« (Herfurth) für Detailfragen an den Hygieniker Richard Haas am Hygieneinstitut Freiburg. Auch Haas ist kein unbeschriebenes Blatt. Der 1910 in Chemnitz geborene Bakteriologe kooperierte laut Ernst Klee, der die Lebenswege vieler Protagonisten der NS-Zeit recherchiert hat, mit dem Konzentrationslager Buchenwald wegen Fleckfieberversuchen. Haas war in den Jahren 1942 bis 1944 Geschäftsführer und technischer Leiter des Instituts Emil von Behring in Lemberg, das laut der Eröffnungsrede durch den später in Nürnberg durch die Alliierten hingerichteten Hans Frank, Generalgouverneur für die besetzten polnischen Gebiete, zur »größten Fleckfieberforschungsstätte der ganzen Welt« werden sollte. Haas wurde in der jungen Bundesrepublik Präsident der Deutschen Vereinigung zur Bekämpfung der Viruskrankheiten. Wie bei vielen Medizinern gingen auch die Karrieren von Keller und Haas nach 1945 ungebrochen weiter. Auf die Expertise dieser beiden setzt Herfurth nun.

In die Fachdiskussion, ob nun Seebäder oder Soleheilbäder den Heilungsprozess bei Kindern mit Atemwegserkrankungen besser in Gang setzen, mischt sich vom Kindersanatorium *Mövennest* auf Borkum aus der Arzt Werner Scheu ein. Der ehemalige SS-Untergruppenführer war an der Erschießung »arbeitsunfähiger Juden«, so der Nazijargon, im Memelland beteiligt. Bis zu seiner Verurteilung zu lebenslanger Haft im Jahr 1964 lebte er unbehelligt als Kurarzt auf der Nordseeinsel.

Erst in den 1970er-Jahren hat sich die Ärzteschaft wirklich mit den Verwicklungen und Verbrechen von Medizinern in der Zeit des Nationalsozialismus beschäftigt. Viele Täter waren da schon nicht mehr am Leben, viele waren auf neuen oder nur leicht modifizierten Tätigkeitsfeldern bundesdeutsche Respektspersonen geworden, an Universitäten, in Kliniken und eben auch Kindersanatorien, die sich als geschlossene Systeme dem Einblick von außen entzogen. Die politischen Rahmenbedingungen hatten sich nach 1945 geändert, die Haltung vieler Mediziner gegenüber Kindern und Patienten nicht im gleichen Maße.

Bei allen Meinungsverschiedenheiten über die Bedeutung von echtem Meerwasser, Solewasser, Sonne und frischer Luft eint die debattierenden Mediziner eine Grundüberzeugung: Eine Kur ist ihrer Meinung nach nur wirksam, wenn sie keinen Tag kürzer als 42 Tage dauert. Das mag aus medizinischer Sicht begründbar sein. Die kindliche Psyche kommt wie so oft zu kurz. Wie Kinder diese lange Zeit allein aushalten sollen, ist für den Fachdiskurs der Mediziner unerheblich.

Unendlich lange 42 Tage und 42 Nächte

Für die sechsjährige Andrea etwa waren sechs Wochen eine unüberblickbar lange Zeit. Das Abzählen von 42 Tagen nützte ihr nichts, schon gar nicht das Herunterzählen von 42 endlosen Nächten. In ihrem jungen Leben gab es schlicht nichts Vergleichbares für diesen Entzug von Geborgenheit. Für sie war ein Tag schwer bis an sein Ende zu denken, dort ragte dann die Angst vorm nächtlichen Bettnässen auf, und hinter diesem Tag und dieser Nacht schoben sich weitere und weitere und weitere zwischen sie und die Heimkehr.

Andreas Geschichte erzählt beispielhaft davon, nach welchen Gesetzmäßigkeiten das System Kinderkur in den ersten Jahrzehnten der Bundesrepublik funktionierte – unabhängig davon, ob die Kinder in die Reizluft an der Nord- und Ostseeküste oder in die Heilbäder im Rest Deutschlands verschickt wurden. Andrea wurde mit den autoritären Erziehungsprinzipien der NS-Zeit konfrontiert. Diese Kurerfahrung wirkte wie ein Brandbeschleuniger, der den gelegentlich glimmenden Funken des Zweifels an der Liebe der Eltern zum Aufflammen brachte. Erst viel später erfuhr Andrea von ihrer Mutter, dass sie schon im Säuglingsalter, wenn sie mit Schreien gar nicht aufhören wollte, nachts im Stubenwagen in die Küche geschoben worden ist. Hinter verschlossener Tür sollte Andrea sich die Seele aus dem Hals schreien.

Mit der Absage an das Beachten und Trösten, an die unmittelbare Befriedigung der Bedürfnisse, wandte die Mutter an, was Ende der 1960er-Jahre noch in vielen Familien als richtiger Umgang mit einem Schreikind galt. Seinen Ursprung hatte diese Maßnahme rabenschwarzer Pädagogik in Johanna Haarers Erziehungsratgeber *Die deutsche Mutter und ihr erstes Kind*. 1934 erstmals erschienen, fand er sehr weite Verbreitung. Unter dem nur leicht veränderten Titel *Die Mutter und ihr erstes Kind* erfuhr das Standardwerk der Nazizeit in der Bundesrepublik bis 1987 regelmäßige Neuauflagen. Genau dieser Ratschlag, schreiende Kinder abseits der Eltern sich selbst zu überlassen, um ihren Willen zu brechen, ist dort einer der Erziehungstipps. Johanna Haarer, die eigentlich Lungen- und nicht Kinderärztin war, propagiert aber nicht wissenschaftliche Erkenntnisse, sondern nationalsozialistische Wunschbilder vom starken, abgehärteten Kind. Was Liebesentzug in Wirklichkeit schuf, waren verängstigte Kinder mit Trennungstrauma und Bindungsstörungen.

Aufwachsen im Wirtschaftswunderland

Urlaub kannte Andrea schon vor ihrer Kur – aber eben mit den Eltern, jedes Jahr drei Wochen an der Adria. Mit dem weißen Simca begaben sich Vater, Mutter und Kind auf eine viele Stunden dauernde Reise, wenn sie aus ihrem kleinen Heimatort bei Stuttgart Richtung Süden aufbrachen. Italien war das Sehnsuchtsland vieler Deutscher. Hier war alles anders. Die Luft, die Natur und vor allem: das Meer.

Wie viele andere fuhr auch Andreas Familie stets an denselben Ort, stets auf denselben Campingplatz und stets zusammen mit Freunden und deren Familien. Genauer: mit den Post-Kolleginnen von Andreas Mutter. »Damit du jemanden zum Spielen hast«, begründeten die Eltern gegenüber Andrea den Gruppenurlaub. Aber dem Mädchen war schon damals klar: Auch die Erwachsenen wollten mit ihren Freunden zusammen sein und vielleicht ihrer Alltagselternrolle entschlüpfen. Denn Andrea beobachtete sehr genau. Im Urlaub waren die Eltern wie ausgetauscht. Es war eine unbeschwerte Zeit des Lachens, sie wirkten, als fiele eine Last von ihnen ab. Den Rest des Jahres über war das Leben der Großen streng durchgetaktet.

Andreas Mutter schob Dauernachtschicht in der Postsortierstelle, der Vater arbeitete tagsüber als gelernter Kupferschmied in der Industriemontage. Die Zeit, die das Paar miteinander verbringen konnte, war begrenzt. Der Vater kam um vier Uhr nachmittags nach Hause, die Mutter verließ das Haus gegen fünf oder sechs Uhr am frühen Abend. Das Geld, das die beiden verdienten, reichte zum Leben, aber nicht, um viel zu sparen. Der Urlaub in Italien war der kurzzeitige Ausbruch in ein anderes Leben ohne Zwänge und Rücksichten. Sie und die anderen Familien lebten den kollektiven Traum der Nachkriegszeit: Es sollte nur noch aufwärts und den Kindern besser als den Eltern gehen. Dass sie die Erfahrung des Krieges und die Erziehung zur Härte gegen sich selbst in sich trugen, war den wenigsten von ihnen bewusst. »Meine Eltern haben ihre Tränen weggeschlossen«, sagt Andrea.

Eine Unmenge Kinder und Erwachsene tummelte sich in den Urlaubswochen auf dem Campingplatz in Rosapineta. Andrea erinnert sich an ausgelassene Spiele mit ihrem Vater im Wasser und an das Meer. Immer wieder ans Meer. Abends saßen alle zusammen an einer langen Tafel vor einem großen Topf mit dampfender Suppe, über ein Dutzend Kinder und fast so viele Erwachsene. Auch wenn die Tage einander ähnelten, war es keine Sekunde langweilig. Diese Zeit verging wie im Flug. Kaum hatte der Vater das Zelt aufgebaut, was er zum Leidwesen seiner Hilfsdienste leistenden Tochter und Frau mit großer, wie die beiden fanden, übergroßer Pingeligkeit tat, musste schon wieder abgebaut und eingepackt werden. Aber dazwischen lagen die Momente, in denen ein Papakindchen unendlich stolz war auf den Vater. Der brauchte zwar peinlich lange zum Zeltaufbau. Aber wenn es regnete – »und es regnete gefühlt immer einmal in diesen Urlauben« –, zahlte sich die penible Art des Vaters aus. Anders als die anderen legte er einen kleinen Graben ums Zelt herum an. Während andere Kinder mit ihren Eltern nasse Füße bekamen, saß Andrea mit ihrer Mutter und ihrem Vater im Trockenen. Was für ein Glück! Solche kleinen Freuden machten den Urlaub zu einer seligen Erfahrung.

Während ihrer Kindergartentage war Zeit für Andrea etwas, über das sie nicht nachdachte. Die Tage vergingen eben – manchmal, ehe man sich's versah. Andrea teilte die Zeit vor allem ein in Stunden mit und Stunden ohne ihre Eltern. Andrea kannte den Kindergarten als Ort, wo sie ohne ihre Mutter oder ihren Vater halbe Tage zubrachte. Diese regelmäßigen Trennungen von den beiden schüchterten sie jedoch nicht ein. Sie hatten ein verlässliches allnachmittägliches Ende. Sie ging leidenschaftlich gerne in den Kindergarten, war also vor der Kinderkur kein ausgeprägtes Rockzipfelhängerchen.

Für das Einzelkind bot der Kindergarten die Garantie, immer jemanden zum Spielen zu finden. Und außerdem war da auch noch ihre Kindergärtnerin, die sich so einprägte, dass Andrea heute noch ihren Namen weiß: Tante Erika. Neulich hat sie diese Frau sogar zufällig einmal getroffen. Andrea erwähnt die Begegnung nur kurz. Aber die Freude, mit der sie von diesem Moment spricht, erzählt viel von der Geborgenheit, die sie einst bei Tante Erika empfunden haben muss – ganz anders als bei den Erzieherinnen im Kindersolbad Bad Friedrichshall. Wenn man Andrea heute am großen Esstisch ihrer Wohnung gegenübersitzt und ihre Neugierde auf das Leben spürt, bekommt man eine Ahnung davon, wie sie als Kind gewesen sein muss. Wissbegierig, ungeduldig und anlehnungsbedürftig zugleich – dazu ausgestattet mit einem großen, bedingungslosen Vertrauen zu den Menschen. »Ich war kein ängstliches Kind«, sagt Andrea.

Die Kurerlebnisse drängen in die Gegenwart

Sie ist auch heute keine Frau, die sich nichts trauen würde. Man merkt, dass sie nur ungern um Wesentliches herumredet. Sie formuliert genau und hat gleichzeitig einen Hang zum Spirituellen. In dem Wasser, das sie zum Trinken anbietet, liegen Kristallsteine. Aber sie ist ironiefähig genug, daraus keine Religion zu machen. Sie hält es aus, dass man die Wirkung der Steine anzweifelt. Andrea lebt den Spagat zwischen klarem Analysieren und den Untiefen der menschlichen Seele. Sie kann mit Fug und Recht sagen, mit beiden Beinen im Leben zu stehen. Sie funktionierte lange in der Leistungsmühle des Sich-mehr-und-immer-noch-mehr-Abverlangens. Bis der Druck irgendwann doch zu groß wurde.

Heute benutzt sie für die Belastung und die Verzweiflung, die sie in Schach hat halten müssen, das Bild vom Tischtennisball, den man mühsam unter Wasser zu halten versucht, während er ständig an die Wasseroberfläche drängt. Keinen Moment darf man ihn loslassen. Nur nahm dieses Objekt mit der Zeit die Größe eines Wasserballs an. Es ließ sich nicht mehr beherrschen. Andrea musste sich endlich damit auseinandersetzen, was sie da antreibt, was sie bremst und was sie blockiert. Dass die Kinderkur dabei eine große Rolle spielt, ist ihr seit Jahren klar. Zum Wunsch, das eigene Leben aufzuhellen, tritt auch bei ihr der Vorsatz, zu verhindern, dass Kinder in ähnliche Ohnmachtssituationen geraten. Kein Zufall also, dass sich Andrea im Kinderhospizdienst engagiert. »Ich schenke unbeschwerte Lebenszeit«, sagt sie, »weil jedes Kind ein Recht dazu hat. Ich gebe das, was das Kind in mir nicht bekommen hat.«

In den Krankenhäusern dachte man allmählich kindgerechter

Andreas kindliches Vertrauen in die Welt konnte zunächst auch von etwas heftigeren Einschnitten ins Familienleben als dem täglichen Kindergartengang nicht erschüttert werden. Als sie zur Entfernung der Rachenmandeln ins Krankenhaus musste, hielt sie das gut aus. Andrea erinnert sich, wie die Krankenschwestern mit ihr und den anderen Kindern spielten und dass ihre Eltern ihr jeden Tag Eis zur Kühlung der Wunden in ihrem Hals ans Krankenbett bringen durften. »Offenbar waren die Schwestern dort freundlich und uns Kindern zugewandt«, sagt sie.

Da hatte Andrea durchaus ein wenig Glück gehabt. In der ersten Hälfte der 1970er-Jahre ließen noch nicht alle Kinderkliniken überhaupt Elternbesuche zu. Was heute als erwünschte Selbstverständlichkeit gilt, mussten Elterninitiativen und fortschrittliches Pflegepersonal oft gegen Widerstände in den eigenen Häusern erst erkämpfen. In Frankfurt am Main etwa hatte sich 1968 das Aktionskomitee *Kind im Krankenhaus* gegründet. Damals tobte ein erbitterter Kampf zwischen den Anhängern dieser fortschrittlichen Form »seelischer Betreuung kranker Kinder« und den Traditionalisten. Der Kinderarzt Gerd Biermann, Leiter des Instituts für Psychohygiene, schrieb 1974 in seinem Vorwort zu James Robertsons Standardwerk *Kinder im Krankenhaus* einen Satz, der bei den Verantwortlichen in den Kindererholungsheimen nicht gut ankam: »Grundsätzlich aber müssen wir alle in den Beziehungen zu unseren kranken Kindern mehr Trägheit der Herzen überwinden.«

Es war aber nicht nur die Trägheit der Herzen, die Kinder in Krankenhäusern wie in Erholungsheimen unnötige Härten erleiden ließ. Es war ein Verständnis von Kindheit, das darauf abzielt, das Kindsein in einer Person möglichst früh und gründlich auszumerzen, nach dem Motto: Härte und eine durch Hiebe erworbene dicke Haut helfen durchs Leben. Dass Angst, Unsicherheit und Verlassenheitsgefühle, also das genaue Gegenteil der erwünschten Erziehungsziele, die Folge dieses Drills waren, wollten viele lange nicht einsehen. Robertson mahnt: »Das Gefühl des Geborgenseins, das in den ersten Lebensjahren gefestigt werden sollte, kann auch durch eine kurze Trennung von der Mutter erschüttert werden.«

Dem Londoner Kinderpsychologen war es ein Anliegen, die von den Kinderpsychiatern und Kinderärzten René Spitz und John Bowlby gewonnenen Erfahrungen über das Trennungstrauma des hospitalisierten Kindes in fortschrittliche psychohygienische Bemühungen im Kinderkrankenhaus umzusetzen. Im Mittelpunkt dieser Denkrichtung steht das ohne mütterliche Bezugsperson schutzlose Kind. Robertson selbst hatte seine Erfahrungen an der von Anna Freud geleiteten Kindertherapieklinik in London Hampstead gemacht.

James Robertson drehte mit John Bowlby mehrere Lehrfilme, die zeigen, wie ein kleiner zweijähriger Junge namens John auf die Trennung von seiner Mutter reagiert, als diese ihn kurz vor der Geburt seines Geschwisterchens in ein Kinderheim bringen muss. Eindringlich wird gezeigt, wie der kleine John in der Sehnsucht nach seiner vertrauten Bezugsperson immer weiter verzweifelt und schließlich apathisch resigniert. Als seine Mutter nach Tagen wiederkommt, erkennt er sie nicht wieder und braucht einige Tage, um wieder mit ihr in Kontakt zu treten. Die Aufnahmen zeigen, wie diese Zeit im Heim das kleine Kind traumatisiert und Trennungsängste weckt, die über die Zeit der Trennung hinaus anhalten.

Anna Freud, die Psychoanalytikerin und Tochter Sigmund

Freuds, der mit seiner Familie vor den Nazis nach Großbritannien emigriert war, ist eine der Begründerinnen der Kinderanalyse, einer Disziplin, die sich der seelischen Gesundheit des Kindes und deren Störfaktoren annahm. Mit der Vertreibung und Ermordung der überwiegend jüdischen Psychoanalytiker in den 1930er-Jahren aus Deutschland und den unter deutscher Besatzung stehenden Ländern erstickten die NS-Machthaber auch eine ganze Denkrichtung im Umgang mit Kindern. Diese Auslöschung von Wissen rächte sich noch bis weit in die ersten Jahrzehnte der Bundesrepublik.

Die Kinderärztin verordnet den Kuraufenthalt

Dass Gesundungsaufenthalte ganz anders ablaufen können als in der Kinderklinik bei der Mandelentfernung, musste Andrea so bitter erfahren, als habe das Schicksal hier im Experiment an ein und derselben Person die Resultate zweier unterschiedlicher pädagogischer Konzepte vorführen wollen. Die Kinderärztin stellte die Diagnose, durch die vor der Mandelentfernung durchlittenen Halsentzündungen sei möglicherweise Andreas Herz in Mitleidenschaft gezogen worden. »Doktor V. hat gesagt, das könne aufs Herz gehen, wenn es chronisch werde«, lautete die immer gleiche Antwort der Mutter, wenn Andrea später anklagend fragte, warum man sie denn überhaupt für sechs Wochen in Kur geschickt habe.

Noch immer ist in dem Haus am Marktplatz in den Räumen von einst eine Kinderarztpraxis. Es fällt Andrea schwer, dorthin zu gehen. Sie merkt körperlich, schon wenn sie das Treppenhaus betritt, wie ihr Körper wieder in die Anspannung von damals verfällt. Seit Kurzem weiß sie nun auch, dass die Kinderärztin mit ihrem drohenden Auftreten wirklich eine garstige Person war. Gespräche mit Verwandten und Bekannten, die den unsensiblen Umgang dieser Person mit Kindern bezeugen können, haben Andrea das nötige Vertrauen in ihre eigenen Erinnerungen gegeben.

Andreas Eltern waren autoritätsgläubig genug, um die Versprechungen der Ärztin und der Klinik nicht anzuzweifeln. Am 24. April 1975 packten sie die Koffer, setzten sich in ihren weißen Simca und lieferten ihre Tochter im Kindersolbad ab. An die Ankunft dort und den Abschied von den Eltern hat Andrea keine Erinnerung mehr.

Ärzte werden für Kurverordnungen gesondert vergütet

Sie fragt sich nun vor allem, warum sie damals überhaupt verschickt wurde und ob nicht ganz andere Motive die Ärztin dazu bewogen, das Kind kurz vor seiner Einschulung noch einmal in Kur zu schicken. »Meine Eltern zweifelten nicht an der Diagnose«, erinnert sich Andrea. Sie selbst aber tut das. Die Suche nach ihrer Krankenakte war allerdings vergeblich. Die Aufbewahrungsfrist von zehn Jahren ist abgelaufen. Das trifft nicht nur auf Andreas Fall zu und macht die Aufarbeitung der Kinderkuren generell schwierig. Es fehlen zu viele Unterlagen für eine grundsätzliche Einschätzung, wie viele Kurverordnungen medizinisch geboten waren – und wie viele den ökonomischen Bedürfnissen des Systems entsprangen.

In einer Akte des Heimträgers, des Landeswohlfahrtsverbandes Württemberg-Hohenzollern, findet sich im Fall Andrea jedoch ein möglicherweise entscheidender Hinweis auf die Motive der Kinderärztin. In einem Aktenvermerk bezüglich der »Belegung des Kindersolbades Bad Friedrichshall durch die Landesversicherungsanstalt (LVA) Württemberg« vom 3. Juni 1969 geht es zunächst um die bisherige Vorgehensweise. Danach verschickte die LVA Württemberg »seit wenigen Jahren Kinder ihrer Versicherten nur unter bestimmten, in ihren Richtlinien festgelegten Voraussetzungen im Rahmen von Heilverfahren in von ihr ausgewählte Kindererholungsheime und Kindersolbäder. (...) Nach Rücksprache mit Herrn Oberamtmann K. bei der LVA hätte diese noch mehr Möglichkeiten, heilverfahrenbedürftige Kinder zu verschicken, als dies bisher in Anspruch genommen wurde.«

Der Verfasser des Akteneintrags rührt dann mächtig die Werbetrommel für die Kurverschickungen, indem er darauf hinweist, »dass Eltern keinerlei Kosten entstehen, während sie sich sonst entsprechend ihrer wirtschaftlichen Lage an den Unkosten beteiligen müssen. (...) Die meisten regelmäßig belegten Kindererholungsheime bringen heute die Voraussetzungen nicht nur für die gesundheitliche, sondern auch für die notwendige und erwünschte sozialpädagogische Betreuung der Kinder mit (...). Ich vermute, dass bei manchen Stellen nicht bekannt ist, dass die LVA bereit ist, mehr wie bisher Kinder-Heilverfahren zu genehmigen, diese Bereitwilligkeit sollte m. E. ausgenützt werden. Es wäre ratsam und würde von der LVA sehr begrüßt, wenn die Entsendestellen von hier aus darauf hingewiesen würden, alle ihnen bekannten Kinder, für die ein LVA-Heilverfahren infrage kommen kann, für ein solches zu melden. Die Ärzte, die für eine solche Antragstellung besonders honoriert werden, wurden von der LVA in der letzten Zeit erneut davon unterrichtet.«

Beim Lesen dieses Akteneintrags stellt Andrea sich heute die Frage, ob die Kinderärztin ihr die Kur mit Blick auf die versprochene Vergütung verordnet hat. In einem Schreiben vom 16. Dezember 1974, einem halben Jahr vor ihrer Kur, wendet sich der Landeswohlfahrtsverband Württemberg-Hohenzollern als überörtlicher Träger der Kriegsopferfürsorge, Sozialhilfe und Jugendhilfe unter dem Betreff »Kindersolbad Bad Friedrichshall/hier: Belegungsmöglichkeit« an die Jugendämter der Stadt- und Landkreise in den Regierungspräsidien Stuttgart und Tübingen. In dem Brief heißt es: »Unser Kindersolbad Bad Friedrichshall ist nur in den Sommermonaten ausreichend belegt. Deshalb prüfen wir, ob es – ganz oder teilweise – einem anderen Zweck zugeführt werden kann.« Konkret geht es in der Bitte um »den Ausbau der Möglichkeiten, gefährdete Kinder in Kindererholungsheimen (zum Beispiel Kindersolbad Bad Friedrichshall) für einige Wochen unterzubringen (…). Ferner denken wir auch an Kinder, die aufgrund kurzfristiger Engpässe in der Familie, wie z. B. durch Erkrankung der Mutter, Aufenthalt der Mutter in einer Erholungskur, anderweitig zu versorgen« sind.

Auch wenn es hierbei nicht um Heil-, sondern um Jugendhilfemaßnahmen geht, wird doch eines deutlich: Das Kindersolbad litt unter mangelnder Auslastung, kämpfte also um jedes Kind. Ärzten winkte eine Honorierung, wenn sie Kinder dorthin schickten. Gut möglich, dass der straff organisierte Familienalltag der sechsjährigen Andrea, mit einer Mutter, die nachts zum Arbeiten ging, und einem Vater, der abends seine Tochter allein zu Bett brachte, nicht dem Familienbild der resoluten Kinderärztin aus Ostpreußen entsprach. Vielleicht drängte sie die Eltern zur Kur, weil sie Andrea für ein »gefährdetes Kind« halten wollte.

Alleingelassen

Das Heim im Bad Friedrichshaller Stadtteil Jagstfeld, in dem Andrea die verordnete Kur verbrachte, war auf Atemwegserkrankungen, orthopädische Probleme und übergewichtige Kinder spezialisiert. Es herrschte hier, wie systematisch in eigentlich allen Kindererholungsheimen, striktes Besuchsverbot. Auch hier hatte man offenbar keine rechtlichen Bedenken. Daran hielten sich Andreas Eltern wie fast alle anderen auch. Der Vater erzählte später zwar, er habe sich auf dem Heimweg von Montageaufträgen oft in die Nähe der Klinik geschlichen und sich hinter einen Baum versteckt, um seine Tochter unbemerkt beim Spielen zu beobachten. Seiner Tochter hat diese wohl auch als Fürsorgeversuch gedachte Beobachtung wenig genutzt. Ihr blieb das Gefühl des Alleinseins. »Ich habe doch gesehen, dass es dir gut geht«, sagte der Vater später immer wieder zu seiner Beruhigung und ein bisschen auch als Entschuldigung. Doch der Schein war trügerisch: Andrea ging es nicht gut.

In den 42 Tagen und Nächten ohne vertraute Menschen, ohne Gutenachtkuss, ohne eine Hand, die ihr über die Wange streichelte, aber voller Angst vor dem Moment, in dem das Licht ausgeht und man allein mit der brennenden Sehnsucht nach dem vertrauten Zuhause sein würde, erlebt Andrea Heimtanten, die ganz anders als die Krankenschwestern nach der Mandeloperation statt Wärme eisige Kälte ausstrahlten. Statt fürsorglich zu sein, drohten und demütigten sie. Andrea erinnert sich »an die alte Hexe von der Nachtaufsicht«, wie alle Kinder die Kinderschwester oder Erzieherin nannten, die nachts ein eisernes Regiment führte. Die sechsjährige Andrea konnte vor Angst, speziell auch vor dieser Frau, nicht schlafen. Sie nahm schließlich all ihren Mut zusammen, rutschte in ihrem Bett, das Fußteil an

Fußteil mit dem eines anderen Mädchens stand, ganz nach unten und suchte Kontakt mit ihrer mit besseren Nerven gesegneten Leidensgenossin. Sie tippte diese mit der Fußspitze so lange an, bis sie wach wurde. Viel geholfen hat dies aber nicht. Andrea nässte nachts dennoch ein. Für den Bindungsforscher Karl Heinz Brisch ist das Einnässen und auch Einkoten vieler Verschickungskinder eine eindeutige Ausdrucksform für den hohen Stress, den die Kinder in einer fremden Welt erlebten. Alle Maßnahmen zur Disziplinierung konnten deshalb nur ins Leere laufen. Im Gegenteil: Sie verschärften das Problem noch. Viele ehemalige Verschickungskinder berichten, dass sie vorher durchschliefen, dann aber als Bettnässer aus der Kur kamen.

Die alte Hexe im Kindersolbad war gnadenlos, wenn sie so ein Malheur entdeckte. Die betreffenden Kinder wurden vor allen anderen im Speisesaal vorgeführt als Versager, die nachts ins Bett gemacht hatten. Es gab Nächte, da drückte sich Andrea in ihr nasses, stinkendes Bett und gab keinen Mucks von sich, als könne sie so der Enttarnung entkommen, das Bett irgendwie trocken liegen bis zum Morgen. Manchmal holt sie das Gefühl dieser Nächte noch immer ein, eine Mischung aus Ohnmacht und Wut.

»Du bekommst nichts mehr! Du bist zu dick!«

Beim gemeinsamen Essen im Speisesaal durfte nicht geredet werden. Andrea sollte in der Kur auch abnehmen, ihre Portionen waren so knapp bemessen, dass sie regelmäßig noch Hunger hatte. So großen Hunger, dass sie irgendwie auf sich aufmerksam machen wollte. Zu sprechen wagte sie nicht, aber sie hob den Daumen, als schüchternes Zeichen, dass auch sie sich einen

Nachschlag wünschte. Denn als habe man ihr Leid bewusst vergrößern oder verhöhnen wollen, hatte man sie zwischen lauter angeblich untergewichtigen Kindern platziert, denen ungefragt immer ein Zwangsnachschlag auf den Teller geschöpft wurde und die nun neben der hungrig Gebliebenen angeekelt mit ihren übergroßen Portionen kämpften. Die Reaktion auf Andreas Fingerzeichen war zumindest dickfellig unbedacht, wahrscheinlicher aber auf vorsätzliche Demütigung angelegt. Die Erzieherin rief quer durch den Saal, sodass alle anderen Kinder es hörten: »Du bekommst nichts mehr. Du bist zu dick!«

Dieser letzte Satz hallt noch immer in Andrea nach. Die Päckchen mit den Süßigkeiten, die ihre Eltern ihr schickten, um die Trennung zu versüßen, bekam nicht Andrea. Sie wurden unter den anderen Kindern verteilt. Wer ihr altes Fotoalbum aus dieser Zeit durchblättert, sieht allerdings Bilder von einem Kind, das alles andere als zu dick war. Warum dann das knappe Essen, fragt sich die Erwachsene. Wie passte das ins Konzept? Wer bestimmte, was mit den einzelnen Kindern geschah? Und widerspricht es nicht jeglicher Vernunft, vermeintlich übergewichtige Kinder im Speisesaal an denselben Tisch mit Kindern zu setzen, die buchstäblich bis zum Erbrechen essen mussten? Trotzdem war so ein Zwangsmiteinander offenbar sehr verbreitet.

In den Heimakten finden sich immer wieder Verweise auf in Kilo zu bemessende Kurerfolge – so wie vorhin schon von Heinz Herfurth zitiert. Eines von vielen Schreiben, die in den überlieferten Akten auftauchen, stammt aus dem Borkumer *Adolfinenheim*, das Kinder der Inneren Mission, dem Vorgänger der Diakonie, aufnahm. Das Schriftstück listet minutiös Namen und Gewichtszunahme der einzelnen Kinder auf. Mit 4,3 Kilo Zunahme führte Beate die Liste an, gefolgt von Volkmar mit 4,0 Kilo. Schusslicht waren Siegwart mit 1,7 Kilo und Ursula mit nur

1,5 Kilo Gewichtszunahme. Zwei der Kinder mussten übrigens abnehmen. Sie schafften 2,2 beziehungsweise 3,2 Kilo. Kurerfolg erreicht, Mission beendet. So einfach kann sich Andrea noch nach Jahrzehnten die Sache nicht machen. Sie hat den Ort ihrer Kur gefunden, etliche Akten, die ein Licht auf das Kindersolbad Bad Friedrichshall werfen, und Unterlagen, die aus heutiger Sicht das ganze System der Kinderkuren infrage stellen. Aber ihre individuelle Suche geht weiter. Sie gibt wider aller Wahrscheinlichkeit die verwegene Hoffnung nicht auf, in irgendeiner vergessenen, noch nicht entsorgten Kiste in irgendeinem Behördenkeller ihre ganz persönliche Kranken- oder Kurkind-Akte zu finden. Oder andere Hinweise oder Beweise.

Kapitel 4

Gefangen im Horrorszenario

Helmut in Herrlingen

Es ist der 17. Oktober 1974, 10.30 Uhr. Eine Mitarbeiterin des Kreisjugendamtes Ulm fertigt unter »Betrifft: Kindererholungsheim der AWO Herrlingen« eine Gesprächsnotiz an, die für Helmut im Jahr 2020 ein wichtiges Puzzlestück auf seiner Suche nach der Wahrheit sein wird. In einer Akte im Staatsarchiv Ludwigsburg, wohin er sich mit einer Verbündeten aufgemacht hat, findet er sie. Vielleicht ist es sogar das wichtigste Mosaiksteinchen zur Rückeroberung der Erinnerung eines Mannes an seinen Kuraufenthalt als Sechsjähriger in Herrlingen anno 1965, den seit damals albtraumhafte Bilder von Spritzen mit überlangen Nadeln quälen.

Gleich zwei Zivildienstleistende hatten 1974 unabhängig voneinander eine sie irritierende Beobachtung gemeldet. Auf dem Zettel für das Gespräch mit der Arbeiterwohlfahrt ist in gut leserlicher Handschrift ein ungeheuerlicher Verdacht festgehalten. »In diesem Heim würden Kinder, die Bettnässer sind, gespritzt. Es sei zu vermuten, dass es sich um eine nur von der Heimleitung angeordnete und verabreichte Indikation handle, ein Arzt sei vermutlich nicht zugezogen worden. Diese Information stamme vom Gesundheitsamt bzw. von einem Ordinarius für Medizin an der Uniklinik. Herr W. wurde um schriftliche Mitteilung der Angelegenheit wie Namensnennung der Informanten gebeten. Er will dies umgehend erledigen.« Für manche, die sich mit Theorie und Praxis der Kindererholungsheime beschäftigen, mag dieser Zettel ein überraschender, für manche auch ein sehr unwillkommener Fund sein. Für Helmut bestätigt er endlich, woran er sich erinnert, was ihn seitdem quält und verfolgt und wofür er so lange Spuren, Indizien, Beweise gesucht hat.

Vier Jahre vor diesem Fund hatte Helmut 2016 beim Auflösen der elterlichen Wohnung eilig ein paar Dinge in einen Schuhkarton gepackt, um sie, wie er das nennt, dem »Wegwerfwahn« seines Bruders zu entreißen. Zunächst musste er den Karton beiseitestellen, nun aber kramt er ihn durch. Nach Jahren des Nichtwissens geht es nun Schlag auf Schlag. In dem Karton findet Helmut eine Sammlung von Schwarz-Weiß-Fotografien. Sie zeigen das Kindererholungsheim der Arbeiterwohlfahrt in Herrlingen.

Das Mäppchen mit den Fotos, das Helmut in der Wohnung seiner Eltern fand

Herrlingen liegt nur wenige Kilometer von Ulm entfernt. »Zehn echte Fotos« ist auf dem Minischuber zu lesen, in dem die Bilder gesammelt sind. Sie zeigen den Speisesaal, die Wasch- und Schlafräume, das Schwimmbad, die Liegehalle und das Gebäude von außen. Kinder sind auf den Fotografien nicht zu sehen. Heute würde man die Bildersammlung als Give-away, als Werbemittel, als Instrument zur Marken- und Imagebildung bezeichnen. Damals nannte man sie intern wohl »propere Selbstdarstellung«. Picobello sauber präsentiert sich das Kindererholungsheim. Offenbar war dieses Andenken Helmuts Eltern einmal so wichtig, dass es in einem Schrank die Zeiten überdauern durfte.

Das Heim, in dem Erwin Rommel lebte

Das Herrlinger Heim hat eine wechselvolle Geschichte. An seinem Beispiel lässt sich ein Teilstück der ambitionierten Pädagogik und ihres vorläufigen Scheiterns in der ersten Hälfte des 20. Jahrhunderts erzählen. Eines der zum Heim gehörenden Gebäude war der letzte Wohnsitz des Generalfeldmarschalls Erwin Rommel, des im Zweiten Weltkrieg wohl populärsten deutschen Feldherrn. Am 14. Oktober 1944 erhielt der bei Hitler da schon tief in Ungnade gefallene Wehrmachtsoffizier Rommel Besuch von zwei anderen Generälen, von Hitlers Chefadjutant Wilhelm Burgdorf und von Ernst Maisel, dem Zuständigen für Ehrenangelegenheiten im Heerespersonalamt. Sie eröffneten ihm, man halte ihn für einen Verschwörer, beschuldigten ihn, am Attentat auf Hitler am 20. Juli 1944 beteiligt gewesen zu sein, und stellten ihn vor eine Alternative: offizieller Prozess (mit von vornherein feststehendem Todesurteil) oder Selbstmord. Rommel wählte Letzteres. Später wurde meist von ihm erzählt, wenn es um die

Vorgeschichte des Erholungsheims ging. So verschwamm wegen eines kurzzeitigen Bewohners – die Familie Rommel war erst 1943 nach Herrlingen gezogen – die Erinnerung an eine andere, längere Nutzung des Geländes. Hier wurden einmal die Ideen und Konzepte des jüdischen Religionsphilosophen Martin Buber und der Reformpädagogin Anna Essinger umgesetzt.

1912 hatte die aus einer jüdischen Kaufmannsfamilie stammende Klara Weimersheimer in Herrlingen ein Kinderheim eröffnet, um zurückgebliebenen und milieugeschädigten Kindern ein Zuhause zu bieten. Auf einem angrenzenden Grundstück gründete Weimersheimers Schwester Anna Essinger 1926 das Landschulheim Herrlingen. Kindern wurde dort Freiraum für ihre individuelle Entwicklung zugestanden. Diese moderne Montessori-Pädagogik mit ihrem respektvollen Umgang mit Kindern, der ihnen ihren eigenen Entwicklungsraum zugestand, stand im krassen Gegensatz zur auf Befehl und Gehorsam ausgerichteten Kindheitsmilitarisierung der Nazis. Nach Hitlers Machtübernahme war Essinger klar, dass der Druck wachsen und das Verbot ihrer Art Erziehung nur eine Frage der Zeit sein würde. In einer Nacht-und-Nebel-Aktion floh sie mit Lehrern und mehreren Dutzend Kindern, deren Eltern dem Vorhaben zugestimmt hatten, im Herbst 1933 nach England, wo der modellhafte Reformschulbetrieb weiterging.

In die Herrlinger Gebäude aber zog, auch das hatte Essinger zuvor eingefädelt, nun ein Jüdisches Landschulheim unter Leitung des Pädagogen Hugo Rosenthal ein. Es war eine von nur drei derartigen Einrichtungen, die in Nazideutschland, in dem rabiater Judenhass Staatsgrundlage war, noch eine Weile existieren durften. In Herrlingen fanden jüdische Kinder ein wenig Zuflucht vor einer Welt zunehmender staatlicher Hetze, offizieller Entrechtung und wachsender Übergriffe. Immer mehr der zahlungskräftigen jüdischen Eltern brachten ihre Kinder ins sichere Ausland, 1939 war auch mit Zuschüssen durch die jüdische Gemeinde kein kostendeckender Betrieb mehr möglich.

Rosenthal musste das Landschulheim aufgeben, auf dem Gelände entstand nun das Jüdische Altersheim Herrlingen. Das aber war keine Zuflucht vor den Nazis, sondern Teil von deren Demütigungsapparat und wohl bereits mit Blick auf den Holocaust Teil des Separationsapparats. Auf ein am Menschen ausgerichtetes Miteinander folgte eine Zeit unter dem unmittelbaren Einfluss des menschenverachtenden NS-Regimes. Das Jüdische Altersheim war ein Zwangsaltersheim, die hier Eingewiesenen sollten anderswo nicht länger eine »arische« Gesellschaft stören. Lokal regte sich genau deswegen aber Widerstand: Ein Teil der Herrlinger, angeführt vom Bürgermeister, opponierte dagegen, dass man ausgerechnet ihnen Juden in den Ort setzte. Auch dies ein Beispiel dafür, dass der Antisemitismus des Dritten Reiches nicht von oben verordnet, nur von oben geschürt werden musste. Er war in der Gesellschaft bereits vorhanden. Zunächst verliefen die Proteste erfolglos, 1942 aber griff das Massenmordprogramm der Nazis. Das Jüdische Altersheim wurde aufgelöst, seine Bewohner wurden erst verlegt und dann ins Konzentrationslager Theresienstadt deportiert, das im zynischen braunen Amtsjargon auch den Titel »Reichsaltersghetto« trug.

Aus Teilen der Anlage wurde daraufhin ein Altersheim für »Arier«. Jenes Gebäude, das in Landschultagen Martin-Buber-Haus getauft worden war, wurde durch russische Zwangsarbeiter umgebaut und renoviert. Hier zog dann Erwin Rommel mit seiner Familie ein. Rommel-Villa nannte man das Haus später gern noch, nicht Martin-Buber-Haus, lange nachdem die Amerikaner, die Herrlingen besetzt hatten, und Rommels Witwe und deren Sohn Manfred aus dem Haus hatten ausziehen müssen. Im

November 1947 fand hier ein Literatentreffen statt, an dem unter anderem Alfred Andersch teilnahm. Es war das zweite Treffen der bald berühmt werdenden Gruppe 47, das erste, für das diese Bezeichnung verwendete wurde. Ein starker Wind des Aufbruchs muss damals durch die Zimmer und Flure geweht haben. Erneut zum Kinderheim wurde der Gebäudekomplex wieder, als die Arbeiterwohlfahrt das ehemalige Landschulheim 1947 kaufte und dort bis 1975 ein Kindererholungsheim unterhielt.

Auch aus Stuttgart wurden regelmäßig erholungsbedürftige Kinder in diese Einrichtung verschickt – also aus jener Stadt, deren Oberbürgermeister Manfred Rommel 1974 wurde. Er dürfte nicht geahnt haben, dass die Tage dort für einige andere Kinder ebenso mit Furcht und Schrecken belebt sein würden wie für ihn nach dem erzwungenen Suizid seines Vaters.

Das Postlerkind wird verschickt

Eines dieser Verschickungskinder aus Stuttgart war Helmut. Zum Zeitpunkt seiner Kur muss er sechs Jahre alt gewesen sein, so hat er das jedenfalls anhand seiner Schulzeugnisse rekonstruiert. Mittlerweile zählt Helmut 61 Jahre, ist ein hoch aufgeschossener, schlanker Mann, der wie sein Vater lange bei der Post als Briefträger arbeitete. Auch weil diese Tätigkeit für ihn etwas mit Freiheit zu tun hatte. In seinem Zustellbezirk war er für ein paar Stunden des Tages sein eigener Herr. Helmut ist ein nachdenklicher Berichterstatter in eigener Sache, dem Antworten auf Fragen nach dem, was gewesen ist, nicht sofort und schon gar nicht vorformuliert über die Lippen kommen. Er ist keiner, der sich darum reißt, im Mittelpunkt zu stehen. Aber nun muss es sein. Um der Wahrheit willen. Helmut denkt nach, sehr genau, und sagt schließlich auf die Frage, wie er sein Lebensgefühl beschreiben würde: »Dieses Gefühl, du kannst der Situation nicht entfliehen, du hast keine Chance, zu entkommen, ist noch immer in meinem Körper.« Dann macht er eine Pause und schiebt ein »Ja, das glaube ich« nach. Sachlich, fast nüchtern.

Schon sehr lange suchte er nach belastbaren Hinweisen darauf, dass seine Erinnerungen keine nachträglichen Träume, keine Überlagerungen der Realität durch Kindheitsängste waren. Aber ein kleiner Zweifel nagte da doch in ihm, da sich alle anderen bis hin zum Therapeuten so gewiss waren, dass die immer wieder in Helmut aufsteigenden Bilder Fantastereien seien, späte Geisterbahnechos einer von Trennungsangst überhitzten kindlichen Vorstellungskraft. Helmut wollte Beweise, dass es da ein reales Geschehen gegeben hatte. Aber mehr noch: Er wollte auch die Hintergründe verstehen. Das Warum. Hatte das alles einen medizinischen Sinn? Warum hatte ihm niemand erklärt, was da mit ihm gemacht wurde? War er für etwas bestraft worden? Und wenn ja: Was hatte er damals falsch gemacht?

Helmut hatte als Sechsjähriger ein Problem, das auch für seine Eltern belastend war. Eines jener unangenehmen Leiden, über die man nicht gerne spricht. Heute macht Helmut daraus kein Geheimnis mehr. Er sagt ziemlich schnell, worauf es in seiner Erzählung ankommt: »Ich war Bettnässer. Für meine Mutter war das ein großes Thema.« Seine nächtlichen Pinkeleien waren nicht nur des Wäschewechselns und Matratzenlüftens wegen lästig, sie waren ihm und seiner Mutter vor allem entsetzlich peinlich. Immer wieder wurde Helmut geschimpft, wenn sein Bett morgens nass war. Ans Aufwachen im Schreck, an das Gefühl des nassen Lakens kann er sich gar nicht mehr erinnern, wohl aber ans Getadelt- und Geschimpftwerden. Das half aber kein bisschen, die Ursachen zu beseitigen. Dennoch ist die Frustration der Mutter auch nachvollziehbar. In den beengten Verhältnissen, in denen die vierköpfige Familie lebte, konnte ein Kind, das noch im Kindergartenalter nicht trocken ist, die Ordnung gehörig durcheinanderbringen. Warum, fragte sich die Mutter wohl, wenn sie schon wieder das Bett frisch bezog, schaffte es ausgerechnet ihr Sohn nicht, wie alle anderen auch nachts aufzustehen, um auf die Toilette zu gehen? Oder auch: Warum gelang es gerade ihr nicht, ihrem Sohn die Bettnässerei abzugewöhnen? Was machte sie falsch? Ihr Zorn, den Helmut zu spüren bekam, war vielleicht Ausdruck des Zweifels an ihren Fähigkeiten, eine ausreichend liebende Mutter zu sein.

Vieles muss wie so oft im Ungefähren der Vergangenheitsrekonstruktion bleiben. Vielleicht hat Helmuts Mutter mit einem Arzt gesprochen, vielleicht hat sie sich anderswo Rat geholt. Helmut ist sich in Sachen Kindererholungsheim jedenfalls sicher: »Meine Eltern sind da nicht alleine drauf gekommen.« Seine Eltern waren keine Akademiker, hatten weder die Zeit noch den Anstoß, sich durch die Fachliteratur der Zeit zu lesen. Wer auch immer den Vorschlag aufgebracht haben mag, 1965 schickte ein Arzt Helmut auf eine sechswöchige Kur ins Kindererholungsheim nach Herrlingen, um der Bettnässerei ein Ende zu setzen.

Der Bettnässer soll erst in Kur und dann eingeschult werden

Helmut hätte im Jahr seiner Verschickung eigentlich eingeschult werden sollen. Er erinnert sich dunkel an einen Arztbesuch, bei dem die Erwachsenen entschieden, diesen wichtigen Termin noch einmal um ein Jahr zu verschieben. Stattdessen den Herrlingen-Aufenthalt anzusetzen: Auch das könnte bei dieser Gelegenheit vorgeschlagen worden sein. »Meine Eltern waren mit dieser Entscheidung sicher überfordert«, urteilt Helmut im Rückblick. Mutter und Vater waren einfache Leute, die der Krieg und die Kriegsfolgen ins Württembergische verschlagen hatten. Der Vater stammte aus dem ehemaligen Sudetenland, die Mutter aus Niederschlesien. Beide mussten wie Millionen andere Heimatvertriebene einen Neuanfang wagen. Der Vater, der Metzger gelernt hatte, arbeitete bei der Post, war im Schichtdienst tätig und ist deshalb in Helmuts Erinnerung selten im Familienalltag präsent. Die Mutter arbeitete in einem Lebensmittelladen als Verkäuferin und versorgte außerdem ihre beiden Söhne, Helmut und seinen fünf Jahre älteren Bruder.

Helmut bei der Einschulung, im selben Jahr nach seinem Aufenthalt in Herrlingen

Ein Heimaufenthalt als Heilmaßnahme gegen Bettnässen, das war keinesfalls die Regel. Bei vielen Heimen galt Bettnässen nicht als Therapiegrund, sondern als Ausschlusskriterium für die Aufnahme. Die Tatsache, dass einige Verschickungskinder in der Kur als Folge ihrer seelischen Ausnahmesituation erst zu Bettnässern wurden, klingt da wie eine höhnische Volte der Wirklichkeit. Das Kindererholungsheim der Arbeiterwohlfahrt in Herrlingen war eine der wenigen Einrichtungen, die bereit waren, Bettnässer aufzunehmen. Aber Helmut hätte aus heutiger Sicht nicht darum als heikler Kandidat für einen Heimaufenthalt gelten müssen, weil er zusätzliche Bettwäsche und Mehraufwand verursachte, sondern aus ganz anderen Gründen. Er fremdelte mit seinen sechs Jahren extrem und litt schon darunter, für ein paar Stunden jeden Tag in den Kindergarten gehen zu müssen. Doch darauf wurde keine Rücksicht genommen. Auch wohlmeinende Erziehung war damals im Kern stets noch auf das Brechen von Widerständen ausgelegt. Helmut sollte, so darf man sich die Hoffnung der Eltern vorstellen, in Herrlingen endlich schulfit und schulreif werden. Der Junge dagegen hatte eine klare Meinung zu dem Vorhaben: »Ich wollte nicht weg.«

Für Helmut ist die Zeit der Kur wie bei vielen seiner Leidensgenossen mit einem Gefühl des Verlassenwerdens verbunden, mit der Erinnerung an eine ungerechte Zwangstrennung. Die spürte das Kind umso bitterer, als der große Bruder ja bleiben durfte. Den Kleinen aber schickte man weg – als werde er weniger gebraucht, weniger geliebt, so Helmuts Empfinden. Wohin die Reise gehen sollte, wusste der Bub, für den schon ein paar Stunden im Kindergarten eine Herausforderung waren, nicht. Man hat ihm den Namen des bei Ulm liegenden Ortes, der heute ein Teil der Gemeinde Blaustein ist, gewiss genannt. Aber vorab wurde der noch nichtssagende Ort »Herrlingen« von dem viel konkreteren Gefühl »ganz weit weg« überlagert. In Helmuts Erinnerung prägt sich der Ortsname nicht einmal während der Kur ein. In seiner Erinnerung erfährt er erst nachträglich von seinen Eltern, wo er da eigentlich gewesen ist.

Erzählt hat Helmut seinen Eltern von dem, was er in der Kur erlebt hatte, so gut wie nichts. Von all dem zu schweigen, das hatte er früh beschlossen. In seinen Augen war er es, der versagt hatte. Alle Hoffnung der Eltern, all sein Leiden waren vergeblich gewesen, er kam verstörter zurück, als er losgefahren war, und nässte noch immer ins Laken. »Meine Mutter hätte das nicht verstanden«, sagt er zu dem, was ihm widerfahren war.

Der Ort Herrlingen liegt nicht wirklich weit von Helmuts damaligem Zuhause, eine Stunde Autofahrt bei normaler Verkehrslage. Aber macht es für ein trennungsängstliches Kind einen entscheidenden Unterschied, ob es 10, 100 oder 1000 Kilometer von zu Hause entfernt ist? Die Kinder, die aus dem Süden sehr weit entfernt in Heime an der Nordsee geschickt wurden, litten nicht mehr oder nicht weniger als diejenigen, die kaum mehr als einen Landkreis weiter untergebracht waren. So wie es Kinder gab, die in der Erholung schöne Erinnerungen sammelten, die weniger schlechte Erfahrungen machten oder manche einfach besser wegsteckten oder rückstandsloser verdrängten. Der Schrecken der Heime war ein individueller, je nach Kind kaum merklich, quälend oder auch mal lebenslang traumatisierend. Mit der auf einer Landkarte abgreifbaren Entfernung hatte er wenig zu tun. Für die kindliche Wahrnehmung gilt: Weg ist weg. Fort ist weit.

Man kann in Helmuts Stimme heute noch etwas von der bangen Schicksalsergebenheit von damals hören: »Irgendwann musste ich dann in diese Kindererholung. Wir sind zum Stuttgarter Bahnhof gefahren.« Den Unterlagen des Jugendamtes ist zu entnehmen, dass sich die Kurkinder immer am selben Gleis, Gleis 16 nämlich, einzufinden hatten, ganz am Rande der Bahnhofshalle. Dort gab es einen Wartepavillon, und dort fand die Übergabe an das Begleitpersonal für die Reise statt. Aus den im Stadtarchiv Stuttgart bewahrten Unterlagen ist auch ersichtlich, dass sogenannte Fürsorgerinnen des Jugendamtes die Kinder begleiteten. Aus den zu Ende gehenden 1960er-Jahren existieren jedoch auch Listen mit den Namen pensionierter oder ausgeschiedener Kindergärtnerinnen.

»Ich glaube, mein Vater und meine Mutter waren beide dabei. Und dann musste ich in den Zug einsteigen. Ich kann mich nicht mehr an viel erinnern. Wir sind nach Ulm gefahren und dort auf jeden Fall abgeholt worden. Das Heim war, glaube ich, nicht sehr weit weg.« Er erinnert sich dunkel an seine Ankunft dort und den ersten Eindruck vom Haus. Irgendwo im Eingangsbereich habe ein Kreuz an der Wand gehangen. Religion war kein vorrangiger, aber ein selbstverständlicher Teil der Heimroutine. In der offiziellen Eigenbeschreibung heißt es, die Kurkinder besuchten am Sonntag gemeinsam den Gottesdienst in der örtlichen Kirche.

Haus ohne Heiterkeit

Das Haus am Zielort seiner Reise, sagt Helmut, habe er mit großer Vorsicht betreten, versuchte, erst einmal alle Eindrücke einzuordnen, um dann nach Möglichkeit im Hintergrund verschwinden zu können, zurückhaltend und abwartend. Er hat eine bedrückende Atmosphäre in Erinnerung, auch dank eines Personals, das den Kindern nicht zugewandt gewesen sei. »Düster« ist das Wort, das er immer wieder wählt, wenn seine Gedanken um das Haus und seine Erlebnisse dort kreisen. Düster und beklemmend wirkt auch ein Schreiben des Heimes aus dem Jahr 1964, das die Kriterien der Kurunterbringung im verkniffen autoritären, regelversessenen Ton jener Zeit auflistet. Auch hier »wird gebeten, die Eltern darauf aufmerksam zu machen, dass die Zusendung von Päckchen mit Naschereien nicht erwünscht ist«. In Herrlingen war man darauf bedacht, »dass während der Kurzeit Besuche der Eltern und sonstiger Angehöriger zu unterlassen sind, da sich solche Besuche nachteilig auf die Erholung der Kinder auswirken«.

Der Anforderungskatalog in seinem Behördendeutsch legt offen, dass man in den Kategorien der Erwachsenen dachte, dass keine Augenhöhe mit den Kindern angestrebt war. Deren Probleme, Anliegen und Nöte waren nichts, dem sich zuzuhören lohnte. Die kleineren davon betrachtete man als irrelevant, die größeren als das, was es hier durch Durchsetzungskraft von oben nach unten – Regelfestsetzung, Regeldurchsetzung, Abweichungssanktionierung – im Verfahren »Eine Maßnahme für alle« wegzuhobeln galt. Die Angst und Einsamkeit, die Helmut in den sechs Wochen empfunden hat, sind das Resultat so einer resoluten Umgangsweise mit den kleinen Kurgästen. Die einzige Möglichkeit des Kindes in der komplett fremdbestimmten Welt: »Ich musste einfach schauen, wie ich mit allem zurechtkomme.« So kann er sich auch gar nicht konkret an Heimweh erinnern, nur an das Unwohlsein vor Ort. Mehr – also ständiges Hineinsinkenlassen in den Gedanken, wie viel lieber er zu Hause gewesen wäre – hätte er gar nicht ertragen, sagt er heute.

Die Liegehalle in Herrlingen. Das Foto ist aus dem Mäppchen, das Helmuts Eltern aufbewahrten.

Aus anderen Schreiben nicht nur der Herrlinger Einrichtung wird ersichtlich, dass der Blick von Heimbetreibern bereits in den frühen Zeiten der Kinderverschickung vor allem auf die gute Auslastung ihrer Häuser ging. Bereits in einer Zeit, in der noch großer gesellschaftlicher Konsens darüber herrschte, dass Kinder regelmäßig heraus aus den Städten und hinein in die Natur sollten, ging es bei diesem Projekt ums wirtschaftliche Überleben konkurrierender Einrichtungen. Das Augenmerk auf die Ökonomie dürfte mit dazu beigetragen haben, die Bedürfnisse weniger robuster Kinder als lästigen Störfaktor auszublenden. Aber schon die pädagogischen Konzepte selbst missachteten den Kinderwillen grundsätzlich: Der wurde prinzipiell als Ungehorsam gesehen, in einer Welt, deren Ideal kindlicher Gehorsam war.

Die Staatsanwaltschaft ermittelt wegen Unzucht mit Kindern

Das Spritzen von Beruhigungsmitteln ohne gezielte ärztliche Verordnung, das die besorgten Zivildienstleistenden 1974 gemeldet hatten, war allerdings auch zu Helmuts Kurzeit in den 1960er-Jahren trotz des Ideals des stillen Kindes völlig unzulässig. Die Pharmazeutin Sylvia Wagner spricht in diesem Zusammenhang von Körperverletzung, wenn die Eltern einer solchen Maßnahme nicht zugestimmt haben.

Und es gibt eine weitere irritierende, noch ältere Dokumentenspur zu den Verhältnissen in Herrlingen: eine Anzeige, die zur staatsanwaltschaftlichen Ermittlung gegen den damaligen Heimarzt führte. Das Ermittlungsverfahren fand im Jahr 1958 statt und verrät viel über den mangelnden Respekt gegenüber Kindern, über das fehlende Bewusstsein für Grenzüberschreitungen im Umgang mit ihnen – und auch über die gut ausgeprägte Wahrnehmungsausblendung. Vor Helmuts Kurzeit, in den 1950er-Jahren, betreute der in Herrlingen niedergelassene Dr. G. das Heim, ebenso das Haus *Nordalb* in Deggingen im Kreis Göppingen, ein weiteres Heim der Arbeiterwohlfahrt. Dr. G., Arzt seit 1944, Kinderarzt seit 1954, gilt als guter Mediziner. Ein Aktenvermerk des Stuttgarter Jugendamtes vom 12. Juli 1955 hält fest: »Seit Dr. G. seine Tätigkeit aufgenommen hat, werden verstärkt rekonvaleszente Kinder aus den Stuttgarter Kinderkrankenhäusern geschickt.« Aber G.'s Methoden wirken heute nur noch erschreckend – und ebenso der Umstand, dass das Ermittlungsverfahren gegen ihn eingestellt wurde.

Im Auftrag des Kriminalkommissariats Ulm ermittelt damals die Kriminalaußenstelle Geislingen gegen G. wegen des Verdachts der Unzucht mit Kindern. Veranlasst hat die Ermittlungen am 5. Mai 1958 der Generalbundesanwalt beim Landgericht Berlin. Die Mutter eines elfjährigen Mädchens (G. spricht in seiner Vernehmung von einem achtjährigen Mädchen) hat Anzeige gegen den Kurarzt erstattet, weil er ihre Tochter bei einer Untersuchung gekitzelt, geküsst und ihr mit einem Kugelschreiber auf die Brust gemalt habe. Das Mädchen war eines der vielen Berliner Verschickungskinder, die im damaligen Westdeutschland in Kindererholungsheimen, zwischen Wald und Weide in frischer Luft, so die idyllische Vorstellung, aufgepäppelt werden sollten.

G. weist die Vorwürfe vehement von sich. Es gelingt ihm so relativ leicht, die Erhebung einer Anklage zu vermeiden. Die Protokolle der polizeilichen Befragung geben tiefe Einblicke in die Zeit. Sie zeigen einen Kinderarzt, der offenbar das Vertrauen vieler seiner Patienten im Kindesalter im Nu gewinnen konnte. Aber er bewegte sich dabei habituell ganz nah an der Grenze zur Übergriffigkeit. Die Akten zeichnen damit auch ein Sittengemälde der Erwachsenen-Kind-Beziehungen in der jungen Bundesrepublik.

Die Aussage des Mädchens, seiner Mutter und mehrerer Personen aus dem Haus stehen gegen die Bekundungen des Arztes. Ersteren wird kein Glauben geschenkt, Letzterer genießt offenbar durch sein Sozialprestige von vornherein größere Glaubwürdigkeit. G. legt das ganze Denken der Autoritäten, Institutionen und eines Großteils der damaligen Erwachsenen offen, als er während der Vernehmung befremdet und offensiv fragt, warum man solche Anschuldigungen überhaupt ernst nehme – »zumal sie von Kindern geschildert werden«. Solche Ignoranz der Erwachsenen gegenüber kindlichen Beschwerden findet sich als durchgehendes Motiv in den Akten über Kinderkuren.

»Pseudologia phantastica«

Die Frage, warum so viele ehemalige Kurkinder über ihre Erlebnisse geschwiegen haben, erübrigt sich fast angesichts der Arroganz, die Dr. G. in der Vernehmung an den Tag legt. Seine Beschreibungen des Heimlebens künden von Selbstgefälligkeit, einem unerschütterlichen Weltbild und von der anmaßenden Selbstverständlichkeit, mit der er über die Kinder in seinem Haus verfügte.

G. gibt zunächst an, sich an das konkrete Mädchen aus Berlin gar nicht erinnern zu können. Er schildert den Beamten aber die Umstände der üblichen Schlussuntersuchung, »die der Feststellung des Kurerfolges dienen. Die Kinder werden halb bekleidet vorgestellt. Vom untersuchenden Arzt wird der Gesamteindruck festgehalten, der Hautturgor durch Abheben einer Hautspalte am Oberarm oder am Oberbauch geprüft, Herz und Lunge mit dem Stethoskop abgehört, der Rachen inspiziert und eventuell nach Lymphdrüsenschwellungen am Hals und in den Achselhöhlen getestet. Es kommt vor, dass diese letzte Untersuchung als Kitzeln aufgefasst wird. Das hat offenbar auch das Mädchen getan. Ein unsittliches Berühren des Kindes etwa durch Küssen oder durch Kitzeln an der Brust hat keineswegs stattgefunden.« Dies ein Auszug aus der Polizeiakte. Doch gibt G. zu, das Genital eines Jungen in Augenschein genommen zu haben, weil er um die Sauberkeit des Jungen besorgt gewesen sei. Eine Kinderschwester berichtet in ihrer Befragung, dass so etwas öfter vorgekommen sei. G. nennt das Hygieneerziehung.

Dr. G. fährt schweres Geschütz zu seiner Verteidigung auf: »Es ist bekannt, dass Kinder in diesem Alter zu pseudologia phantastica neigen. Im vorliegenden Fall wurden offenbar den harmlosen ärztlichen Untersuchungen unter Beeinflussung der Mutter, welche aus dem Gefühl der Unzufriedenheit über die Betreuung ihres Kindes während seiner Erholungskur herrührt, zu Unrecht sexuelle Motive unterstellt.« Diese Darstellung kann im Einzelfall korrekt sein, als Generalabwehr ist sie problematisch – vor allem, da G. angibt, gar nicht zu wissen, auf welches Kind sich die Vorwürfe beziehen. Der Arzt mag im konkreten Fall so gehandelt haben wie angegeben, dass die Staatsanwaltschaft seine Variante des Geschehens gerne für die Wahrheit nimmt, ist dagegen beunruhigend. Immerhin ist die Strategie, den Opfern durch den Vorwurf der Lüge oder des hysterischen Missverstehens einer Situation ihre Glaubwürdigkeit zu nehmen, auch eine der gängigen Verteidigungsstrategien bei Missbrauchsvorwürfen.

Im Laufe seiner Befragung erklärt G., die Kinder seien bei der Anfangsuntersuchung immer unbekleidet. Bei der Abschlussuntersuchung tragen sie Höschen und Schuhe. Mädchen, die gerade »unwohl« seien, »haben immer ein Höschen an«. Daraus geht also hervor, dass auch bereits pubertierende Mädchen ihm halb nackt gegenübertreten müssen. Auf die Frage, ob er das Kurkind aus Berlin wirklich nicht geküsst habe, antwortet er ausweichend. »Es kann möglich sein, dass man ein Kind einmal in den Arm nimmt und ihm ein paar nette Worte sagt. Ganz kleine Kinder nimmt man auch einmal auf das Knie, um sie besser abhören zu können.« Das Berühren der Kinder erfolge aber nicht über das normale Maß hinaus.

Dass er Kindern auf die Brust male, gibt G. zu. Er beschreibt es sogar als Teil vertrauensbildender Maßnahmen. »Ohne Weiteres gebe ich zu, kleinen Buben und zum Teil auch kleinen Mädchen als Belohnung für gutes Verhalten oder auch bei gutem Kurerfolg, etwa bei guter Gewichtszunahme, einen Indianerkopf oder einen Cowboykopf oder einen Tierkopf, Blümchen, in einem Fall ein Herz mit Pfeil, je nach Wunsch, gemalt zu haben. Die Kinder hatten jedes Mal sehr große Freude und ich konnte mich des Andrangs nicht erwehren.«

Der Leiter des Heimes in Deggingen stellt die Sache freilich anders dar. Er erinnert sich sehr wohl an die Begegnung auf dem Flur mit einen »Mädel von ungefähr 13 Jahren, das sehr entwickelt war« und nur mit einer kleinen Hose bekleidet gewesen sei. Normalerweise versuche er, solche Begegnungen zu vermeiden. »Aus diesem Grund sah ich auch hier nur ganz flüchtig, dass die Brüste bemalt waren. (…) Ferner weiß ich von meiner Frau, die diese Bemerkungen selber hörte, dass große Mädchen untereinander sagten, als sie zur Abschlussuntersuchung bestellt wurden, dass sie sich nicht wieder ausziehen würden.« Nutzte da also ein Arzt seine Rolle als Respektsperson aus? Der Heimleiter berichtet auch, dass er und seine Frau »auf eine Abberufung von Herrn Dr. G aus der Kinderarbeit bestehen, da sein Verhalten in Fragen der Moral und Pädagogik für ein Kinder- und Jugenderholungsheim untragbar ist«.

Wer die Sprachcodes und Gepflogenheiten der damaligen Zeit kennt, weiß, dass hier gerade der Vorwurf eines extremen Fehlverhaltens erhoben wird. Es muss viel passiert sein oder sich jedenfalls ein ungeheuerlicher Verdacht im Kopf eines Heimleiters sehr verdichtet haben, damit so über einen Arzt gesprochen wird. Leider und bezeichnenderweise fragt der vernehmende Beamte nicht nach, was genau dem Verständnis des Heimleiters von Moral und Pädagogik zuwiderlief. Er muss es aber auch gar nicht, denn der Befragte legt von selbst wenigstens anderes nach. Er berichtet, dass er bei einer Aussprache mit der Aufsichtsbehörde, konkret mit dem zweiten Vorsitzenden der Arbeiterwohlfahrt, Bezirk Nordwürttemberg, andeutungsweise erfahren habe, dass ähnliche Beobachtungen an anderer Stelle auch schon gemacht worden seien und dass Frauen in Heimen der Müttererholung sich bereits geweigert hätten, sich von Dr. G. untersuchen zu lassen.

Auch die Sekretärin des Heimes entlastet Dr. G. nicht. Sie gibt zu Protokoll, sein ganzes Verhalten erscheine ihr etwas merkwürdig. »Ich hätte mich jedenfalls als Mutter eines der Mädchen beschwert.« Sie berichtet, dass Dr. G. bei einer Untersuchung »einen pädagogischen Fehler begangen habe«, als er ein besonders hübsches, etwa zwölf Jahre altes Mädchen an sich drückte, »sodass seine Backe auf der des Kindes vorübergehend ruhte«.

Eine andere Kinderpflegerin erinnert sich, wie Dr. G. das Mädchen aus Berlin, deren Anklage die Ermittlungen in Gang gebracht haben, nach der Untersuchung etwa zehn Zentimeter unterhalb des Halses auf die Brust geküsst habe. Ihre Verblüffung über G.s Verhalten hat sich dann in neckenden Worten an das Mädchen entladen. Folgendes habe sie der jungen Patientin gesagt: »Wenn dich der Doktor geküsst hat, dann brauchst du nicht immer an ihn denken, er hat ja eine Frau, pack lieber deine Koffer und vergiss das. Darüber spricht man nicht.« Die damals 18-jährige Kinderpflegerin hatte also offenbar trotz ihrer abwiegelnden Worte den Eindruck, es sei etwas geschehen, dass sich zwischen einem Arzt und einer Schutzbefohlenen nicht gehört.

Eine andere Kindergärtnerin erklärt den vernehmenden Beamten ausdrücklich, dass Dr. G. keinesfalls unanständige Motive gemalt habe. Sie bringt trotzdem einen Einwand vor: »Ich fand es jedoch nicht anständig, dass er den Mädchen auf die Brust malte, zumal verschiedene Mädchen schon entwickelt waren.« Allerdings habe sie nie bemerkt, dass Dr. G. direkt die Brüste der Mädchen bemalt habe. Nur eine einzige Kinderschwester, die mit 33 Jahren älteste unter den befragten Frauen, sagt zugunsten G.s aus. »Wenn Dr. G. zur Last gelegt wird, er habe sich

Kindern gegenüber unzüchtig betragen, dann kann dies nur von Personen behauptet werden, die aus Hass sprechen.«

Es stehen also Aussagen gegen Aussagen. Es gibt Hinweise, dass da etwas nicht in Ordnung sein könnte, aber die Ermittlungen wären aufwendig. Man müsste viele Eltern und Kinder, auch aus vergangenen Jahren und quer durch Deutschland, ausfindig machen. Bleibt es bei Unwohlseinsformulierungen, Grenzwertigem und vielfach Deutbarem, wäre das viel Aufwand für nichts. Würden die Vorwürfe konkreter, hätte die Region einen Skandal. Was nun? Man lässt die Sache im Sande verlaufen. In einem Rechtsstaat gilt schon im Vorfeld einer möglichen Anklage: Die Staatsanwaltschaft braucht belastbare Aussagen. Die hielt sie hier offenbar nicht für gegeben. G. bleibt Vertragsarzt der Arbeiterwohlfahrt. Eine der Erzieherinnen hat immerhin zu Protokoll gegeben, dass G. seit einigen Wochen keine Kinder mehr bemalt. Einem internen Aktenvermerk der Arbeiterwohlfahrt ist zu entnehmen, der Arzt sei gebeten worden, »die Zeichnungen auf den Körpern der Kinder zu unterlassen«.

Angst vor der Frau mit der Spritze

Als Helmut nach Herrlingen kommt, ist G. nicht mehr als Arzt in den Akten zu finden. Aber das Haus braucht keinen Doktor mit seltsamen Methoden, um auf Helmut beklemmend zu wirken: »Ich könnte jetzt nicht sagen, dass mir Freundlichkeit entgegengebracht worden wäre.« Erwachsene Menschen dominieren die Erinnerung des damals sechsjährigen Jungen bei der Ankunft und auch in den sechs Wochen, die noch folgten. Seine Altersgenossen haben sich Helmut nicht eingeprägt. »Mit den Kindern dort habe ich nicht gespielt. Ich habe geguckt und sie haben geguckt«, beschreibt er eine Zeit des Unbeteiligtseins. »Da war kein Miteinander.« Falls es doch ein gemeinsames Spielen gab, ist keine Erinnerung daran geblieben. Nur eine einzige der Episoden, die ihm im Gedächtnis blieben, hat einen Hauch von Fröhlichkeit. Helmut steht darin auf dem Gelände vor dem Heim und schaut gemeinsam mit anderen Kindern in ein Feuer, in dem große Holzscheite verbrennen – als treibe man gerade den Winter aus. Diese Szene ist auch der einzige Hinweis, dass er vermutlich im März in Herrlingen war.

Unauslöschlich in Erinnerung geblieben sind ihm jedoch die Abende, genauer: die Zeit nach dem Zubettgehen. Was der heute 61-Jährige beschreibt, klingt wie eine Szene aus einem effektvoll inszenierten Gruselfilm. Er erinnert sich an den Blick aus seinem Bett. Es steht mit der schmalen Seite zu Wand. Helmut liegt mit dem Kopf zur Mauer und kann in einen langen, schmalen Gang sehen. Es ist noch nicht ganz dunkel in seiner Erinnerung, aber die Nacht ist schon fast da. Helmut sieht eine Frau in Schwesterntracht durch den Gang auf sein Bett zulaufen. In der Hand hält sie eine Spritze. Die Nadel sei »riesig lang« gewesen, brennt sich Helmut als verzerrte Einschätzung ein. Seine Angst wird von Sekunde zu Sekunde größer. Er realisiert, dass es für ihn kein Entkommen gibt aus dem Bett mit der Gitterumrandung, über die er nicht so einfach klettern kann. Aber er ist ohnehin vor Angst wie gelähmt. Er kann sich an das Gesicht der Frau mit der großen Schwesternhaube noch gut erinnern, auch wenn die Kopfbedeckung einen Teil davon verdeckte. »Sie hatte einen furchterregenden Gesichtsausdruck und sie kam immer näher.«

Wohin die Schwester die Nadel setzte, ob ins Gesäß oder in den Oberschenkel, kann Helmut nicht mehr sagen. Aber er ist sich sicher, die Spritze bekommen zu haben. Nur bricht seine Erinnerung eben mit dem Angst einflößenden Näherkommen der Frau ab. Da Flucht unmöglich war, »hat sich bei mir in diesen Momenten alles zusammengezogen«, beschreibt er seine Reaktion. Er meint, sich an einen Versuch von Gegenwehr erinnern zu können. »Aber ich habe keine Chance gehabt. Ich hatte das Gefühl, gefangen zu sein.« Es sei, wählt er ein drastisches Bild, so gewesen, als hielte ihm ein Verbrecher eine Pistole an die Schläfe. Schreien half nicht. Diese Szene wiederholte sich immer wieder während der Kur. Mit jedem Zubettgehen begann das Warten auf den Schrecken. Manchmal leuchtete die Schwester, meint Helmut, auch mit einer Taschenlampe herum, um sich in der Dämmerung besser zu orientieren. Andere Betten und andere Kinder sieht er keine vor sich, nur die Frau mit der Spritze. Sie sagt kein Wort. Sie erklärt nicht, was sie tut. Sie kommt einfach und setzt die Nadel. Ob diese horrorfilmartigen Bilder ein Kondensat seiner Angst oder ein getreues Abbild der Wirklichkeit sind, lässt sich nicht mehr klären. Für Helmut sind sie Vergangenheitsfetzen, mit denen er leben muss. Damals stellte er sich in täglicher Selbstqual die Frage: Was habe ich falsch gemacht? Wofür werde ich bestraft? Anders als mit eigenem Fehlverhalten konnte er sich die Tortur in seiner kindlichen Logik nicht erklären: Die Schwester kam, um ihn zu strafen. Man könnte all dies für einen kindlichen Angsttraum halten, gemischt aus Comics, Filmen, Gruselerzählungen – wäre da nicht die Aktennotiz über die Beobachtung der Zivildienstleistenden und wäre Helmut damals nicht viel zu jung gewesen, um solche Gruselgeschichten schon konsumiert zu haben – in einer Ära viel harmloserer TV-Angebote, zu denen Kinder wie er obendrein fast nie Zugang bekamen.

Die Anspannung ist als Schmerz noch immer im Körper

Helmut wählt für den Zustand, in dem sich sein Körper beim Gespritztwerden befand, das Wort »Schockstarre«. Aus dieser Angststarre kam er nicht wieder so heraus, wie man anderen Schrecken hinter sich lässt. Sie setzte sich fest, sie kehrte vor allem nachts wieder – ein Leben lang. Heute sitzt die Verspannung noch immer in Helmut. Jeden Morgen wacht er mit Schmerzen auf. Lange konnte er sich das nicht erklären. Bis er ein Buch des amerikanischen Traumatherapeuten Robert Scaer las und den für ihn stimmigen Zusammenhang zwischen den nächtlichen Erlebnissen in der Kur und seinen Schmerzen herstellte. Mit Krankengymnastik ist dieser Verspannung bis heute nicht beizukommen. Die bleibt ein Kurieren an Symptomen. Helmut kennt mittlerweile zumindest in der Theorie alle einschlägigen Therapien, um den Folgen seiner Traumatisierung beizukommen. Er ist notgedrungen zum Experten seines eigenen Schmerzes geworden.

Die Kur hatte ein Ziel: Helmut sollte durch Luftveränderung, durch einen anderen Tagesrhythmus, durch ein sehr unklar »Erholung« genanntes Weg-von-zu-Hause-Erlebnis vom Bettnässen kuriert werden. Dieses Ziel wurde schmerzlich verfehlt. Als Helmut ein Jahr nach seinem Erholungsaufenthalt eingeschult wurde, war er noch immer Bettnässer. Die Frage muss erlaubt sein: Trotz oder wegen der Kur? »Ich habe mich nicht auf die Schule gefreut. Ich wollte da nicht hin«, beschreibt Helmut die neue Phase. Ähnlich unwillig war er zuvor schon in den Kindergarten gegangen. Gab es im äußeren Leben auch Veränderungen, zu Hause blieb vieles gleich. Seine Mutter schimpfte ihn weiter verzweifelt aus. Und Helmut litt unter beidem – unter den Tiraden seiner Mutter und seiner eigenen Schwäche.

Zu dieser Zeit zog die verwitwete Großmutter zu ihnen – sie war nun die neue Hauptbewohnerin von Helmuts Zimmer. Als die alte Dame bettlägerig wird, übernimmt die Mutter die Pflege. Die Großmutter stirbt dann auch zu Hause, in Helmuts Zimmer, als der Junge gerade in der Schule ist. Das letzte Mal sieht er seine Großmutter, wie sie im Sarg aus der Wohnung getragen wird. Er ist da zehn Jahre alt.

Bei alldem stellt man sich das Ende des Bettnässens vielleicht als großes, einprägsames Glück vor. Aber Helmut hat daran keine Erinnerung. Das liegt wohl daran, dass das Leiden nicht mit einem Schlag aufgehört haben dürfte. Es wurde seltener, ohne dass man sich der längeren Abstände sicher sein durfte, vielleicht gab es auch Rückfälle, die allen Optimismus wieder zerstörten. Irgendwann war das Laken ein letztes Mal nass, aber das wäre ja erst irgendwann im Rückblick erkennbar gewesen. Helmut hat wohl eher noch lange die nur allmählich schwächer werdende Furcht begleitet, es werde doch wieder einmal vorkommen, als ein Gefühl selbstsicherer Erleichterung, die Qual nun hinter sich zu haben.

Man kann wohl nur schwach erahnen, was es für Helmut, dem so wenig geglaubt wurde, der so lange an sich und an den Bildern in seinem Kopf zweifeln musste, bedeutet hat, auf die Aktennotiz über den Hinweis der Zivildienstleistenden zu stoßen: »In diesem Heim würden Kinder, die Bettnässer sind, gespritzt.« Doch was Helmut spontan empfunden haben mag – der Hoffnung, nun die wahren Verhältnisse von damals ans Licht zu bringen, die Zusammenhänge des Vergehens an Kindern endlich aufrollen zu können, folgte Ernüchterung. Denn nun las Helmut den Schriftwechsel mit der Aufsichtsbehörde. Der offenbart den voreingenommenen Blick auf das Vorgehen der Kinderschwester und die Geschehnisse im Kinderheim: Böses konnte nicht gewollt, also eigentlich auch nicht geschehen sein. Und Kinder sind als Zeugen nicht ernst zu nehmen – eine bequeme Haltung, wenn vor allem die Kinder die Belastungszeugen sind.

Die Mitarbeiterin des Kreisjugendamtes, die den Vermerk über die Angabe der Zivildienstleistenden anfertigt, belässt es nicht bei einer Aktennotiz. Noch am selben Tag geht ein Schreiben des Kreisjugendamtes beim Landratsamt Alb-Donau-Kreis an die zuständige Heimaufsicht, an den Landeswohlfahrtsverband Württemberg-Hohenzollern. Darin heißt es: »Das Kreisjugendamt wurde heute vom Leiter des Staatlichen Gesundheitsamtes Ulm, Herrn Dr. A., davon in Kenntnis gesetzt, dass er durch zwei Ersatzdienstleistende unabhängig voneinander von Unregelmäßigkeiten im Kindererholungsheim der Arbeiterwohlfahrt in Herrlingen, Alb-Donau-Kreis, erfahren habe. Die dortige Heimleiterin, eine ausgebildete Krankenschwester, verabreiche bettnässenden Kindern, offenbar ohne dass dies medizinisch indiziert oder verordnet sei, Vitamin- und Traubenzuckerspritzen. Dies geschehe vermutlich allein in der Absicht, die Kinder durch Angst und Zufügung von Schmerzen zu züchtigen. Es bestehe der Verdacht eines sadistischen Vorgehens der Heimleiterin. Bestätigt würden diese Angaben durch Informationen von Prof. G., Toxikologe an der Universität Ulm. Woher Prof. G. seine Information hat, konnte nicht in Erfahrung gebracht werden.«

Klarheit müsste in diese Angelegenheit zunächst der zuständige Heimarzt bringen. Der befindet sich zum Zeitpunkt der Meldung jedoch gerade in Urlaub. Erst knapp drei Wochen später meldet das Gesundheitsamt an den Universitätsprofessor G. nach Rücksprache mit dem inzwischen zurückgekehrten Heimarzt, dass in dem Kinderkurheim regelmäßig »Bettnässer zur Aufnahme kommen«. Das allerdings ist keine Neuigkeit. Damit wirbt das Heim für sich. Der Heimarzt, kann man dem Briefwechsel entnehmen, beharrt darauf, die Behandlung in Herrlingen erfolge ausschließlich auf ärztliche Anordnung »lege artis« – also nach allen Regeln ärztlicher Kunst. Ein selbstständiges Handeln der Heimleiterin sei ausgeschlossen. Die Unterstellung, dass Injektionen nicht unter therapeutischen Gesichtspunkten erfolgten, sondern aus Gründen der Einschüchterung, weist der Heimarzt entschieden zurück.

Bettnässer in der Kinderkur

In der auf möglichst reibungslosen Durchlauf der kleinen Klienten angelegten Welt der Kindererholung gelten Bettnässer als Störfaktoren. Das auf der Schwäbischen Alb gelegene Herrlinger Heim war eines der wenigen, »die sich der Mehrarbeit durch diese Kinder unterziehen«, wie es in einem Belegungsplan der Arbeiterwohlfahrt ruppig heißt. Die Wortwahl kündigt nicht eben eine Wohlfühlatmosphäre für die solchermaßen gehandicapten Kurkinder an. Anzumerken ist auch, dass das Heim sich diese Mehrarbeit honorieren ließ und nicht nur aus altruistischen Prinzipien handelte. »75 Pfennig pro Ereignis sei es tags oder nachts« verrechnet das Heim, wenn eines seiner Gastkinder häufiger einnässt. Nur eine Art Ausnahmebonus gibt es: »Einnässen bis zu zweimal während der Kur wird nicht berechnet.«

Für die richtige Einordnung der Beschwerde aus der Uniklinik und von den beiden Zivildienstleistenden ist es wichtig zu wissen, dass auch Herrlingen ein Ausschlusskriterium hat, dass, wie das Heim formuliert, »wir bei Vorliegen eines organisch bedingten Blasenleidens bitten, von der Entsendung des Kindes abzusehen«. Man nimmt also Bettnässer auf, ist aber auf die ärztliche Behandlung körperlicher Ursachen nicht vorbereitet oder will diese Fälle aus Effizienzgründen vermeiden. Das heißt im Umkehrschluss: In Herrlingen darf man davon ausgehen, dass das Bettnässen der hier aufgenommenen Kinder psychische Ursachen hat. Im Denken der damaligen Zeit aber heißt das oft nur – man hält den Willen des Kindes, das Richtige zu tun und das Falsche zu lassen, für zu schwach. Und wenn kindlicher Wille für so etwas zu schwach ist, so der häufige Schluss der Befehl- und Gehorsamspädagogik aus dunklen Tagen, dann ist schlicht der Druck der Erwachsenen nicht hoch genug, damit sich die Kinder für das Richtige entscheiden.

Dabei ist solch immer noch überreich vorhandenes autoritäres Denken keinesfalls der medizinische Wissensstand jener Zeit. Unter Enuresis, so der medizinische Fachbegriff für Bettnässen, »verstehen wir ein Leiden, an dem die psycho-physische Gesamtpersönlichkeit in allen Schichten beteiligt ist«, beschreibt der Kinderarzt und Enuresis-Experte Werner Kemper von der Berliner Poliklinik für Kinder und Jugendliche schon 1949 in seinem Standardwerk zum Thema die Erkrankung. Bettnässen ist für ihn eines *der* Nachkriegsleiden. Aus den Beispielfällen, die er beschreibt, lässt sich unschwer die These ableiten, dass Kinder, die schon einmal trocken waren, zu Bettnässern werden, wenn sie das Gefühl verlieren, in ihrem unmittelbaren Umfeld in Geborgenheit leben zu können. Kemper berichtet von Kindern, die plötzlich zu entfernten Verwandten umziehen mussten. Bei anderen folgte auf die verstorbene warmherzig-altmodische Großmutter eine moderne Erzieherin, »die zwar nach den neusten Grundsätzen der Hygiene geschult, aber herzenskalt war«. Auch der anstehende Schulbeginn könne für einen etwas weichen Kindertypus eine der Klippen sein, die zum Einsetzen des Einnässens führen. Allen Beispielen ist laut Kemper gemeinsam,

»dass etwas Unbekanntes beunruhigend in die stille Abgeschiedenheit der kindlichen Welt von außen einbricht«.

Er schlussfolgert aus seinen Beobachtungen: »Nur in engster Zusammenarbeit aller dafür in Betracht kommenden ärztlichen und nicht ärztlichen Stellen wird es möglich werden, dem heute so verbreiteten Bettnässerleiden beizukommen.« Voraussetzung für eine Heilung sei, dass das Kind in allem hierbei durchaus ernst genommen werde. »Der Erwachsene erliegt leider allzu sehr der Gefahr, den zu respektierenden Ernst gegenüber allen Äußerungen des kindlichen Seelenlebens zu vergessen«, schreibt Kemper. Ein weitverbreiteter Erziehungsfehler damals.

Als Helmut den Schriftwechsel über die Zustände in Herrlingen liest, bestehen für ihn jedenfalls keine Zweifel: Der seiner Erinnerung nach unnötig derb durchgeführte Akt des Spritzens sollte ein Druckmittel gegen das Bettnässen sein. Die Beschwerde über die Spritzen wurde damals aber erst einmal beiseitegelegt. Das staatliche Gesundheitsamt habe den entsprechenden Aussagen keine Bedeutung beigemessen, vermerkt die Behörde: »Die Namen der Informanten wurden deshalb auch nicht festgehalten«, so ein Brief des Kreisjugendamtes des Alb-Donau-Kreises an die Heimaufsicht beim Landeswohlfahrtsverband vom 21. Januar 1975. Das ist schon eine bemerkenswerte Gleichgültigkeit. Allerdings gilt die Angelegenheit als medizinisch geklärt und erledigt, seit der sich ebenfalls beschwerende Uniprofessor dem Landesjugendamt im Januar 1975 telefonisch mitgeteilt hat, er erhebe keine Einwände mehr gegen die Indikationen. Ist das ein Freispruch für die Herrlinger Methoden durch einen Fachmann?

Das darf man infrage stellen. Nicht unwahrscheinlich ist es, dass man vor allem einen Aspekt der Vorgänge im Kinderheim unter die Lupe genommen hatte: Ob da möglicherweise von einer Schwester ohne Auftrag oder Erlaubnis eines Arztes Medikamente verabreicht würden? Diese Besorgnis war für den Professor nach der Darlegung des Heimarztes tatsächlich aus dem Weg geräumt: Erstens gab der Arzt an, voll im Bilde zu sein, zweitens soll es sich gar nicht um möglicherweise riskante Medikamente, sondern um ganz harmlose Vitaminpräparate handeln. Der Enuresis-Experte Werner Kemper listet in seiner großen Palette von Therapieansätzen auch das Verabreichen von Vitaminspritzen auf. Doch falls in Herrlingen lediglich Vitaminspritzen mit dem Ziel der Heilung und Stärkung verabreicht wurden, ist es jedenfalls versäumt worden, das den Kindern respektvoll zu vermitteln. Für eines allerdings findet sich in den zur Verfügung stehenden Akten zum momentanen Zeitpunkt kein Beleg: dass Spritzen zur Sedierung der Kinder eingesetzt wurden, wie das in anderen Heimen geschehen sein soll. Was der Professor möglicherweise nicht bedenkt – oder für tolerabel hält: dass der Vorgang des Spritzens selbst als Einschüchterungs- und Bestrafungsmittel gegen die Kinder eingesetzt wird.

Zu diesem beunruhigenden Verdacht findet sich im gesamten überlieferten Briefwechsel kein Wort mehr. Auch nicht zum Verdacht eines sadistischen Vorgehens der Heimleiterin und zur Frage, welchen Einfluss solch ein Verhalten auf die Psyche der Kinder haben könnte. Man betrachtet die Angelegenheit als erledigt. Nach Klärung der medizinischen Indikation scheint es keine weiteren Bedenken zu geben; auf Gespräche mit der Heimleitung über den Umgang mit den Kindern finden sich keine Hinweise in den Akten.

Helmuts Erinnerungen zeigen, dass das subjektive Erleben der Kinder keine Rolle spielte im Herrlinger Behandlungskonzept.

Geschlossene Räume erträgt Helmut nicht mehr

In Helmuts Leben waren die Erinnerungen an das Heim nicht immer im gleichen Ausmaß präsent. Aber sie sind eben auch nicht stetig weiter verblasst, bis ihnen alle Kraft genommen war. Seit dem Tod seiner Mutter vor vier Jahren drängen sie wieder machtvoller an die Oberfläche. Warum gerade jetzt? Helmut glaubt, es habe mit dem starken Gefühl zu tun, seine Mutter enttäuscht zu haben und das nun nie wieder gutmachen zu können. Es ihr nie recht gemacht zu haben – die verpatzte Kur ist ein besonders griffiges Beispiel für diesen vermeintlichen Makel.

Die starke Rückkehr der Erinnerungen an die Herrlinger Horrorszene empfindet Helmut so, als »habe jemand einen Stein durch ein Fenster in meine Wohnung geworfen«. Also kämpft er wieder gegen das Herrlingen in seinem Kopf. »Ich sitze beispielsweise in der S-Bahn«, sagt Helmut, »und plötzlich überkommen mich diese Bilder wieder.« Der Gang zum Schlafsaal, die Spritzen, das Ohnmachtsgefühl. »Ohne dass ich es heraufbeschworen hätte. Ich will das ja nicht.« Manchmal verschwinden sie bald wieder, manchmal bedrängen sie Helmut länger. Er ist ihnen ausgeliefert. »Ich habe einfach eine gewisse Angst mitbekommen«, sagt er. Sie meldet sich wie neulich, als er bei einem Arztbesuch in einem Zimmer warten sollte, dessen Tür die Arzthelferin schloss. Helmut hat sie wieder aufgemacht. Denn geschlossene Türen und das Gefühl, wieder nicht entkommen zu können, erträgt er nicht mehr. Manchen Menschen mag das schrullig vorkommen. Aber das ist ihm mittlerweile egal.

Später im Leben wieder in Kur zu gehen, das war für Helmut sowieso ein größeres Wagnis als für andere Menschen. Und nun, im Frühjahr 2020, wo er es sich traute, hat ihn dort die Pandemie eingeholt. Wegen Coronaverdachts sollte er in Quarantäne in ein Einzelzimmer: allein in einem fremden Raum, dessen Tür stets geschlossen bleiben musste. Diese Vorstellung versetzte ihn in Panik – aber diesmal konnte er seine Not auch vermitteln. Er wurde nach Hause in die gewohnte Umgebung in Quarantäne entlassen. Als sein Coronatest positiv ausfiel, war das ein besonderer Schock: Er musste ins Krankenhaus. Er ertrug den Aufenthalt in der Klinik dann aber mit erstaunlicher Gelassenheit. »Dort«, erklärt er das, »waren alle nett zu mir.«

Es hilft ihm nicht, wenn Menschen, denen er seine Geschichte offenbart, dann nur befremdet staunen: »Aber das ist doch schon so lange her!« »Ja«, will er dann antworten, »aber vorbei ist es für mich eben immer noch nicht.« Er erzählt seine Geschichte inzwischen auch fast niemandem mehr. Zu ernüchternd sind die Reaktionen. Er scheitert daran, anderen verständlich zu machen, dass Erlebnisse wie die seinen »etwas mit einem machen, ohne dass man das bewusst mitbekommt. Denn es ist ja mehr oder weniger immer in einem da, ohne dass man ständig darüber nachdenkt.«

Es ist erstaunlich, mit wie viel Gleichmut Helmut dennoch von seiner Suche nach einer Therapie für seine Beschwerden berichtet. »Am besten erzählen Sie das keinem«, hat ihm auch eine Therapeutin unverständlicherweise geraten, als er ihr die Bilder in seinem Kopf schilderte. Ein Neurologe, von dem Helmut eine Überweisung für eine Therapie in eine psychosomatische Klinik erhoffte, hörte ihm verständnislos zu. Dann fragte er ungeduldig: »Ja, sind Sie denn vergewaltigt worden?« Für alles andere fehlte ihm die Vorstellung. »Das wäre ihm am liebsten gewesen«, sagt Helmut fassungslos. Aber reicht nicht schon das, was er schildert, aus, um von seelischem Missbrauch zu sprechen?

Bei einer anderen Beratungsstelle war man überzeugt, er

denke sich alles nur aus. »Warum sollte ich mir das ausdenken?«, fragt Helmut. Und kann vollends nur den Kopf schütteln über die Frage: »Ja, was hat Ihnen die Schwester denn damals gespritzt?« Gerade dieses Nichtwissen, dieses Fehlen konkreter Belege, ist ein Teil seines Problems und ein Grund seiner Suche nach Details, Gewissheiten, Dokumenten.

Zum ersten Mal glaubt ihm jemand

Beinah wäre Helmut Alleinkämpfer geblieben. Es kam ihm lange vor, als sei er der Einzige auf der Suche nach einer Vergangenheit im Kinderheim. Ein Sonderling, gefangen in Erinnerungen, die andere längst abgestreift haben, die ihn aber als körperliche Schmerzen quälen. Aber dann hat ihm ein Therapeut im Rahmen eines ersten Kontaktgesprächs erstmals zugestimmt, es könne sehr wohl sein, dass auch 50 Jahre zurückliegende Ereignisse sich so massiv melden. Und Helmut wurde klar, dass es nicht nur ihm so geht.

Nur zufällig entdeckte er einen Hinweis auf das Treffen einer Gruppe ehemaliger Verschickungskinder. Die Veranstaltung hatte schon begonnen, er traute sich aber trotzdem, hinzugehen. Mit einer halben Stunde Verspätung traf er ein, nahm einen Stuhl, stellte ihn in den Kreis – und hörte erst mal nur zu. Als die Reihe an ihn kam, zu berichten, warum er dabei sei, konnte er vor Tränen kaum sprechen. Aber zum Schmerz trat da eine neue, befreiende Erkenntnis: Endlich glaubte ihm jemand. Wenn er nun die Geschichten der anderen hört, ist er sich sicher: »Wir müssen ja ganz viele sein. Es ist nicht nur mir so gegangen.«

Kapitel 5

Kinder als Verschiebemasse

Heike auf Borkum und in Heimenkirch

Wie funktioniert Erinnerung? Was erzählt man und was nicht? Was landet im Kanon der Familienanekdoten, was wird aussortiert? Und wer entscheidet über den Stellenwert einer Erinnerung? Heike macht sich viele Gedanken über diese Fragen. Sie ist jetzt 54 Jahre alt, lebt seit ihrer Scheidung vor einigen Jahren allein und arbeitet bei einer Behörde. Ihre Kinder sind erwachsen. Im Rückblick fühlt sie sich von ihrem Ex-Mann finanziell über den Tisch gezogen. Weil sie es war, die ging, hat sie damals seine Bedingungen akzeptiert. »Sich nicht zu wehren, gehört auch zum Thema«, sagt sie leise. Seit sie im Radio vor ein paar Jahren einen Beitrag darüber gehört hat, wie sich Traumata vererben können, versucht sie, die – wie sie es nennt – vielen Teppiche beiseitezuräumen, mit denen in ihrer Familie schlimme Ereignisse zugedeckt wurden. Unter einem dieser Teppiche liegen auch ihre Kurerlebnisse.

Heike macht viel Yoga, genießt den Wechsel zwischen Spannungs- und Entspannungsphasen. Sie will heraus aus der Anspannung, die gerade ihre Grundverfassung ist. Will zurück in den Zustand, »in dem alles heil war«. Es ist ein sehr spiritueller Weg, den sie eingeschlagen hat. Der Wunsch, ans Ziel zu gelangen, ist riesengroß. Heike muss für einen kurzen Moment selbst über sich lachen. Denn sie hat bei einem Urlaub auf Island auch schon den Versuch unternommen, »ein Loch zu buddeln und meine ganze Vergangenheit darin zu vergraben. Das ging aber nicht«, wie sie lachend gesteht, »der Untergrund in Island ist einfach zu hart.« Und nicht nur dort. Heikes Weg führt oft über steinigen Grund.

1970 und 1971, so hat sie mit ihrem Bruder rekonstruiert, war sie auf Borkum im *Haus Concordia,* Hindenburgstraße 94. Die zweite Auflage des vom Lörracher Kinderarzt Sepp Folberth veröffentlichten Verzeichnisses der *Kinderheime, Kinderheilstätten in der Bundesrepublik Deutschland, Österreich und der Schweiz* aus dem Jahr 1964 listet allein für die ostfriesische Insel Borkum über 20 solcher Einrichtungen auf. Die Betreiber kamen aus allen gesellschaftlichen Bereichen. Die Häuser hießen etwa Evangelisches Jugenderholungsheim *Achilleion*, Träger war hier der Synodalverband Innere Mission Hamm/Westfalen. Oder *Adolfinenheim*, Träger die Allgemeine Ortskrankenkasse AOK. Das Kinderheim *Friesenhof* wiederum war ein Vertragsheim unterschiedlicher Jugendämter, Sozialwerke und mehrerer Krankenkassen. Auch die Stadt Oberhausen unterhielt auf Borkum ein Kinderheim. Dazu kamen schier unübersehbar viele private Kinderheime und Privatsanatorien. Sie heißen *Germania*, *Glückauf* oder *Mövennest*. Die Liste ließe sich fortsetzen. Viele der Heime existierten schon vor 1945.

Das private Kinderheim *Mövennest* besaß und führte der Kinderarzt Werner Scheu. Der kam 1945 nach Borkum, betreute Flüchtlinge, wurde später Amtsarzt auf der Insel. Erst 1960 wurde der ehemalige SS-Reitersturmführer enttarnt. 1964 wurde der aus Ostpreußen stammende Ritterguterbe vom Landgericht Aurich zu lebenslanger Haft verurteilt – wegen Beihilfe zum Mord an 220 jüdischen Litauern im Alter von 14 bis 60 Jahren. Vier der Opfer hat Scheu selbst mit Genickschuss erschossen. In einem Aufsatz über *Ärztliche Probleme der Kindererholungsfürsorge* räsoniert Scheu darüber, »dass es nicht immer günstig sei, das Kind während der ganzen Kur unter der Einwirkung des häuslichen Milieus zu lassen«. Er meinte wohl günstig im medizinischen Sinn. Aber in Kenntnis seiner Biografie liest sich der Satz mehrdeutig. Borkum war weit genug entfernt, um Kinder dem häuslichen Milieu entziehen zu können, vor allem auch emotional. Und er war nicht der einzige Vertreter des NS-Regimes, der sich in den oft entlegenen Kinderkurheimen in einem neuen und unverdächtigen Leben einrichtete.

Die Insel Borkum war einer der Hotspots für die Kindererholung im aufstrebenden Wirtschaftswunderland Deutschland – wie auch die Inseln Norderney, Langeoog, Juist, Föhr, Amrum und Sylt. Heikes Aufenthalte im *Haus Concordia* gemeinsam mit ihrem Bruder blieben lange ihre einzigen Besuche auf Borkum. Nie wieder wollte sie später dorthin. Den Grabstein der Heimleiterin hat sie auf einer heimatgeschichtlichen Seite der Insel im Internet gefunden. Damit wusste sie, dass eine Quelle möglicher Antworten versiegt war. Ihr Bruder mag nicht mehr über seine Erlebnisse reden. Trotzdem versucht Heike immer wieder, ihre Erinnerungsfetzen mit den seinen abzugleichen. Wie anderen ehemaligen Verschickungskindern hat auch ihr der Austausch in einer Gruppe von Leidensgenossen Auftrieb gegeben: Sie alle haben ähnliche Fragen.

Im Traum ist Heike neulich wieder am Nordseestrand spazieren gegangen. Ihr Weg führte sie an seltsamen Kiosken vorbei, an denen Kinderkuren verkauft wurden. Mit den tollsten Versprechungen auf einen fröhlichen, unbeschwerten Urlaub. In Heikes Traum lief ein kleiner blonder Junge zu den Verkaufsbuden – und beschwerte sich bitterlich. Man habe ihnen eine schöne Zeit versprochen. Aber die sechs Wochen in der Sommerfrische seien genau das Gegenteil gewesen. »Es war keine schöne Erholung«, zitiert Heike den Jungen aus ihrem Traum. In der Wirklichkeit von einst gab es diese Beschwerdemöglichkeit nicht, keinen Kiosk, an den man zurückkehren konnte. Aber auch dem Jungen im Traum nutzte dies nichts: Seine Beschwerde fand kein Gehör.

Frische Luft für Kohlenpottkinder und Kinder aus Berlin

Einmal Burg Seinsfeld in der Eifel, zwei Mal Borkum und dann ein Mal Heimenkirch im bayerischen Allgäu, so lautet die Kurbilanz von Heike und ihrem Bruder. Die letzte dieser Kuren fand statt, bevor Heike in die Schule kam. Ihr Bruder ging da schon in die erste Klasse. Das *Herz-Jesu-Heim* in Heimenkirch erlebten die beiden Kinder in der letzten Phase seines Bestehens. Das Haus hatte eine ebenso düstere Geschichte wie das *Mövennest* unter dem Kinderarzt Werner Scheu. Auch in Heimenkirch ging der Kurbetrieb nach dem Zusammenbruch des NS-Regimes fast nahtlos mit denselben Personen in verantwortungsvoller Stellung weiter, die schon vor 1945 den Betrieb geleitet hatten. Das belegt die ungebrochene Biografie des Heimleiters Paul Waldenmaier. Entsprechend waren die Erziehungsmethoden.

Eingeweiht wurde das Heim als Kriegerwaisenhaus am 1. Mai 1917. Sein Gründungsdirektor Georg Pabst, ein Geistlicher, bestimmte Waldenmaier testamentarisch zu seinem Nachfolger. 1933 trat Waldenmaier sein Amt als wirtschaftlicher Leiter des Hauses trotz interner Querelen an und führte ein strenges Regiment. Von 1942 an war das *Herz-Jesu-Heim* dann Krankenhaus und Lazarett, wie die Heimenkircher ehemalige dritte Bürgermeisterin Angela Fessler 1997 in einem Aufsatz zur Heimgeschichte vermerkt. Nach dem Umsturz, wie Fessler den Sieg der

Alliierten über den NS-Staat bezeichnenderweise nennt, wurden in dem Haus von den französischen Besatzungstruppen 60 französische Kinder einquartiert. Es folgte eine Renovierungsphase, bis das Haus 1947 »wieder seiner eigentlichen Bestimmung, als Erholungsheim für Kinder, zugeführt« wurde.

An der Spitze des Hauses stand weiterhin Paul Waldenmaier. Niemand, auch nicht Fessler in ihrer viel späteren Rückschau, nahm daran offenbar Anstoß. Als seien Kindererholungsheime ideologiefreie Zonen. Stattdessen betont der Aufsatz zur Heimatgeschichte lobend, dass die katholische Tradition des Hauses weitergeführt wurde. 1950 übernehmen die Marienschwestern aus Schönstatt die Betreuung der Kinder. Die Kurenden kommen »jetzt vorwiegend aus dem Kohlenpott. Wie einem verwaltungsinternen Schreiben zu entnehmen ist, sind zu dieser Zeit konstant etwa 60 katholische Kinder aus Bochum im Heim.« In den Jahren seines Bestehens von 1917 bis 1974 seien, so die Heimathistorikerin, 31 000 Kinder und Jugendliche für jeweils mehrere Wochen hier untergebracht gewesen. Es habe »vielen Kindern über Jahre hinweg als Oase der Erholung gedient«.

Heike war eines dieser Kohlenpottkinder. Für sechs Wochen wurde sie 1974 sechsjährig Teil der Geschichte des nicht nur für sie monströsen Heimes. Schon 2010 erzählen ehemalige Kurkinder aus Bochum der Westdeutschen Allgemeinen Zeitung von ihren wenig erholsamen Ferienerlebnissen. Ein Mann, der als Neunjähriger in den 1950er-Jahren nach Heimenkirch kam, berichtet, er habe dort »Schläge und Backpfeifen« bekommen. »Einmal wurde ich gezwungen, eine Art Schweinshaxe mit Borsten zu essen. Ich musste mich übergeben und eine Aufseherin zwang mich, das Erbrochene zu essen.« Auch berichtet der Mann aus Bochum vom offenbar brutalen Auftreten Paul Waldenmaiers. Der Doktor, wie ihn die Kinder nur nannten, der mit einem Stock das Auftreten eines Generals gehabt haben soll, »hat von einer Adjutantin Jungen ausgewählt bekommen, die bei ihm für Stockschläge anstehen mussten«. So zitiert die Zeitung den Zeugen in ihrem Artikel mit der Überschrift *Gewalt im Ferienheim in den 50er-Jahren*. Ein anderer Mann erinnert sich an das Weinen und die Schreie, die überall zu hören gewesen seien. Er war bei seinem Kuraufenthalt 13 Jahre alt. In Erinnerung geblieben sei ihm, dass die Kinder Nazilieder singen mussten. An »Die Fahne hoch« erinnere er sich genau.

Paul Waldenmaier blieb bis in die 1970er-Jahre im Amt. Er starb 1977 in München. Seine Unterlagen über das Heim, so berichtet die Heimatforscherin Fessler, habe Waldenmaiers Witwe vernichtet. Das Haus wurde nach 57 Jahren als Kinderheim zuletzt für die Unterbringung von Asylbewerbern genutzt. Danach wurde es abgerissen und an seiner Stelle ein Altenheim errichtet.

»Ich kann eigentlich nichts erzählen«, hat Heike zu Beginn noch gesagt. Sie sei eine schlechte Zeitzeugin. Sie könne nur von den Bildern sprechen, die in ihr seien: Bilder, die mal aufsteigen, dann wieder verschwinden, sie aber dauerhaft beschäftigten. Trotzdem möchte sie reden über diese Erinnerungsfragmente. Sie glaubt an die Kraft und die Heilung, die vom Erzählen ausgehen können. Sie will von dem Leben vorher, nachher, drum herum berichten und von dem, was ihre Familie geprägt hat, bevor es sie selbst überhaupt gab. Sie glaubt, man verstehe nur so, wie das System Kur habe funktionieren können. Es geht in ihren Erzählungen um die vielen Wahrheiten in ihrer Familie und in der Gesellschaft, die zwar unversöhnlich widersprüchlich scheinen, aber vielleicht doch nebeneinander bestehen können. Erst Widersprüche ergeben ein Gesamtbild. Man muss die Wahrheit der Eltern sehen, die Wahrheit derer, die Kindern Kuren verordneten, und die Wahrheit der Kinder selbst. Zu denen, die von fürchterlichen Erlebnissen berichten, treten immer auch jene, die von einer unvergesslich schönen Zeit in der Kindererholung schwärmen. Alle zusammen erzählen von einer Welt, die noch sehr lebendig in den Betroffenen nachwirkt und doch noch wenig erforscht ist.

Der Strafkatalog des Dr. Kleinschmidt

Heike hat weder die Zugfahrt nach Borkum in Erinnerung noch die Überfahrt mit der Fähre. Nicht einmal die Nordsee selbst, die Brandung oder die Wellen. Sie fährt zweimal dorthin zur Kur, als Vier- und als Fünfjährige. Sie erinnert sich nur vage, dass sie sich auf den Clownsbesuch im Kinderheim freute, weiß aber noch ganz genau, dass sie gleich zu Beginn zur Nummer gemacht wurde. Wie manchem traumatisierten Heimkind hat sich auch ihr diese Zahl ins Gedächtnis eingeprägt. »Ich war Nummer 15!«, sagt sie unvermittelt. Was das heißt? In einem Schälchen mit schwarz-braunen Kämmen war der mit der Nummer 15 ihrer. So wie ihre blau-weiße Mütze, die Kinder immer aufsetzen mussten, wenn es an den Strand ging, die Nummer 15 trug. Die Durchnummerierung der Kinder machte es aus Sicht der dominanten Heimleiterin leichter, den Überblick zu behalten. Die Individualitäten der Kinder wurden so als Störfaktor ausgeblendet, jede neue Gruppe war genau wie die vorige, bestand aus denselben Nummern, Abläufen, Grundbedürfnissen. Aber man geht als Kind im Fremden unter, wenn man vom Individuum mit Namen zur Nummer ohne Persönlichkeit wird. Damit wird Respekt entzogen und das Strafen leichter. Anlässe für Strafen gab es auf Borkum viele. Meist waren sie vorgeschoben oder entsprangen dem kruden Weltbild schwarzer Pädagogik. »Mein Bruder hat erzählt, dass er während der Kur verhauen worden ist, weil er sich nachts ein Taschentuch geholt hat zum Naseschnäuzen. Das war verboten«, erzählt Heike.

Heike mit Mütze Nr. 15 (vorne, 2. von rechts)

Das Ahnden von Verstößen gegen solche und ähnliche willkürliche Regeln erhebt Hans Kleinschmidt, der Chefarzt der Kinderheilstätte Bad Dürrheim, zu einer hohen Kunst. Ob der Chefarzt identisch ist mit dem gleichnamigen NS-Arzt, lässt sich nicht eindeutig belegen, ist aber sehr wahrscheinlich. »Geistlos und würdelos ist es, Kinder zu schlagen«, schreibt er in seiner Einleitung zu Folberths Kurheimverzeichnis. Nur in besonders gelagerten Situationen, die sich kaum vermeiden ließen, könne auch einmal die Hand ausrutschen. Man solle sich aber nicht verleiten lassen, ins Gesicht zu schlagen. Es gebe eine bessere Stelle. Welche er meint, sagt Kleinschmidt nicht. In seinem Aufsatz *Über die Durchführung von Kindererholungs- und Heilkuren* hat er dem Thema Sanktionen zwei Seiten gewidmet. Auf denen spricht er über Kinder mit den Begriffen des Strafrechts. Er spricht von Straftaten und straffälligen Kindern – gemeint sind Situationen, in denen ein Kind unerlaubt auf der Toilette war oder eingenässt hatte. Die Bestrafung eines Kindes, schreibt Kleinschmidt, sei die »schwierigste Handlung eines Erwachsenen in unseren Kinderhäusern«. Sein Rat an die Mitarbeiter dort: »Die Strafe richtet sich nicht so sehr nach der Straftat, sondern vielmehr nach der Psyche und dem Charakter des Kindes.« Ein Kind, so Kleinschmidts Sicht, werde zwangsläufig straffällig auf dem Weg vom Kinderland in die Erwachsenenwelt. »Natürlich benötigen wir auch Strafen, die das Kind als etwas Unangenehmes und nicht Schönes empfindet.« Kleinschmidt macht gleich mehrere Vorschläge. So treffe es ein Kind »meistens recht schwer«, wenn man ihm für gewisse Zeit ein interessantes Buch aus der Bibliothek, lieb gewonnene Spielsachen oder eine angefangene Bastelarbeit entziehe.

Auch Bestrafung mithilfe des Essens hat Kleinschmidt im Repertoire. Nur ein Stück trockenes Brot zum Abendessen schlägt er als Strafe für Kinder vor, die wertvolle Lebensmittel weggeworfen haben. Oder den Entzug des Nachtisches. Oder den Ausschluss eines straffälligen Kindes – immer wieder nutzt er diese juristische Zuschreibung – von interessanten Unternehmungen. Unsaubere Kleider sollen Kinder, wenn sie groß genug sind, selbst waschen. Kleinschmidts Empfehlungen zur vorsätzlichen Demütigung von Kindern wurden in den Heimen auch umgesetzt: Viele ehemalige Verschickungskinder berichten etwa, dass sie ihre Bettwäsche selbst auswaschen mussten, wenn sie aus Furcht in der einschüchternden Atmosphäre eingenässt oder eingekotet hatten – oft noch mitten in der Nacht in kalten Waschräumen.

Es gibt im Repertoire von Hans Kleinschmidt aber auch eine besonders entlarvende Empfehlung. Der Arzt schlägt vor, Kindern, die kratzen oder beißen, ein Schild umzuhängen, auf dem steht »Ich beiße«. Kleinschmidt plädiert also für eine Art Kinderpranger. Diese Strafmaßnahme steht in unsäglicher Tradition und weckt Assoziationen an die NS-Zeit, als Verstöße gegen die Vorgaben des Regimes auf ähnliche Art geächtet wurden. Frauen schor man die Haare und hängte ihnen ein Schild mit der Aufschrift »Ich habe Rassenschande begangen« um, wenn sie eine Beziehung zu einem der nach Deutschland verschleppten Zwangsarbeiter hatten. Die Methode erinnert auch an die gezielte Kampagne zur Ausgrenzung jüdischer Deutscher nach den Nürnberger Gesetzen im Jahr 1935. Damals stand auf Schildern etwa: »Ich bin im Ort das größte Schwein, ich lass mich nur mit Juden ein!« Eine solche Bestrafung im Deutschland der Nachkriegszeit in einen Katalog pädagogischer Empfehlungen aufzunehmen, zeugt – im harmlosesten Fall – von extremer Instinktlosigkeit. Vor allem aber zeigt es erneut, in welcher Tradition Erziehungsmethoden in der Bundesrepublik noch lange standen.

Unerträglich ist auch Kleinschmidts Bestrafungsratschlag, dass »Angeben und Verrat unter den Kameraden« am besten damit geahndet werde, dass »vor der gesamten Gruppe das Unschöne und Verwerfliche des Angebens und Verratens eingehend besprochen werden«. Mit anderen Worten: Er erklärt das Bloßstellen zum Erziehungsprinzip. Die Gemeinschaft hält zusammen gegen den Abweichler. Die Strafe entspricht dem gleichen Denken wie der Ratschlag mit dem umgehängten Schild. Kleinschmidt geht aber noch einen Schritt weiter und setzt darauf, die Kinder selbst zu Strafenden zu machen. »Bei notorischen Unruhestiftern, besonders am Abend und am Morgen, kann man ein sehr gutes Resultat erzielen, wenn man dem Betroffenen mitteilt, dass er nicht mehr bei seinen Kameraden schlafen kann und sich deshalb bei anderen Kindergruppen ein Bett suchen sollte. Diese Angelegenheit muss aber vorher abgesprochen sein, damit das betroffene Kind überall abgewiesen wird und zuletzt zur Jugendleiterin oder Oberschwester geschickt wird, die ihm ein Bett in einem Zimmer anweist, wo es eine Nacht allein schlafen muss.« Willkommen in der Gedankenwelt des NS-Staats, in der die Volksgemeinschaft gegen Auffällige und Abweichler gemeinsam strafend tätig wird.

Borkum, das ist nicht für Heikes Bruder, sondern auch für Heike selbst die Erinnerung an einen großen Schlafsaal und einen Akt der Bloßstellung, wie Kleinschmidt ihn propagierte. Heike musste miterleben, wie ein Mädchen vor allen anderen furchterregend ausgeschimpft wurde. Als könne man Angst mit weiterem Schrecken bekämpfen. Das Mädchen hatte, um es in Heikes Worten zu sagen, »schon wieder eingepieselt«. Im Erzählen fällt Heike ein, dass auch sie das getan hat. »Ich bilde mir ein, dass mir das auch passiert ist. Dass ich, obwohl ich schon trocken war, aus Angst auch eingepieselt habe.« Wie sie selbst gestraft wurde, ist ihr nicht mehr in Erinnerung. Aber sie weiß: Die Geschichte des Mädchens ist auch ihre Geschichte.

Kleinschmidts Pädagogik der Einschüchterung greift also auch noch 1970. Eine Zeit, in der in den Großstädten Studierende gegen Autoritäten wie Kleinschmidt auf die Straße gingen. Erwachsene wie er fanden in Kindern schutzlose Opfer ohne Lobby. Wer Macht ausüben will, sucht solche Konstellationen. Sucht Orte, wo er widerstandslos seine Vorstellungen von Gehorsam ausleben kann. Und sei die Macht auf Schikanen beschränkt wie jener, Kindern den nächtlichen Gang zur Toilette zu verbieten.

Das Gefühl, nicht auf die Toilette gehen zu dürfen, hat in Heike überdauert. Wenn sie in einer Gruppe von Menschen unterwegs ist und eigentlich ein Klo bräuchte, fällt es ihr noch immer schwer, das auch zu artikulieren. Sie wundert sich darüber – und wundert sich doch auch wieder nicht. »Wir hatten doch alle sechs Wochen lang Angst«, beschreibt sie die Stimmung in den Schlafsälen. »Jeder Schrei bewirkte doch ein Zusammenzucken aller. Die konnten doch ihre Ohren nicht zusperren.« Sie findet harte Worte: »Das war alles einengend und militärisch.«

Nur ums adrette Aussehen besorgt

An die erste Kur, in die Heike und ihr Bruder verschickt wurden, gibt es nur folgende Erinnerungen: Am Anfang steht eine Bahnhofstreppe, an deren Ende auch. Diese Treppe musste Heike nach dem Abschied von ihrer Mutter auf dem Bahnhof in Kerpen nun ohne Hilfe von Erwachsenen hinunterkommen, um den Zug zu erreichen, der sie fortbringen sollte. Abgegeben habe die Mutter sie eben noch weit vor der Waggontüre, so Heike. Das klingt nicht nach einem emotionalen Abschied. Dabei kann sie sich selbst an all das gar nicht erinnern, kennt die Abschiedsgeschichte nur aus den Erzählungen ihrer Mutter. Die erinnert sich, dass sie im Weggehen sah, wie ihre kleine Tochter (sie wird zwei oder drei Jahre gewesen sein, genauer ließ sich dies bisher nicht recherchieren) beim Hinabsteigen der hohen Stufen stürzte. Im Zentrum dieses Teils mündlicher Überlieferung steht aber nicht etwa der Impuls, Heike zur Hilfe zu eilen, sie aufzurichten und zu trösten. Sondern der Schrecken der Mutter bei dem Gedanken, ihre Tochter könne sich bei dem Sturz dreckig gemacht haben. Ihre Sorge galt den schönen Kleidern.

An Ende der Kur in der Eifel stand dieselbe Treppe. Diesmal mussten Heike und ihr ein Jahr älterer Bruder sie hinaufsteigen. Sechs Wochen Fremde lagen hinter dem Geschwisterpaar. Nun verharrte Heike bewegungslos vor der untersten Stufe. Sie war dort von irgendjemandem abgestellt worden, dessen Aufsichtspflicht offenbar an genau dieser Treppenkante endete, der sich nicht weiter verantwortlich fühlte und deshalb nicht sah oder sehen wollte, dass das Kind keinen Schritt vorwärts tat. Heikes Beine waren wie verwachsen mit dem Boden. Sie schaute nur hinauf zu ihrer Mutter, die am oberen Ende der Treppe stand und ihr nicht entgegenkam. Und Heike fehlte das bisschen Mut, die Stufen hinaufzusteigen und die letzten Meter ihrer Verschickung hinter sich zu bringen. Sie fremdelte und wahrscheinlich fehlte ihr auch jegliche Orientierung.

Heike fehlt die Erinnerung, wie sie schließlich zu ihrer Mutter gelangt ist. Sie kann nicht sicher sagen, ob sie vor allem die Angst vor der Treppe bremste. Oder ob sie womöglich ihre Mutter nach der Zeit der Trennung gar nicht wiedererkannte. Dass Heike mit ihren zwei, drei Jahren aber durcheinander und verstört war, steht außer Frage. Sie war ein tapsiges Kind und nicht nur von den Treppenstufen überfordert.

Auch das Wiedersehen spiegelt sich sehr eigenartig in den Erzählungen der Mutter. In denen geht es nicht um die Verstörtheit der Tochter, die nicht vom Fleck kam und eine helfende Hand gebraucht hätte. Es geht um den frohen Eindruck der erwachsenen Frau, ihre Kinder seien so »sauber und gesund« auf dem Bahnsteig gestanden.

Bis heute lässt die Mutter nicht gelten, dass keinesfalls alles so gut war, wie sie es damals glauben wollte. »Meine Mutter würde mich heute immer noch in Kur schicken«, sagt Heike. »Warum denn nicht?« Für die Tochter jedoch ist klar: Nie mehr wird sie freiwillig in eine Kurklinik gehen, auch nicht jetzt als Erwachsene. »Wir haben Angst vor Ärzten, vor Krankenhäusern und vor Institutionen, gegen die wir uns nicht wehren können«, spricht sie für sich und andere ehemalige Verschickungskinder, mit denen sie sich regelmäßig austauscht.

Heikes Mutter beharrt nach ihren eigenen Werten weiterhin auf Sinn und positiver Wirkung der Kuren: Adrett und sauber seien ihre Kinder zurückgekehrt. Das hat sie als ehemaliges Flüchtlingsmädchen offenbar als großes Glück erlebt, als Möglichkeit, den Einheimischen im Westfälischen zu beweisen, dass sie genauso achtbar, zuverlässig, ordentlich war wie die, die viel länger als sie hier lebten. Nur so, schätzte sie das ein, konnten sie und ihre Familie wirklich dazugehören. In einer Heimat, die ihnen erst noch zuwachsen musste.

Heikes Mutter hatte früh geheiratet. Im Alter von 20 Jahren war sie schon für zwei eigene kleine Kinder verantwortlich. Der Familienvater, der sich bei der Bundeswehr verpflichtet hatte, war selten zu Hause. Heikes Mutter muss unter Dauerstress gestanden haben, um ihrem Selbstbild gerecht zu werden, eine perfekte Ehe- und Hausfrau sowie Mutter zu sein. Wenn das schon in den eigenen vier Wänden nicht immer gelang, musste wenigstens die Fassade nach draußen stimmen. Auch beim Wiedersehen mit ihren Kindern nach anderthalb Monaten Trennung. »Was wir in diesen sechs Wochen gedacht, gefühlt und vermisst haben, das hat ja nicht interessiert«, sagt Heike 48 Jahre später.

Und so erzählt diese Bahnhofsszene vom Ende der 1960er-Jahre von sehr viel mehr als nur von einer Mutter, die stets bemüht war, den schönen Schein zu wahren. Es geht in ihr um die Deutungshoheit über eine entscheidende Episode der Familiengeschichte – und, wenn man so will, auch um die Deutungshoheit über ein Stück bundesrepublikanischer Nachkriegs- und Aufbaugeschichte. Denn die Erzählungen zum Thema Kindererholung rühren in den Familien an das elterliche Selbstverständnis. Im Mittelpunkt aller ausgetragenen oder abgebrochenen Diskussionen steht immer wieder die Frage: Haben die Eltern in dem Glauben, ihren Kindern etwas Gutes zu tun, womöglich großen Schaden angerichtet? Gaben sie ihre Kinder gar mit dem Hintergedanken weg, das Kurheim sei auch ein Ort, wo sie von fremder Hand diszipliniert würden? Manche ehemaligen Verschickungskinder tragen schwer an diesen für sie bis heute ungeklärten Fragen. Und diese Fragen stellen das Nachkriegsdeutschland auf die Probe: Welche Werte hatte ein aufschwungberauschtes Land? Was wurde Kindern zugemutet und abverlangt, damit die oft kleinbürgerlichen Ziele der Eltern – materieller Wohlstand, Achtung der Nachbarn und anderes – verwirklichbar schienen? Wer sich damit beschäftigt, stellt auch die Fragen nach der biografischen Prägung der Eltern. Darum will Heike in ihrer eigenen Erzählung so weit ausholen.

Als Heike mit zwei oder drei Jahren das erste Mal aus der Kur zurückkehrte und eingeschüchtert am Fuß der Bahnhofstreppe stand, hatte sie nicht nur zu ihren Eltern sechs Wochen lang keinen Kontakt gehabt. Auch von ihrem im gleichen Kurheim befindlichen Bruder hatte man sie getrennt – damals eine Routineschikane gegenüber Verschickungskindern. Eine einzige und deswegen kostbare Begegnung mit ihm ist Heike noch ganz präsent. Sie erzählt von ihr mit jenem Amüsement, mit dem Erwachsene so gerne Kindermund zitieren. Den distanzierten Erwachsenen kann das Vergangene auf den ersten Blick ja nichts mehr anhaben. »Ich habe meinen Bruder gefragt, ob wir jetzt wieder heimfahren, weil doch jetzt sechs Tage um sind«, erzählt

Heike. Der nur ein bisschen ältere, aber den Abgeklärten mimende Bruder belehrte seine Schwester: »Aber sechs Tage sind doch etwas ganz anderes als sechs Wochen.« Du hast keine Ahnung, sollte das heißen. Für diesen kurzen Moment hatte der selbst dem Heim ausgelieferte Bruder die Kontrolle über die Situation, konnte den Welterklärer geben. Wenn auch nur für seine kleine Schwester. Dieser kurze Dialog zwischen Bruder und Schwester, der hinter seinem Potenzial zum Schmunzeln auch den Aspekt kindlicher Verzweiflung bereithält, ging nicht in die Familienannalen ein – anders als der wieder und wieder aufgewärmte Stolz der Mutter auf das hübsch Herausgeputzte der Kurheimkehrer.

Die Betonung des Adretten, des Disziplinierten, des Erwartungskonformen nährt den Verdacht, es könne bei der Verordnung von Kinderkuren auch mal um anderes als medizinische Notwendigkeiten gegangen sein. »Ich war nie krank. Absolut nicht. Mein Bruder auch nicht«, beteuert Heike. Bei ihnen beiden habe es nie etwas gegeben, was ausgereicht hätte, eine Kurdiagnose zu stellen. »Ich war nicht zu dünn und nicht zu dick«, sagt sie. Sie war auch kein Asthmakind. Dem Bruder seien zwar die Mandeln und die Polypen entfernt worden, wie vielen Kindern damals. »Aber deswegen schickt man doch nicht das zweite Kind gleich mit weg!« Empörung schwingt mit in Heikes Stimme. »Es gab keine Gründe, uns in die Kindererholung zu schicken.« Höchstens, der Kinderarzt habe geahnt, »wie überfordert meine Mutter war«, habe sich also gedacht, »die Kinder schicken wir einmal im Jahr weg, damit die Mutter auftanken kann«.

Heike und ihr Bruder passten bestens ins Anforderungsprofil der Kurhäuser: Sie waren Ruhrgebietskinder, also versprach man den Eltern einen wohltuenden Aufenthalt in guter Luft für ihre Kleinen. Die geografische Herkunft aus Städten mit schlechter Luft reichte offenbar in vielen Fällen, um Verschickungskind zu werden. Auch für viele Kinder aus dem geteilten Berlin stand bei der Verschickung der Gedanke im Mittelpunkt, sie an frischere Luft und in eine naturnahe Umgebung zu schicken. Nur dass so viele Kinder nicht die Natur genießen konnten, sondern an »Heimweh, Heimweh, Heimweh und kein Entrinnen« litten, wie Heike das beschreibt.

Körperliche und seelische Gewalt waren an der Tagesordnung

Zu Hause war sie für alle »Heike, die Frohnatur«, wie sie selbst sagt. »Ich habe immer das Gefühl gehabt, ich muss den Hampelmann spielen, damit es meiner Mutter gut geht.« Also übernahm sie die Rolle des Spaßmachers. Diese Maske der fröhlichen, liebenden Tochter bot ihr selbst Schutz und versprach Stabilität. Legte sie sie ab, gab es schnell Schläge. Das Zuhause, nach dem sie sich während der Verschickung paradoxerweise sehnte, war in seinen schlimmsten Zeiten die Eskalation dessen, was die Kinder in der Kur erlebten. Wenn es der Mutter nicht gut ging, kannte sie nur ein Ventil für ihre Unzufriedenheit: Prügel. »Es waren Orgien, richtige Exzesse, bei denen es kein Halten gab.«

Die Geschwister offenbarten sich niemandem. Sie behielten die Ausraster der Mutter für sich. Sowohl die Schläge in den eigenen vier Wänden als auch die Hiebe in den Kuren hielt Heike also für normal. Sie war der Überzeugung, überall sei das so. »Ich habe in der Kur auch darunter gelitten, dass ich mich nicht um meine Mutter kümmern konnte.« Weil sie durch die Attacken der Mutter alle Formen des Liebesentzugs und alle Facetten von körperlicher und psychischer Gewalt gekannt habe, sagt sie, sei sie auf die Kur gut vorbereitet gewesen. Das klingt zynisch, beschreibt aber nur Heikes Schutzmechanismus.

Dass sie trotzdem zu Hause die Frohnatur geben konnte, mag das Erbe von Maria sein, ihrer ostpreußischen Großmutter mütterlicherseits. Die war als junge Frau am Kriegsende mit ihrem kleinen Sohn aus der Gegend um Tilsit geflüchtet. Immer wieder erzählte sie von der brutalen Vergewaltigung durch einen russischen Soldaten, der sie mit einem Gewehr schwer am Rücken verletzte. Auf ihrem Weg nach Westen lebte sie eine Zeit lang mit einem weiteren Rotarmisten zusammen. »Um zu überleben«, vermutet Heike. Genaues weiß sie nicht, die Großmutter starb vor ihrer Geburt. Aber Heike ist sich sicher, dass diese Frau eine große Fähigkeit hatte, zu lächeln, wenn es nichts zu lächeln gab. Dass Maria eine Frohnatur war, die sich durch nichts unterkriegen ließ.

Erst im Frühsommer 1946 kam die Großmutter als von der Flucht Gezeichnete bei ihrer Familie an, die in Hamburg auf sie wartete. Sie war hochschwanger, die Familie erschrocken über ihren Zustand. Wenig später wurde Heikes Mutter in eine Welt geboren, in der die Familie sich erst einmal neu erfinden musste. Kindsvater: unbekannt.

Heike hat ein Foto ihrer Oma Maria – bereits als Frau im Rollstuhl. Es ist bei der Einschulung von Heikes Mutter entstanden. Irgendwann kurz nach der Flucht erkrankte sie an Multipler Sklerose. Zur Familiengeschichte gehört auch, dass Heikes Mutter durch die Krankheit Marias früh lernte, dass man Geborgenheit jederzeit verlieren kann. Eine berufstätige, alleinerziehende Mutter, die zusätzlich noch schwer erkrankt – das wäre auch heute noch eine sehr anstrengende Rolle, die eine Frau an den Rand ihrer Kräfte bringt. Ob die heftig Beanspruchte ihrer Tochter viel Liebe geben konnte, zweifelt Heike heute an.

Heikes Mutter musste früh mithelfen, damit man über die Runden kam. Von Hamburg war die Familie ins Ruhrgebiet in die Nähe von Mönchengladbach gezogen und wohnte zusammen mit anderen Flüchtlingsfamilien auf einem Bauernhof. Zu den frühen Kindheitserfahrungen der Mutter gehört es, weggegeben zu werden, wenn Maria ins Krankenhaus oder zur Kur musste. Bei einer längeren Abwesenheit brachte sie ihren Sohn bei ihrem eigenen überstrengen Vater unter. Heikes Mutter hatte mehr Glück, sie kam dann zu einer sanften und offenbar sehr lieben Tante. Obendrein, so die Familienerzählungen, hat Heikes Mutter als Kind auch eigene Kurerfahrungen gemacht – schöne Erfahrungen. Anders als zu Hause musste sie dort nicht arbeiten, hatte immer ausreichend zu essen, bekam keine Schläge. Für sie war die Kur ein willkommenes Entkommen aus einer niederdrückenden Welt. Warum also sollten ihre Kinder das anders erleben? Trennungserfahrungen sind in die DNA ihrer Kindheit eingebrannt. Für Heikes Mutter schien es nicht nur normal, sondern eine Art kleiner Wohltat zu sein, ein Kind – egal welchen Alters – in die Obhut anderer zu geben.

Heike war erst ein halbes Jahr alt, als ihre Eltern nur mit ihrem kleinen Bruder an die niederländische Nordsee in den Urlaub fuhren. Sie ist sich sicher: »Mein Bruder war bestimmt der Einzige, der mich vermisst hat.« Überhaupt ging man in der ostpreußischen Familie seit jeher nicht eben zimperlich mit Kindern um. Vom Urgroßvater etwa ist der Satz überliefert, bevor er sich die Mühe mache, herauszufinden, welches seiner zwölf Kinder hinter einem Streich stecke, schlage er lieber alle. In Heikes Familie reichen die Spuren schlimmer Kindheitserfahrungen offenbar weit zurück. Epigenetiker sprechen von der transgenerationalen Weitergabe von Traumata. Danach gehen traumatische

Erlebnisse an die nächste Generation über und beeinflussen das Verhalten der Menschen und ihre Sicht auf die Welt.

Heike hat für all das ihre eigene Erklärung gefunden. »Es ist durch den Krieg so vieles verloren gegangen. An Vertrauen, an normalem Miteinander. Meine Großmutter ist nicht schuld daran. Meine Mutter ist nicht schuld daran. Durch das Kriegsgeschehen und die Traumatisierungen ist das normale Miteinander verloren gegangen.« Sie beschreibt ihre Mutter als einen Menschen, der keine Gefühle mehr hatte und hoffte, von ihrem Kind die verlorenen Gefühle endlich zurückzubekommen. Wie oft hat sie die Sätze »Halt mich mal, streichle mich mal, gib mir mal einen Kuss!« gehört.

Wie Maria hat Heike früh gelernt, all das, was sie zu einem unglücklichen Kind hätte machen können, abzublocken. »Ich habe das in 1000 Teile abgespalten«, erzählt sie – und fragt: »Das sagt man doch so?« Auch die Erlebnisse in den Kuren hat sie in viele kleine Erinnerungen unterteilt, von denen viele unauffindbar bleiben. In Heikes Worten heißt das: »Mein Körper hat das alles weggetan.«

Auch in Heimenkirch, dem Ort ihrer letzten Kur, musste Heike wohl anwenden, was sie zu Hause eingeübt hatte: Wenn ihr Körper Prügel bekam, stieg ihre Seele aus der Situation aus und ließ sie den Exzess ihrer Mutter aus der Distanz der Betrachterin erleben. Erinnerung an Schläge oder andere körperliche Misshandlungen, die sie selbst in der Kur hätte erleiden müssen, hat sie nicht, aber eine sehr deutliche an einen so einmaligen Moment, durchdrungen vom Gefühl, alles werde gut, dass sie ihn gern noch einmal erleben möchte. »Ich weiß noch, wie ich plötzlich auf einer Wiese stand und alles war gut. Die Luft roch gut. Die Vögel sangen. Es war ein absolutes Erwachenserlebnis, die hundertprozentige Erfüllung.« Was fast wie eine religiöse Offenbarung klingt, weist aber vor dem Hintergrund von Heikes häuslichen Entrückungen auf den seelischen Abwehrmechanismus gegen einen massiven physischen Übergriff hin.

Die Zeit in Heimenkirch hat trotz der verräterisch großen Erinnerungslücken einen Geschmack – den eines speziellen Graubrots. »Den findet man hier ganz selten«. Heike sucht beständig danach, wie nach diesem Glückszustand, als sie sich vielleicht so perfekt wie nie zuvor und nie wieder danach aus der Wirklichkeit ausgeklinkt hatte.

Manchmal sind Heikes Beschreibungen ihrer Kuren so ungekünstelt, dass sie fast wieder poetisch klingen. Sie lässt sich dann einfach treiben, zeigt, wie nah sie dem Kind sein kann, das einst keine Worte gefunden hat. Sie beschreibt eher existenzielle Erfahrungen, weniger konkrete Erlebnisse. »Die Seele wurde nicht genährt«, sagt sie, wenn sie ein Bild dafür sucht, wie allein sie sich unter den vielen Kindern und den Erzieherinnen gefühlt hat. »Die Seele braucht doch Nahrung.« Es klingt fast flehentlich. Sie erinnert sich an kein Gesicht und keine Person, aber daran, sechs Wochen lang seelisch gehungert zu haben. »Das war keine gute Sache«, sagt sie. Die Sätze kommen assoziativ, drehen sich wie vom Grunde Aufgerührtes durchs Wasser. Sie ergeben keine chronologische Erzählung, bleiben Einzelbilder, die sich nicht zu einem Film zusammenfügen lassen.

Dafür dringen diese Erinnerungsreste aber immer wieder bestimmend in ihren Alltag. Das angespannte Gefühl der Angst überkommt sie noch immer dann, wenn sie mit Kollegen in die Kantine geht oder mit ihren Kindern ein Restaurant besucht. Dann ist das Gefühl wieder da, beobachtet zu werden. »Ich kann nie in Ruhe essen. Ich komme da immer in Stress.« Die viermal sechs Wochen Kur haben Heikes Leben geprägt. Auch wenn ihre Mutter nie müde wurde zu erzählen: »Ihr seid doch immer lachend aus dem Zug gestiegen« – und sich über die langsam einsetzende Berichterstattung über Missstände in den Kindererholungsheimen und die Leiden der Kurkinder erzürnt zeigt. Sie ist weiterhin der Überzeugung, ihren Kindern etwas Gutes getan zu haben. Heike aber erwidert: »Ich habe mir schon damals nichts anmerken lassen, habe sogar gelacht, weil ich das schon immer konnte: Von einem Moment auf den anderen das vergessen, was vorher geschehen war.«

Kapitel 6

Pädagogik der Einschüchterung

Reinhard auf Borkum

1985, 15 Jahre nachdem Heike und ihr Bruder zum ersten Mal nach Borkum gefahren waren, packt auch in einem Dorf in Oberhessen ein Junge seinen Koffer, um sich auf die Reise zu machen. Jungs wie Reinhard spielen in dieser Zeit mit Vorliebe Autoquartett und spulen voreinander die PS-Zahlen von Rennautos oder Lastwagen ab. Im Kino läuft das Selbstbefreiungsepos *Die Farbe Lila* und die optimistisch-ironische Komödie *Zurück in die Zukunft*. Und in dem Handwerksbetrieb in Oberhessen freut sich eine Mutter, dass ihr Sohn endlich auch einmal in Urlaub fahren kann: Reinhard, ihr Ältester, darf an die Nordsee!

Reinhards Mutter findet noch heute, er habe es mit dieser Kur doch gut getroffen und solle dankbar sein. In seiner Familie erfährt Reinhard sofort heftigen Widerspruch, wenn er anfangen möchte, über seine Erlebnisse zu sprechen. Es reicht, das Thema Kindererholung auch nur zu erwähnen, um der zu sein, der »wohl zu viel Zeit« oder »wohl keine anderen Sorgen« hat. Reinhard erwähnt das Thema bei Heimatbesuchen nicht mehr, verschweigt vor der Familie, was ihn gerade sehr beschäftigt. Dabei ist er eher einer, der beim Erzählen nicht dramatisiert, der mehr als manche anderen bereit ist, seine Erlebnisse im Kontext der Zeit zu sehen. Die Ohrfeige in der Schule etwa gehörte damals eben dazu, sagt er. Aus dem Freundeskreis kennt er ganz anderes, echte Prügelorgien durch die Väter. Erst seit dem Jahr

2000 haben Kinder in Deutschland das Recht auf eine gewaltfreie Erziehung.

Die Zeit ist im Kindererholungsheim stehen geblieben

Reinhard ist bemüht, möglichst nüchtern, dafür aber mit großer Genauigkeit zu erzählen. Vor Gericht wäre er der perfekte Zeuge. Er erzählt nur, woran er sich wirklich erinnert, und gibt Leerstellen zu: »Das weiß ich jetzt nicht mehr.« Auch für den im Jahr 1985 knapp Zehnjährigen wurde der Aufenthalt an der Nordsee zu einer Exkursion in die Zeit schwärzester Pädagogik. Was Reinhard berichtet, klingt, als sei in dem Kindererholungsheim *Haus Concordia* irgendwann Ende der 1950er-Jahre der Kalender eingefroren. Und tatsächlich: Als sei es sinnlos, diese Welt mit dem Wissen um die korrekte Zeitrechnung zu betreten, mussten die Kurkinder gleich nach der Ankunft ihre Armbanduhren abgeben. Von dieser Minute an galt eine neue Zeitrechnung. Die Uhr an der Tür zum Speisesaal zeigte sie an. Es war die einzige im ganzen Haus.

Der Hausarzt hatte Reinhard die Kur verschrieben, da er an Asthma und Heuschnupfen litt. Die Krankenkasse in der Kreisstadt hatte, wie so viele in anderen Städten, ein Vertragsheim an der Nordsee. Dorthin oder nach Berchtesgaden entsandte der Landkreis die Kinder aus der Region. Alles korrekt, sagt der heute 46-Jährige, die Diagnose sei okay gewesen. Allerdings hatte er, das älteste von drei Geschwistern, gar nicht vermisst, dass er bis zum Sommer 1985 noch nie in Urlaub gewesen sei. »Ich kannte es ja gar nicht.« Vor allem seine Mutter jedoch war froh, eine Erholungskur für ihren Sohn eingefädelt zu haben. »Meine Eltern waren von 1. Januar morgens bis 31. Dezember abends beschäftigt«, umreißt Reinhard dieses Leben im Familienbetrieb. Von Urlaub oder Betriebsferien konnte die Familie nur träumen.

Wenn Reinhard die Bekannten aus Kindheitstagen im Kopf durchgeht, fallen ihm gleich elf halbwegs gleichaltrige Kinder ein, die ebenfalls nach Borkum oder Berchtesgaden verschickt worden sind. Sie waren wie er Kinder kleiner Handwerker, waren Söhne oder Töchter von Arbeitern oder Bauern. Kurz: Sie kamen aus einfachen Verhältnissen, waren finanziell nicht auf Rosen gebettet, ihre Eltern waren unabkömmlich, wie Reinhard heute die Situation beschreibt. Im Kern findet er die Idee, Kindern wie ihm »diese sechswöchige Kur zu genehmigen«, sehr anerkennenswert. Die Motive waren soziale, davon ist er überzeugt. Und die Luft tat ihm gut – auch wenn er auf den Aufenthalt in diesem sehr speziellen Haus hätte verzichten können, wie er sagt. Mit dieser distanzierten Betrachtungsweise trennt er das Erfreuliche von dem, was Kinder klein gehalten und manche nachhaltig eingeschüchtert hat.

In der Region, aus der Reinhard kommt, stand der Name der Heimleiterin von Borkum für Gehorsam, Ordnung und Disziplin. Frau M., geboren 1908, war eine ähnlich einschüchternde Gestalt wie das Fräulein Rottenmeier aus dem bekannten Roman *Heidi*. Sie war die Frau, die mit Kindern nicht eben zimperlich umging und keinen Widerspruch duldete – um es milde auszudrücken. Sie behandelte die Kinder, wie es einst in der Zeit der Pimpfe, Hitlerjungen und BdM-Mädel üblich war. Vielen Eltern kam das sichtlich nicht ungelegen. In vielen Familie war der Satz »Wenn du jetzt nicht folgst, kommst du zu Frau M.« eine stehende Redewendung. Auch wenn die Eltern die Furchteinflößende gar nicht persönlich kannten, war sie doch eine Institution in den Familien der Region.

Wer wie Heike, ihr Bruder oder Reinhard in ihr Reich eintauchte, musste alles, was ihn oder sie zu einem Individuum machte, abgeben: den Koffer, die Uhr ... Nur wer sich fügte, wer der morgendlichen Ansage der alten Dame untertänig folgte, hatte Chancen, ohne Sanktionen, wie Reinhard die Strafen nennt, durch den Tag und die Nacht zu kommen. Alles wurde im *Haus Concordia* kontrolliert. »Bis auf die Zeit, in der man schlief, war man hier eigentlich sechs Wochen unter Aufsicht.« Das System war das einer düsteren Kinderbesserungsanstalt.

Eine Postkarte vom Haus Concordia auf Borkum

In den Wochen, die er dort in den Sommern 1985 und 1986 erlebt hat, gab Reinhard sich tapfer. Er übte sich in Pragmatismus. »Ich wusste genau, ich bin hier sechs Wochen und diese sechs Wochen gehen um.« Reinhard verbietet es sich, sich allzu sehr aufzuregen oder sich in Gedanken über erlittene oder mögliche Verletzungen zu verlieren. Er sagt lieber: »Dass es da anders ist, das wusste ich schon am ersten Abend.« Denn schon am ersten

Abend verlor die Welt ihre Farben. Er kam in ein Haus, in dem Betten mit weißen Stahlgerüsten in Schlafkammern und Schlafsälen mit weißen Wänden standen. Was Reinhard beschreibt, scheint einer alten Schwarz-Weiß-Postkarte entstiegen. Es gab in den Schlafräumen keine Nachttische und keine Schränke, in denen man etwas Persönliches hätte verstauen können. Aber es war ja auch nicht erwünscht, dass Kinder eigene Bücher oder eigenes Spielzeug mitbrachten. Was sich heute als Schikane offenbart, denn »die hatten im ganzen Haus nichts, womit Kinder sich hätten beschäftigen können«. Das Gebäude ist in Reinhards Erinnerung schwer renovierungsbedürftig, also auch baulich ein Überbleibsel aus einer anderen Ära.

Kinderknast

Die Kleider der Neuankömmlinge wurden im Umkleideraum im Kellergeschoss aufbewahrt. Dorthin marschierten die Kinder regelmäßig gemeinsam, morgens und abends unter Aufsicht. Sie tauschten dann den Schlafanzug gegen Hemd und Hose – und umgekehrt. Alles war reglementiert, selbst der Gang zur Toilette. Die Heimleiterin war offenbar in zwanghaft anmutender Weise davon überzeugt, sie könne auch die Verdauung der Kurkinder gleichschalten. Die aßen und tranken zur gleichen Zeit, also sollten sie auch zur immer gleichen Zeit zur Toilette gehen. Auch diesen Gang absolvierten die Kinder im Kollektiv. Reinhard ist nicht der Einzige, der von solchen Konditionierungsversuchen erzählt. Zwischendurch durfte man nicht auf die Toilette. Machte ein Kind in die Hose, wurde es mit kaltem Wasser abgespritzt. Nachts mussten die Kinder den Stuhlgang unterdrücken. Für Urin stand immerhin ein Blecheimer in einem Holzverschlag auf dem Stock mit den Schlafkammern. Der Weg zu den Toiletten hätte durch die Wohnetage der Heimleiterin geführt.

Die Türen zu den Toiletten im Untergeschoss waren ebenso wie jene der Schlafräume ausgehängt. Keine auch noch so kleine Handlung sollte den Blicken der Erzieherinnen verborgen bleiben. »Wir durften nicht selbst spülen, denn jeder Stuhlgang wurde kontrolliert und notiert.« Dann wurden Punkte, Sternchen oder Striche in Listen eingetragen. Spülen durfte nur Fräulein Monika. Reinhard sagt immer »das Froilein Monika« und ist heute davon überzeugt, dass auch Fräulein Monika unter Kuratel von Frau M. stand. Sie setzte um, was die Patriarchin vorgab. Reinhard würde viel darum geben, heute einmal mit ihr sprechen zu können. Fräulein Monika hatte ein Zimmer im Haus ihrer Chefin und sah aus wie Katja Ebstein. Sie trug wie die Sängerin eine große runde Brille und hatte lange, um den Kopf wehende Haare.

Dem zwänglerischen Regiment von Frau M. konnte ihre Angestellte jedoch nichts entgegensetzen. Auch Reinhard verlor wie Heike am ersten Tag seinen Namen und wurde eine Nummer: »Ich war die Elf.« Die Zettel mit den Nummern wurden beim Gang in den Schlafraum verteilt. Die Kinder mussten eines nach dem anderen an Frau M. vorbeigehen und bekamen ihr Papierchen ausgehändigt. Die Prozedur wiederholte sich jeden Abend. Immer in der gleichen Ordnung marschierten die Kinder wie beim Abendappell auf einem Kasernenhof an ihr vorbei. Von diesem Moment an galt Redeverbot. Da war es dann Viertel vor acht und im Sommer noch taghell. Die Zettel mussten die Kinder unter ihr Bett legen.

Wenn sie redeten oder weinten oder bis zum Einschlafen nicht ruhig auf der linken Seite mit Blick auf die Wand liegen blieben, nahm die Erzieherin, die Aufsicht hatte, den Zettel unter dem Bett weg. Die Wahrscheinlichkeit, ein Verbot zu übertreten, war riesig. Wer morgens bei der Heimleiterin keinen Zettel mehr abgeben konnte, wusste, dass ihm Strafe drohte. Wie die aussah, entschied Frau M. nach Gutdünken. Mal war es der Nachtisch, den ein Kind nicht bekam. Mal durfte es nicht mit zu einem der Ausflüge, die ein seltener Lichtblick in den ansonsten ereignislosen Tagen waren. Da man nie erfuhr, wann welcher Ausflug geplant war, wusste man nie, von was man am nächsten Tag womöglich ausgeschlossen sein würde.

Auch das gehörte zu dem Sanktionsdickicht, in dem sich die Kinder verloren. Die Unberechenbarkeit war gezielt eingesetztes Drangsalierungsmittel der schwarzen Pädagogik. Reinhard lernte seine Lektion schnell. Am ersten Abend lag er nicht still auf der linken Seite – und bekam am nächsten Tag keinen Nachtisch. An einem anderen Tag hat er wohl aus Heimweh geweint – und bekam keine Süßigkeit. Von nun an schloss er die Augen, wenn er hörte, dass die Nachtaufsicht zu ihrer letzten Runde kam. In dem alten Haus bemerkte er früh am Knarzen der Holztreppe, wenn die junge Frau kam – außerdem gab es einen zweiten Hinweis, denn sie drehte ihre Runde immer, wenn die Kirchturmuhr halb elf schlug. Fortan blieb der Zettel mit der Nummer elf unter seinem Bett liegen. Er stellte sich schlafend und weinte still.

Kontakt nach Hause hatten die Kinder während der Kur nicht. Sie durften zu Hause nicht anrufen, nur Briefe schreiben. Reinhard erinnert sich noch gut daran, wie er und die anderen auf ihre Karten das kopieren mussten, was auf einer Tafel stand, die man vor ihnen aufgestellt hatte. Davon, wie sich die Kinder wirklich fühlten, stand in dem vorgegebenen Text natürlich nichts. Die Briefe, die von zu Hause kamen, durften sie nur unter Aufsicht lesen. Danach wurde die Post in die Koffer weggepackt. Alles, auch wirklich alles, war in diesem Kinderheim reglementiert.

Als Reinhard neulich wieder auf Borkum war, kam er mit langjährigen Nachbarn des Hauses ins Gespräch. »Meine Kinder haben es immer Kinderknast genannt«, sagte die Nachbarin. Reinhard nickt das nüchtern ab: »Das trifft es ziemlich genau.« Wie kleine Strafgefangene sollten die Kurkinder in Zweierreihen mit weiß-blau gestreiften *Concordia*-Mützen über die Insel marschieren, den Kontakt zu den Inselkindern galt es zu vermeiden. Die Kur war ein geschlossenes System, in das sich niemand einmischen durfte. Wenn die Kinder losmarschierten, mussten sie ihre Nummer laut nennen, ebenso wenn sie wieder zurück waren.

Selbst der Kurarzt, der nach Reinhards Erinnerung drei Mal während der sechs Wochen kam, war keine unabhängige Kontrollinstanz für die krude Pädagogik im Kurheim. Der Arzt vom Festland war, davon ist Reinhard überzeugt, der Sohn der Heimleiterin. Etwaige Hoffnungen, er könne Missstände benennen und weitermelden, gingen ins Leere.

In dem als Kur getarnten Kinderknast, in dem die herrische Frau M. bis 1994 das Regiment führte, gab es in Reinhards Erinnerung nichts, was irgendwie kindergerecht war. In Erinnerung geblieben ist Reinhard ein Dia-Abend mit Schwarz-Weiß-Fotografien aus der Geschichte der Insel – für die meisten Kinder eine mehr als dröge Angelegenheit. Wer redete, musste ins Bett. An diesem Abend entschieden sich viele für diese Bestrafung.

»Sanktionen« ist das Wort, das am häufigsten fällt, wenn Reinhard erzählt. »Es gab Nachmittage, an denen warteten wir die ganze Zeit, bis alle ihre Strafen hinter sich gebracht hatten. Da gab es dann halt keinen Spaziergang an den Strand.« In der Zeit des Strafens bekamen die Davongekommenen anschaulich vorgeführt, was ihnen bei Übertreten der Regeln drohte. Und die Bestraften bekamen den Zorn der anderen zu spüren, die um ihr Nachmittagsprogramm gebracht wurden. Reinhards Beobachtung, dass die Heimleiterin kein Interesse daran hatte, ja eher vermeiden wollte, dass die Jungen oder Mädchen Freundschaften untereinander schlossen, speist sich aus deren Anordnung, dass die Kinder zwar stets in Zweierreihen bei ihren Spaziergängen unterwegs zu sein hatten, dabei aber immer nach vorne schauen mussten und sich nicht umdrehen durften. Sprechen durften sie nur mit dem Kind neben sich – und das wechselte täglich.

Frau M.s Kalkül und das ihrer Kollegen ging auf. Die Kinder verbündeten sich nicht untereinander. Sie blieben Vereinzelte, die in der großen Gruppe nichts zählten. Die wenigsten ehemaligen Verschickungskinder erinnern sich an andere Kinder, mit denen sie Freundschaften schlossen. »Beziehungslos«, so benennen viele das Gefühl dieser Wochen. Die Kinder sollten völlig im Kollektiv aufgehen. »Wir waren nur die Gruppe, bloß die Sanktionen waren individuell«, sagt Reinhard.

Gleich am Ankunftsabend sprach die Heimleiterin die Kinder als Gruppe an. Mit Einzelnen sprach sie nur, wenn sie morgens ihre Strafen für die Verbotsübertretungen zuteilte. Am ersten Abend verkündete sie die Spielregeln des Überlebens. Reinhard kann die Worte wiederholen, als hätte er sie erst gestern gehört. »Sie sagte, wir dürften jetzt sechs Wochen auf Borkum sein. Andere Leute würden dafür, dass sie nur zwei Wochen hier sein dürfen, viel Geld bezahlen. Und wir dürften sechs Wochen praktisch umsonst hier sein und müssten uns um nichts kümmern. Wir müssten nur immer gut zuhören und alles immer genauso machen, wie es gesagt wird. Dann wird gar niemandem etwas passieren.« Was wie eine Drohung klang, war auch eine.

Strafen nur hinter den Wänden des Heimes

Frau M.s Instrumentenkasten des Strafens war reichhaltig. Doch achtete sie peinlich genau darauf, dass nur hinter den Wänden des Heimes, abgeschirmt von der Außenwelt, gestraft wurde. Zeugen waren unerwünscht. Wie in der Nacht war auch am Tag das Weinen verboten. Wenn ein Kind seinen Kummer oder sein Heimweh trotz Verbots nicht zurückhalten konnte, bekam es ein Tuch um den Kopf und über seine Augen gebunden. Erst wenn das Weinen aufhörte, wurde auch das Tuch wieder entfernt. Bei nochmaligem Weinen erfolgte die gleiche Prozedur, »nur dass die Augen länger zugebunden blieben«. Sich vor den anderen schämen zu müssen, war Teil des Sanktionsrituals. Auch dann, wenn ein Kind beim streng verbotenen Daumenlutschen ertappt wurde. Wer lutschte, dem wurde ein Handschuh über die Hand gezogen, der mit Schnüren in Ellenbogenhöhe festgebunden wurde. Nur für die Dauer des Essens lösten die Erzieherinnen die Knoten wieder. Das war zeitaufwendig. Zur Scham bei den Daumenlutschern kam der Zorn der anderen, mal wieder aufgehalten und zum längeren Stillsitzen vor dem Teller gezwungen worden zu sein. Alles zielte im *Haus Concordia* darauf ab, Kinder mundtot zu machen. Wie konsequent die Heimleiterin dieses Ziel verfolgte, zeigt überdeutlich ihre wohl demütigendste Strafe: Wer nicht ruhig bleiben konnte, dem klebte sie einfach den Mund mit einem Klebestreifen zu. Das tat sie auch 1985 noch. So erstickt man Kinderwillen und bricht Kinderseelen.

Streng verboten war es auch, die Beine beim Sitzen übereinanderzuschlagen. Den Kindern wurde gedroht, das könne zur Amputation der Beine führen – was eher einer kruden Gewaltfantasie als ärztlichem Wissen entspringt. Für diejenigen, die trotz dieses Horrorszenarios die Beine übereinanderschlugen, hatte sich die Heimleiterin Zeitstrafen ausgedacht. »Das waren dann so zehn bis 15 Minuten, die solche Kinder auf der fünften Treppenstufe von unten still stehen mussten«, erinnert sich Reinhard. Es konnte aber auch eine Bodenplatte im Speisesaal sein, auf die man sich stellen musste. Erst wenn man gesagt bekam, die Zeit sei um, durfte man sich dann wieder bewegen und setzen.

Schläge und körperliche Züchtigungen gab es 1985 jedoch nicht mehr. Reinhard erinnert sich, wie die Heimleiterin darüber mehrfach ihr Bedauern äußerte. Die Meisterin des seelischen Missbrauchs, nicht anders sollte man dieses Netz der Sanktionen bezeichnen, fand andere Wege, ihre Schutzbefohlenen in Angst und Schrecken zu versetzen. Statt Hieben gab es im Untergeschoss ihres Hauses ein Zimmer, das Reinhard »Einsperrraum« nennt. »Ich habe den Raum nie von innen gesehen«, sagt er. Aber wie die Kinder dort verschwanden, das hat er miterlebt. Ein Verschickungskind berichtet auf einer inzwischen aus dem Netz genommenen Borkum-Erinnerungsseite im Internet, dass es aufgrund seiner Gegenwehr gegen die Repressalien in die dunkle Kammer gesperrt worden sei. »Hier kannst du brüllen. Hier hört dich keiner!«, waren die Worte Frau M.s, als sie ihn in der Kammer einschloss. Für den Jungen war das ein Albtraum, aus dem er fürchtete, nie mehr aufzuwachen. Andere, denen es nicht gelang, alle Verbote der Heimordnung einzuhalten, erinnern sich, nachts in die kalten Toilettenräume im Keller eingeschlossen worden zu sein. Nur wenn sie Glück hatten, befreite sie eine Erzieherin. Geschah das nicht, saßen sie dort – so ihre Erinnerung – bis zum nächsten Morgen. Die einen zu strafen und die anderen damit in Angst und Schrecken zu versetzen, war ein Grundprinzip der Herrschaft der zu Reinhards Kurzeiten beinahe 80-jährigen Frau.

An Rückzug und Rente dachte Frau M. offenbar nicht. Sie hatte die für sie passende Konstellation gefunden, anderen gegenüber Macht auszuüben – mit Opfern, die Erwachsenen nichts anderes entgegenzusetzen hatten als ihren untertänigen Gehorsam. Haben da Kontrollmechanismen völlig versagt oder lag das alles noch innerhalb der inoffiziellen Parameter der Kontrolleure für eine vernünftige Kinderkur?

Es hört sich an wie ein sarkastischer Witz. Aber die Kur endete nach sechs unerträglich langen und bangen Wochen mit dem Verkauf von Andenken. Obwohl es wenig Grund gab, die Zeit in guter Erinnerung zu behalten, kaufte Reinhard zwei Porzellantellerchen mit Inselmotiven. Einen für seine Mutter und einen für die Oma. Er bezahlte sie mit seinem Taschengeld. Die Teller kamen ihm ziemlich überteuert vor.

Im darauffolgenden Jahr kam er prompt noch einmal ins *Haus Concordia*. Da regnete es schon an mehreren Stellen durch die Decke. Im Gang zu den Schlafkammern stand ein Eimer, an gleich zwei Stellen im Speisesaal standen Schüsseln. Ihr Standort war am Boden markiert. Als die Frauen anreisten, die nach Reinhards Erinnerung im Auftrag der Krankenkasse die Kinder auf ihrer Rückfahrt begleiteten, wurden die weggeräumt. Man mühte sich offenbar, die Baufälligkeit des Hauses so gut es eben ging zu verbergen. Es war die Zeit, als die Kinderkurheime schon lange um ihr Überleben kämpften.

Als die Krankenkasse später die Liste mit Kindern wieder nicht füllen konnte, fragte die Sachbearbeiterin Reinhards Mutter, ob ihr Sohn noch ein drittes Mal nach Borkum wolle. Reinhards Abneigung, noch einmal zu Frau M. zu fahren, muss mehr als deutlich geworden sein. Obwohl heute niemand in seiner Familie etwas davon hören will, dass die Kuren nicht schön gewesen seien, musste er damals seinen Koffer nicht wieder packen.

Kapitel 7

Schädliche Medizin

Evelin in Scheidegg und Bayerisch Gmain

Es klingt nicht so sehr wie eine kleine Aufklärungsschrift, die das ja sein soll, was der Kurarzt Dr. med. A. Dietmair 1956 unter dem Titel *Kindliches Asthma – asthmatisches Kind* verfasst, sondern eher wie ein Brandbrief. Dietmairs patriarchalische Sicht und Tonfall sind heute zwar gewöhnungsbedürftig, schreibt er doch vom »armen kleinen Menschlein«, wenn er Kinder meint. Aber er unternimmt in seinem Text, erschienen als Sonderdruck der Zeitschrift *Gesundheitsfürsorge*, den Versuch, seinen Kollegen in den vielen Kinderheilstätten Deutschlands ins Gewissen zu reden. Dafür denkt er von den Kindern aus, wenn er schreibt: »Das asthmatische Kind aber ist schlagartig der ganz ungewohnten Atmosphäre der Heilstätte ausgesetzt, in die ein einsichtiger Vater, ein guter Fürsorger es einwies.«

Der Text hat einen Unterton von Wut. »Schon unter den Erholungsheimen gibt es erschreckend wenige, in denen die Gestaltung der Räume und die Art der ganzen Führung dem Kind entsprechen; unter den Heilstätten und Spezialheilstätten, die allein für asthmakranke Kinder infrage kommen, muss man bei hellem Tage mit der Laterne suchen, wie einst Sokrates Menschen suchte.« Dietmair kritisiert mehr oder weniger deutlich, dass in vielen Häusern die seelische Verfassung der Kinder völlig in den Hintergrund tritt. »Das Hauptwort, das großgeschrieben werden muss, ist ›Kind‹, asthmatisch wird kleingeschrieben und beschreibt lediglich die Art des zu bekämpfenden Feindes. (…) Wenn in der Heilstätte nun wieder alles nach Krankheit riecht und aussieht, fehlt die wichtigste Voraussetzung für den Erfolg: die Freude, die kindliche und gläubige Freude.« Vielleicht sind die folgenden Sätze die wichtigsten in seinem Text: »Asthmatiker sind sensibel, Kinder auch: asthmatische Kinder also doppelt. Es ist durchaus möglich, einer Kinderheilanstalt ein helles, gesundes Gesicht zu geben; es ist möglich, sie der Vorstellungswelt des Kindes anzupassen, ohne auf irgendwelchen Vorzug moderner Hygiene, moderner Behandlungsweisen verzichten zu müssen.« Da stellt offenbar einer nicht die Bedürfnisse des Kurbetriebs und der Kurorganisation in den Mittelpunkt. Man kann Dietmairs Text, wenn man ihn nicht misstrauisch als clevere Werbeaktion für das eigene Haus deuten will, wohl nur als Kritik an den Zuständen seiner Branche begreifen.

Zur Erinnerung: Mitte der 1950er-Jahre führten die Kurärzte der Solebäder und jene der Seebäder einen Schlagabtausch, welche Kurform die bessere und Erfolg versprechendere sei. In ihren Aufsätzen kommen die Worte »kindliche Freude« ebenso wenig vor wie Überlegungen zur emotionalen Wirkung der Kurmaschinerie auf die Kinder.

Aber Papier ist geduldig, die Realität oft eine andere. Die 1928 eröffnete Kinderheilstätte Sonnleit'n in Bayerisch Gmain, bei Bad Reichenhall gelegen, war der Ort, wo Dietmair selbst zusammen mit seiner Ehefrau, ebenfalls Ärztin, als Chefarzt eine der von ihm beschriebenen Kureinrichtungen leitete. Es war ein privat geführtes Heim, wie viele andere ein Familienunternehmen. Zu Silvester 1972 verschickte Dietmair an die Eltern der ehemaligen Kurkinder einen Abschiedsgruß. »Sonnleit'ns Leben währte vierundvierzig Jahre und wenn es köstlich war, so war es doch Müh' und Arbeit. Allen Freunden des Hauses wünschen wir ein gut' Neu Jahr – Dr. A. Dietmair und Frau Magda«. Das Haus erlebte drei politische Systeme: die Weimarer Republik, den NS-Staat und die Bundesrepublik Deutschland.

Die Angst vor Spritzen und Ärzten verfolgt Evelin bis heute

Erinnerung ist vielstimmig, Dr. Dietmairs Stimme ist nur eine von vielen, und nicht alle erzählen dasselbe. Dietmairs Grußkarte von 1972, in goldfarbener Frakturschrift verfasst, findet sich in den Unterlagen von Evelin, die zweimal in Bad Reichenhall war, wie sie der Einfachheit halber für Sonnleit'n in Bayerisch Gmain bei Bad Reichenhall sagt. Evelin war ein asthmakrankes Kind. Ihren ersten Anfall bekam die heute 57-Jährige mit knapp zwei Jahren, aus heiterem Himmel beim Schlittenfahren. Evelin kam ins Krankenhaus, wo Elternbesuche 1965 noch nicht erlaubt waren. Sechs Wochen ohne Eltern müssen für die Zweijährige eine extreme Belastung gewesen sein. Auch intensive Betreuung kann so ein Verlusterlebnis nicht völlig ausgleichen. Doch für Evelin ging es nach der Klinik mit den Trennungen weiter. Kur folgte auf Kur, insgesamt fünf Verschickungen. Bei der ersten war sie gerade mal vier Jahre alt, und eine zweite Kur schloss sich gleich an: So kam sie 1967 das erste Mal nach Bayerisch Gmain. Im nächsten Jahr brachte sie zehn Wochen in Scheidegg hinter sich, 1969 ging es dann wieder nach Bayerisch Gmain. Ihre letzte Kur, kurz vor Schulbeginn, fiel auf Ostern 1970. Als Evelin eingeschult wurde, war den Eltern wichtig, dass sie keinen Unterricht versäumte. Sie folgten nicht länger ärztlichem Drängen zu Kuren, sondern fuhren mit Evelin in den Ferien an die See. Die Kuraufenthalte endeten, nicht aber das Asthma.

Evelin kann nicht genau sagen, woraus ihre Ärztepanik resultiert. Wie bei so vielen anderen Kurkindern stand in den Briefen, die Tanten und Erzieherinnen an die Eltern schrieben, wie brav das Kind in der Kur sei. Ständig wurde Evelin für ihre Tapferkeit gelobt. Aber sie ist sich sicher, dass die Angst, die ihr das Leben schwer macht, etwas mit den Klinik- und Heimaufenthalten zu tun hat. Diese Angst ging schon so weit, dass sie im Alter von 13 oder 14 Jahren gar keine Ärzte mehr an sich heranließ. Bei einem ihrer Asthmaanfälle musste ihr eine Freundin ihrer Mutter, eine Krankenschwester, die überlebensnotwendige Spritze geben.

»Ich hab' einfach diverse Macken«, sagt die einladend freundliche Frau über sich selbst in einer Mischung aus Selbstironie und Realitätssinn. Sie beginnt das Gespräch nicht mit den Erzählungen aus ihrer Kindheit. Sie beginnt mit dem, was heute noch schmerzt: »Ich habe Panik vor Ärzten und Spritzen. Ich weiß gar nicht, ob die Ärzte mit mir grob unsensibel oder wüst umgegangen sind. Vielleicht habe ich auch das Vertrauen verloren, weil ich ja nicht gesund wurde. Da war einfach immer diese Angst.«

Die merkt man ihr nicht unbedingt gleich an. Sie hat drei erwachsene Kinder, die sie trotz ihrer Klinikphobie ohne Komplikationen – aber unter Aufbietung aller Kräfte – zur Welt gebracht hat. Denn Evelin plagt stets die Furcht vor all dem, was geschehen könnte. Schnell fühlt sie sich ausgeliefert. Dann kann sie die Gedankenkaskade nicht ausbremsen, dass ein behandelnder Arzt ihr Vertrauen ausnützen und sie im schlimmsten Fall töten könnte. Solche Gedanken machen das Leben sehr mühsam – und irgendwann auch sehr gefährlich. Es braucht nur einen kleinen Anlass und Evelin verliert die Kontrolle: Ihr Bewusstsein schaltet ab, sie wird ohnmächtig.

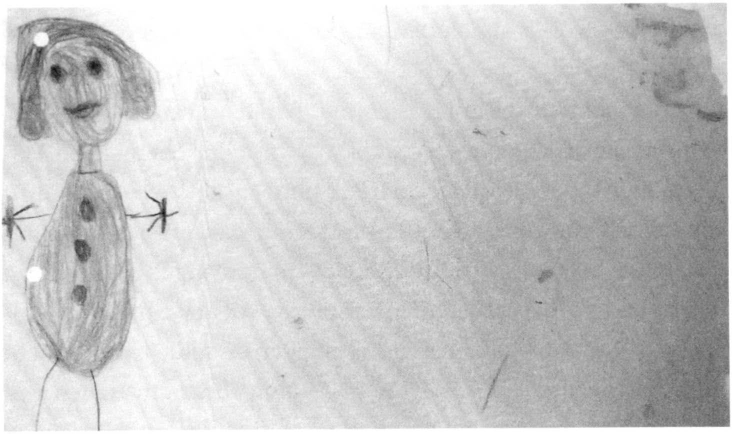

Es gibt kein Foto von Evelin aus einem ihrer Kuraufenthalte, nur diese Kinderzeichnung aus Scheidegg

Irgendwann fand Evelin eine Psychologin, die aufgrund der Krankengeschichte ihrer Kindheit schlussfolgerte: »Sie müssten etwas an der Psyche haben, wenn Sie nach alldem nichts an der Psyche hätten.« Evelin fand sich zum ersten Mal verstanden. Mit dieser Ärztin betrachtete sie im Rahmen einer Konfrontationstherapie tapfer Bilder von Blutstropfen, schaute sich mit ihr einen Lehrfilm für Medizinstudenten übers Blutabnehmen an. Auf diesem Weg möchte sie ihren Umgang mit ihren Problemthemen normalisieren. Den Mut, selbst zum Blutspenden zu gehen, konnte Evelin bislang noch nicht aufbringen. Aber sie geht zumindest regelmäßig in Monatsabständen zum Arzt und lässt sich ohne Anlass ein bisschen Blut abnehmen. Um sich gegen den Anblick und Gebrauch von Spritzen abzuhärten, um gerüstet zu sein, falls es irgendwann einmal wieder notwendig sein sollte. Sie hat gelernt, dass es auch verständige Ärzte gibt und Praxispersonal, das sie ernst nimmt. Es hilft ihr, wenn die Menschen, die ihr Blut abnehmen, mit ihr reden, sie in ein Gespräch verwickeln.

Vertrauen beruht auf Beziehung. Bei den Ärzten ihrer Kindheit hat Evelin das nicht gefunden. Keines der ehemaligen Verschickungskinder kann sich daran erinnern, dass Ärzte ihnen erklärten, was sie aus welchem Grund taten, warum sie ihnen Blut abnahmen oder warum die Kinder stundenlang zum Baden in Holzzubern sitzen mussten, in denen das Wasser allmählich kalt wurde. In der kollektiven Erinnerung der Verschickten herrscht Schweigen zwischen Kindern und Ärzten. Nicht ein Hauch von sprechender Medizin, bei der das Personal erklärt und kommentiert, was es tut, war da offenbar spürbar, nichts von jenem Ansatz, der auf Kommunikation als Teil des Gesundungsprozesses setzt. Einschüchterung war in vielen Fällen die wohl auch erwünschte Folge.

Wenn Evelin heute von ihren Macken spricht, klingt das liebevoll und harmlos. Als beschreibe sie etwas, das sich mit lässigem Schulterzucken hinnehmen lässt, weil es eben zu einem gehört wie die Narbe am Knie von einem Fahrradsturz vor langer Zeit. Doch so einfach ist es nicht. Für Evelin ist das Leben mit ihren Macken ein immerwährender Kraftakt. Sie kommt zwar zunehmend besser mit ihren Einschränkungen klar – aber eben auch, weil sie mit mittlerweile viel Erfahrung stets versucht, »extremen Situationen aus dem Weg zu gehen«. Evelin kann viel von dem Gefühl erzählen, ohne Macht, also ohnmächtig zu sein. Ihr Gefühl des Ausgeliefertseins geht einher mit einer regen Fantasie, die sich in Situationen, in denen die Angst kommt, nicht mehr einfangen lässt. Aus Furcht vor diesen Gefühlseskalationen geht sie auch als erwachsene Frau im Kino nur noch in Filme mit der Altersfreigabe »ab sechs Jahre«. Weil schon Filme, die ab zwölf Jahren freigegeben sind, Szenen enthalten können, die Evelin den Boden unter den Füßen wegziehen. Sie nimmt seit Langem nur noch ganz am Rand der Sitzreihen Platz, am besten in Türnähe, um schnell aus dem Saal schlüpfen zu können, wenn sie Ungemach ahnt.

Als sie 1968 nach Scheidegg in ihre dritte Kur verschickt wurde, war sie fünf Jahre alt. Die dortige *Prinzregent Luitpold* Kinderklinik war damals mit 250 Plätzen die größte der Kinderheilstätten in Bayern. Für die Pflege und die Versorgung der Kurkinder waren auch hier Nonnen, die Barmherzigen Schwestern vom hl. Vinzenz von Paul, zuständig. In ihrer strengen Ordenstracht müssen sie schon durch ihre bloße Erscheinung einschüchternd und furchteinflößend gewirkt haben. Die Kinderheilstätte selbst war ein weißer lang gestreckter Bau auf einem großen Areal mit vielen Nebengebäuden. Ein Haus mit einer über hundertjährigen Geschichte und einem langen Namen.

Scheidegger Kinderklinik mit langer Tradition

Die Historie der *Prinzregent Luitpold* Kinderklinik in Scheidegg begann im Jahr 1911, als aus Anlass des 90. Geburtstags des Prinzregenten von Bayern bei einer wohltätigen Sammlung eine halbe Million Reichsmark zusammenkam. Damit sollte eine Landesheilstätte für tuberkulöse Kinder eingerichtet werden. Die Pflege übernahmen schon damals die Schwestern. Am 27. März 1916, also mitten im Ersten Weltkrieg, eröffnete das Haus. Bis 1942 wurde die *Prinzregent Luitpold* Kinderheilstätte vom Bayerischen Landesverband zur Bekämpfung der Tuberkulose e. V. München geführt. Als der Verband 1942 aufgelöst wurde, verleibte sich das NS-Hilfswerk Mutter und Kind die Klinik ein.

Hugo Schnell, promovierter Kunsthistoriker und nach dem

Krieg zweiter Bürgermeister von Scheidegg, skizziert in einem Schreiben »Betreff: Neuordnung in der Tuberkulose-Kinderklinik Scheidegg/Allgäu« vom 21. Juli 1945 Geist und Situation des Hauses während und kurz nach dem Zweiten Weltkrieg. Die Klinik bildete nach seiner Einschätzung »eine seltene Hochburg des Nationalsozialismus. Der frühere Chefarzt Dr. med. Clare« – gemeint ist Kurt Klare, Schnell schreibt dessen Namen wie den von Walter Schwenk konsequent falsch – »war einer der führenden nationalsozialistischen Ärzte Deutschlands, der nicht nur im Sanatorium eine beengende und beängstigende nationalsozialistische Atmosphäre schuf, bei der die Schwestern und Angestellten qualvolle Jahre und persönliche Beleidigungen erleben mussten, sondern der auch die NS-Schulung der Medizinstudenten und des medizinischen Zeitschriftenwesens Deutschlands in enger Fühlung mit den höchsten Parteistellen innehatte.« Klare, der 1928 in die NSDAP eintrat, war 1929 Gründungsmitglied des NS-Ärztebundes, Hauptstellenleiter des Sachverständigenrates für Volksgesundheit der NSDAP-Reichsleitung, Chefzensor des Reichsärzteführers für die medizinische Fachpresse. 1938 wurde er Ehrenbürger von Scheidegg. 1939 verließ er die Klinik.

Nach seinem Weggang »wurde Privatdozent Dr. Walter Schwenkh« – richtige Schreibweise: Schwenk – »Tübingen, mit seiner Frau, einer Kinderärztin, über die Beziehungen der Partei Chefarzt in der Tuberkulose-Kinderklinik Scheidegg«, berichtet der Chronist Schnell. Schwenk führte offenbar ein rüdes Regiment. »Das erdrückende nationalsozialistische Erbe von Herrn Prof. Clare wurde übernommen. Dr. Schwenkh war Dozentenführer und Mitglied des SD (Sicherheitsdienst der SS). Selbst die Angestellten (z. B. Chauffeur Hörmann, Träger des goldenen Parteiabzeichens) waren Nationalsozialisten unduldsamer Art. Ein alter Gärtner (Josef), der nicht in die Partei eingetreten war, wurde von einem Parteigenossen der Heilstätte schwer auf den Schädel geschlagen und aus politischen Gründen zeitweise entlassen. (…) Die Tuberkuloseklinik wurde unter Frau Prof. Schwenkh am Ende des Krieges zur Zufluchtsstätte für führende Nationalsozialisten, mit denen Prof. Schwenkh als höherer SS-Mann meist in Fühlung stand. Sogar Hermann Göring wollte sich hier verbergen. In den letzten Tagen vor dem Zusammenbruch wurde das Sanatorium unter anderem der Familie des Ministerialdirektors Schulze, der jetzt in Dachau« – im Internierungslager für Kriegsverbrecher – »gefangen ist, als Zufluchtsort gewährt. Hierher kam unter anderem Frau Dr. Weinmann, die Frau des 1. Bürgermeisters von Tübingen.«

In Absprache mit den Vertretern der französischen Besatzung und des Landrats sowie des bayerischen Innenministeriums habe der Gemeinderat deshalb am 11. Juni 1945 die »Ortsverweisung von Frau Prof. Dr. Schwenkh« und eines weiteren Oberarztes beschlossen. Zur Umsetzung dieses Beschlusses kam es aber nicht, »da die französische Besatzungsbehörde von sich aus Frau Prof. Schwenkh in Schutzhaft nahm. Dem Oberarzt wurde das Betreten des Sanatoriums verboten. Als kommissarischer Leiter der Heilanstalt wurde (…) Dr. med. Heiland eingesetzt.«

Das nahm Schwenk nicht widerspruchslos hin. Zumal ihn die Spruchkammer VI des Staatskommissariats für politische Säuberung des Landes Württemberg-Hohenzollern mit Sitz in Lindau in ihrem Bescheid vom 25. Januar 1949 nur als Mitläufer einstufte. Schwenk hatte gegen eine anderslautende Entscheidung der Vorinstanz vom 29. Juni 1948 erfolgreich Revision eingelegt. In der Erstentscheidung war ihm untersagt worden, weiter als Arzt zu arbeiten. Obwohl Schwenk seit 1929 NSDAP- und seit 1933 auch SA-Mitglied gewesen und bis zum Sanitäts-Obersturmführer befördert worden war, es außerdem zum Leiter des NS-Dozentenbundes und Mitglied des NS-Ärztebundes gebracht hatte, entschied die VI. Kammer, dass »der Betroffene die national-sozialistische Gewaltherrschaft nur unwesentlich unterstützte«.

Schwenk, Vater von drei Kindern, will nun auch auf seinen Posten zurück, den man ihm verweigert. Den hat am 19. Juli 1945 bereits sein ehemaliger Assistenzarzt Heiland eingenommen. Schwenk schreibt einen geharnischten Brief. Er fühlt sich völlig im Recht, wenn er noch einmal schildert, wie er 1928 als junger Medizinalpraktikant nach Scheidegg kam und unter Einfluss seines damaligen Chefs Klare 1929 »in die Partei« eingetreten sei. Nachdem er 1933 in Scheidegg Oberarzt geworden sei, habe er sich 1938 habilitiert und habe 1939 den Chefarztposten an der Kinderklinik in Scheidegg antreten können. 1940 sei er Soldat geworden, nach dreieinhalb Jahren in französische Kriegsgefangenschaft geraten, schließlich 1945 als dienstunfähig entlassen worden. Während seiner Abwesenheit habe ihn seine Frau, ebenfalls Kinderärztin, in der Klinik vertreten. Er verteidigt auch seine Frau. Sie sei 1932 nur aus Liebe zu ihm in die NSDAP eingetreten, nachdem sie einander 1931 in Tübingen kennengelernt hätten.

Seinen eigenen Angaben nach wohnte Schwenk mit seiner Familie in einer Dienstwohnung auf dem Gelände. Nach ihrer Freilassung aus vierwöchiger Haft sei seiner Frau vom Bürgermeister eröffnet worden, dass sie ihres Postens als leitende Ärztin enthoben worden sei und sie die Dienstwohnung sofort zu räumen habe. »In dieser Wohnung wohnten damals 15 Personen, darunter 9 Kinder unter 10 Jahren. Sie alle wurden praktisch auf die Straße gesetzt, um Herrn Heiland und seiner Frau Gemahlin Platz zu machen (…). Bemerken darf ich noch, dass Herr Heiland und Frau in der Klinik bestens versorgt waren.« Aus ihm unbekannten Gründen habe sich seine Entnazifizierung sehr in die Länge gezogen: »Da ich jetzt aber rechtskräftig als Mitläufer eingestuft bin, kommt für mich m.E. lediglich das Befreiungsgesetz in Betracht. Nach diesem Gesetz kann ich weder abgesetzt oder pensioniert werden. (…) Sie werden daher verstehen, dass ich den Standpunkt, ich sei entlassen, nicht teilen kann.«

Anders als sein Einspruch gegen die Einstufung als Nazi blieb dieser aber erfolglos. Schwenk kehrte nicht mehr an seine alte Wirkungsstätte zurück. Sein ehemaliger Assistenzarzt Rolf Heiland wechselte aus dem Status des kommissarischen Stellvertreters in den des offiziellen Nachfolgers. Wie beim Ehepaar Schwenk arbeitet auch bei den Heilands die Frau als Assistenzärztin an der Seite ihres Mannes. Die Schwestern bleiben auf ihren Posten, trotz des Wechsels an der Spitze gibt es beim Pflegepersonal und in der Betreuung der Kurkinder eine personelle Kontinuität von der NS-Zeit bis weit in die Bundesrepublik hinein. Die Ordensfrauen sind über den radikalen gesellschaftlichen Systemwechsel hinweg durchgängig für die Betreuung der lungenkranken Kinder in der Klinik und später dann auch für die der Verschickungskinder zuständig. Man darf vermuten: An ihrem hausinternen System ändert sich nicht viel.

Die zitierten Schreiben, die heute im Bayerischen Staatsarchiv in München als Bestand aus dem zuständigen Innenministerium aufbewahrt werden, finden sich auch auf der Internetseite *Die Kinder von Scheidegg*. Auf dieser vom offiziellen Internetauftritt der heutigen Reha-Klinik separierten Seite begibt man sich auf die Spurensuche in die Vergangenheit der Kinderheilstätte. Sie sammelt Erinnerungen ehemaliger Kurkinder aus der *Prinzregent Luitpold* Kinderklinik und fragt auch, wie das Leben fern der eigenen Familie gewesen sei. »Die Orte, an denen wir waren, sind wertvolle Erinnerungen unseres Lebens« ist dort als Sinnspruch dieser Spurensuche zu lesen.

Auf dieser Seite sind dann auch nur wohlige Erinnerungen an nette Aufenthalte zu finden. Auch wenn die heutige Reha-Klinik den eigentlich lobenswerten Anspruch erhebt, mit den »Informationen und Geschichten auf dieser Homepage den Kindern von damals und ihren Familien zu helfen, ihre Erinnerung gut einzuordnen«. In den Ohren jener ehemaligen Verschickungskinder, die von den Berichten anderer über deren quälende Kurerfahrungen nun ermutigt werden, ihre eigenen Geschichten preiszugeben, klingt die Wendung von den »wertvollen Erinnerungen« wie purer Hohn. Sie erleben ihre Kurerinnerungen nicht als bereichernd, sondern als belastend – auch und vor allem im Licht des Verdachts, gar nicht wirklich krank gewesen zu sein. Einigen ist es heute Gewissheit, dass sie Opfer einer Verschickungspraxis geworden sind, die nicht so sehr ihren Gesundheitszustand, sondern die ökonomischen Bedürfnisse der Kurkliniken und Kurorte in den Vordergrund stellte. Für andere ehemalige Kinderpatienten, die fraglos krank waren, brachte der Aufenthalt in der Kinderheilstätte zwar teilweise Besserung. Angenehm war er jedoch nicht und die seelischen Nebenwirkungen waren gravierend.

Erinnerungen fürs Leben

Die herben Erinnerungen dieser Betroffenen findet man auf der Seite der Initiative der Verschickungskinder (verschickungsheime.org), die Anja Röhl, selbst Verschickungskind und Publizistin, initiiert hat. So schreibt ein ehemaliges Kurkind dort: »Den Aufenthalt habe ich in schlimmer Erinnerung, habe jahrzehntelang immer wieder von den katholischen Schwestern geträumt, die das Haus mit fester Hand geführt haben.« Als Elfjähriger war dieser Mann im Jahr 1979 in Kur und erinnert sich nun daran, wie er tagelang versucht habe, Toilettengänge zu vermeiden, um sein Gewicht zu erhöhen. Wegen einer Gewichtszunahme von lediglich 400 Gramm drohte ihm nämlich die Kurverlängerung. Zum Abschied bekam er die nachdrückliche Aufforderung einer Schwester mit auf den Weg, zu Hause nur Gutes von der Kur zu erzählen, sonst werde sie auch Negatives über ihn berichten. Der Kampf um die Deutungshoheit über die Kurzeit hat also schon unmittelbar nach deren Ende begonnen.

Ein anderes ehemaliges Kurkind (weiblich) berichtet von drakonischen Strafmaßnahmen der Schwestern. »Ich wurde beim Baden plötzlich – für welche Verfehlung weiß ich nicht mehr – untergetaucht. Die Schwester drückte meinen Kopf kraftvoll unter Wasser, sodass ich keine Luft bekam. In meiner Erinnerung zählte sie laut auf 60, bis ich wieder an die Oberfläche durfte, um Luft zu holen. Ich hatte panische Todesangst, konnte mich nicht befreien aus dieser harten Hand und war der Schwester hilflos ausgeliefert. Ein anderes Mal hatte ich, glaube ich, in die Hose gepinkelt und wurde deshalb nackt auf ein Töpfchen gesetzt, das in einen endlos langen Gang gestellt wurde, von dem beidseitig viele Türen abgingen. Der Gang war menschenleer, ich wusste nicht, wo ich war, traute mich nicht, alleine wegzugehen, und wurde nach meinem Empfinden stundenlang mutterseelenallein frierend sitzen gelassen, bis mich endlich jemand abholte. Diese Erlebnisse waren die traurigen Höhepunkte eines trostlosen Aufenthaltes fernab von meinen Eltern.«

Eine Frau, die 1981 als Zwölfjährige in der Scheidegger Kinderheilstätte war, berichtet von ärztlichen Untersuchungen, die ihr peinlich waren. Sie musste sich nackt ausziehen und hatte das Gefühl, den Schwestern und der Heimärztin habe es gefallen, die Kinder zu demütigen. Auf jeden Fall legten sie aber scheinbar Wert darauf, die Zeit der Kur zur Verschlusssache zu erklären. Das ehemalige Kurkind berichtet, wie ihnen damals Angst eingejagt wurde: »Sollte es jemand wagen, zu Hause anzurufen, müssten die Eltern den Klinikaufenthalt aus eigener Tasche zahlen, und das wären einige Tausend DM. Die Krankenkasse würde dann keine Kosten übernehmen. Und unsere Eltern wären dann auch ziemlich ärgerlich auf uns.« Eine Einschüchterungstaktik, die nun schon aus einigen Heimen bekannt ist.

Nicht alles aber, was auf der offiziellen Erinnerungsseite des Scheidegger Heimes steht, widerspricht solchen Erfahrungsberichten komplett. So bezeugt dort ein Lied, das eine der Schwestern vom Orden der Barmherzigen Schwestern vom hl. Vinzenz von Paul in Erinnerung ruft, wohl eher unfreiwillig das barsche Begrüßungsritual der Kinderkur.

Kinder, wollt ihr Scheidegg sehn,
müsst ihr erst zum Doktor gehen.
Der verschreibt euch einen Schein
für das Kindererholungsheim.
Bist du dann angekommen,
wird zuerst ein Bad genommen.
Mit der Bürste in der Hand
kommt die Schwester angerannt.

Einer, der immer wieder im Zentrum der Erzählungen steht, ist Josef Heiland. Jener Arzt also, der schon vor 1945 in Scheidegg praktizierte, aber als vergleichsweise unbelastete Alternative zu seinem früheren Vorgesetzten Schwenk auf den Chefarztsessel gehievt wurde. Er taucht im Briefwechsel von Evelins Eltern mit der Kinderheilstätte anlässlich der Verlängerung ihrer Kur auf. Im Bericht eines ehemaligen Nachbarjungen auf der Erinnerungsseite des Heimes wird deutlich, was für eine dominante Person der Mediziner war. Der Berichtende, dessen Familie nach dem Tod des Vaters wohl nur durch die Unterstützung Heilands und der Kinderheilstätte über die Runden kam, beschreibt ihn folgendermaßen: »Dr. Josef Heiland, gebürtiger Münchner, und seine Frau Dr. Josefine Heiland – sie hatten sich beim Medizinstudium in München kennengelernt – waren schon während des Krieges in der Kinderklinik tätig. (…) Dr. Heiland war nicht nur ärztlicher Leiter, sondern wurde im Lauf der Zeit zum ungekrönten Herrscher der ganzen Einrichtung. Nichts geschah ohne seine Zustimmung. Wie in früheren Jahrhunderten bei Hofe versammelten sich am Silvesterabend alle Mitarbeiter und Nachbarn, um im Defilee ihm und seiner Gattin ein gutes neues Jahr zu wünschen. (…) Eine besondere Ehre war es auch, etwa nach dem Gottesdienst bei ihm am Frühstück teilnehmen zu dürfen, als Kontra an der langen Tafel im großen Speiseraum seiner Villa.«

Diese wohl durchaus wohlwollend gemeinten Worte beschreiben einen Arzt, dessen Habitus mit Sicherheit einschüchternd wirkte und der den Ton und die Haltung gegenüber Kindern in seinem Haus vorgab. Ob er es selbst war, der an einem von Evelins traumatischen Erlebnissen beteiligt war, lässt sich nicht mehr rekonstruieren. Eine Ordensschwester beschreibt die Heimvariante der alltäglichen Prozedur der Blutabnahme auf der Internetseite *Die Kinder von Scheidegg*. Man kann erahnen, welche Dramen sich in dem Arztzimmer abgespielt haben. Die Schwester berichtet: »Hauptsächlich bei der Blutabnahme hatten die Kinder Angst. Wenn sie die Spritze und die Nadel schon gekannt haben, waren einige schon recht zaghaft und ängstlich. Aber das ist ja ganz normal. Das erleben wir heute auch bei Kindern. All das war Bestandteil der Eingangsuntersuchung mit Blutabnehmen, Röntgen, Wiegen und was sonst noch so alles anfällt. Wir haben uns abgewechselt, aber entweder ich oder die Kinderpflegerin aus der Gruppe haben immer das Kind zu den Untersuchungen begleitet. Wir konnten doch die Kinder nicht alleine lassen.«

Evelin hat eine andere, weniger versöhnliche Erinnerung an diese Untersuchung, die am Beginn der Kur stand. »Ich glaube, dass das wirklich etwas mit mir gemacht hat.« Sie sieht sich mit anderen in der Reihe stehen. Wie es später bei den Schuluntersuchungen üblich war. Und sie erinnert sich, wie ihr Blut abgenommen wurde. »Da wurde es mir schlecht. Das weiß ich noch genau.« Genauso lebendig ist die Erinnerung, »dass niemand der Erwachsenen sich um mich gekümmert hat«. Wahrscheinlich, erklärt sie sich die irritierende Situation, sei sie nicht richtig ohnmächtig geworden. »Es war ein anderes Kind, das mich dann zu einer Krankenliege gebracht hat, wo ich mich hinlegen oder hinsetzen konnte. Sie hat mich gerettet.« Diesem Mädchen setzte sie zu Hause ein kleines Denkmal, indem sie eine Puppe umbenannte: Jaqueline hieß die fortan – wie ihre Retterin.

Anders als viele Verschickungsgezeichnete beschäftigt sich Evelin nicht erst seit Kurzem mit den Folgen ihrer Krankenhaus- und Kuraufenthalte. Schon lange muss sie ihre Probleme ausbalancieren und mehrmals hat sie einen Anlauf genommen, ihre Ängste einzufangen. Doch so sehr sie allen Mut zusammennahm, wenn ein Arztbesuch anstand, musste sie doch immer wieder die Ärzte wechseln, weil es ihr peinlich war, wie das Blutabnehmen verlaufen war. »Ich habe mich angestellt, dass ich dachte, die Praxis kannst du nie mehr betreten.« Ihre Hoffnung, jemanden zu finden, der sie in Hypnose versetzt, und beim Aufwachen aus der Trance wäre all ihre Panik verflogen, hat sich bislang nicht erfüllt.

Evelins schlimme Erinnerungen haben sich in all den Jahrzehnten zwischen damals und heute nicht wegschieben lassen. Die Erlebnisse in Scheidegg nehmen dabei eine andere Rolle ein als jene in Sonnleit'n in Bayerisch Gmain, bei Bad Reichenhall. In Dr. Dietmairs Einrichtung gab es offenbar Erzieherinnen, die die Kinder liebevoll betreuten und von denen sie sich beschützt fühlte. Diese Annahme untermauern auch die vielen Briefe der Schwestern. Als Evelin ein zweites Mal dorthin fahren sollte, packte sie ihren kleinen karierten Kinderkoffer vorfreudig schon Wochen zuvor, weiß die Familienüberlieferung. Und die Kladde mit den schriftlichen Überbleibseln der Kurzeit birgt auch eine Grußkarte mit dem Linoleumdruck einer Eule. Eine Tante Lotte aus Sonnleit'n hat an Evelin in gut lesbarer Schreibschrift geschrieben: »Wir haben gehört, dass du so fein schreiben kannst. Mach nur so weiter, dann werden sich alle mit dir freuen.«

In Scheidegg war alles anders. Dort haben sich die Dinge abgespielt, die auch bei Evelin zum Gefühl des Ausgeliefertseins führten. Dort musste sie etwa zur Strafe den ganzen Tag über im Schlafsaal im Bett bleiben, weil morgens ihr Bett nass gewesen war. Evelin war fünf Jahre alt in diesem Sommer 1968. In der Kur wurde sie obendrein noch krank. Sie bekam eine Lungenentzündung. Der Heimarzt Heiland schrieb an ihre Eltern: »Ihre kleine Evelin, die sich bestens bei uns eingelebt hat, (…) ist leider vor Kurzem wiederum an einer Lungenentzündung recht erkrankt, ohne dass jedoch das Allgemeinbefinden wesentlich darunter gelitten hätte. (…) Wir möchten jedoch, um die Lungenentzündung auch röntgenologisch ganz zum Abklingen zu bringen und um Ihnen das Kind in ganz gesundem Zustand zurückgeben zu können, diese Kur um drei Wochen verlängern. (…) Für Evelin selbst wäre das längere Verweilen hier keineswegs ein Opfer, da sie wie gesagt bestens eingewöhnt ist.« Evelin wirkte nach außen brav und tapfer – und blieb. Am Ende waren es zehn Wochen.

Zurück zum Ort der Qual

Mit ihrem Ehemann macht Evelin regelmäßig Urlaub im Allgäu – ein Musikfestival in Isny mit vielen Workshops führt sie regelmäßig dorthin. Isny und Scheidegg aber liegen nur 25 Kilometer auseinander. »Ich habe nicht wirklich mit Nachdruck gesucht«, beteuert Evelin. Sie habe es lange dem Zufall überlassen, ob ihr Weg sie einmal an der ehemaligen Klinik vorbeiführen würde. »Ich weiß nicht, ob ich sie vielleicht gar nicht wirklich finden wollte.« Allerdings sind Evelins Kurerlebnisse kein Geheimnis in ihrem Freundeskreis. Bei einem der Aufenthalte im Allgäu ließen Evelins Wissenslücken den Freunden dann keine Ruhe. Sie fanden das Areal, auf dem die neue Klinik in den Räumen der alten weiterexistiert, und überredeten Evelin zu einem Besuch. Als die am Ort ihrer einstigen Kur stand, wechselten ihre Gefühle zwischen Erleichterung, Überraschung und Schrecken. Nie hatte sie gezweifelt, ob das Heim vielleicht nur in ihrer kindlichen Fantasie existiert hatte. Aber angesichts des nun sehr realen Gebäudetrakts konnte sie die Tränen nicht zurückhalten. Es waren auch Tränen über das Kind in sich, das in seiner Kur keinen Beistand gefunden hatte. Aber diesmal stand sie umgeben von Menschen, denen sie vertrauen konnte. Sie musste nicht mehr allein stark sein wie Jahrzehnte zuvor.

Ist es Zufall, dass Evelin selbst Erzieherin geworden ist? Sie hat sich die Entscheidung nicht leicht gemacht. Lange bevor sie sich schließlich wieder nach Scheidegg wagte, war sie schon viele Jahre auf der Suche nach dem, was ihr aus ihrer Kindheit als angenehm in Erinnerung geblieben ist. Um sich ihrer Berufsentscheidung ganz sicher zu sein, wollte sie ein Praktikum in dem Heim in Bayerisch Gmain machen, das sie in guter Erinnerung hat. Das aber existierte Ende der 1970er-Jahre bereits nicht mehr. Als Praktikantin erlebte Evelin dann in einem anderen Heim, wie 16-jährige Jungs von Praktikantinnen, die kaum älter waren als diese Jugendlichen, mit kaltem Wasser abgespritzt wurden. Evelin fand das grenzüberschreitend und übergriffig und weigerte sich, mitzutun.

Auch machte es sie traurig, wenn sich die kleineren Kinder im Haus abends beim Ins-Bett-Bringen ganz eng an sie kuschelten und fragten: »Kannst du nicht meine Mama sein?« Sie fühlten sich jetzt so allein wie einst Evelin. »Als 16-Jährige hat mich das total überfordert«, erinnert sich die Frau, die damals zunächst wieder Abstand von ihrem Berufswunsch nahm. Auch wenn das Praktikumszeugnis ihr schon mal »die Fähigkeit zu einem sozialen Beruf« bescheinigte.

Letztlich siegte dann aber doch die Liebe zu Kindern, die es nicht einfach haben im Leben. Besonders am Herzen liegen Evelin jene, die sich nicht sofort öffnen. Solche, die schweigen – und damit offenbaren, dass sie etwas vielleicht Unsagbares zu erzählen hätten. Diese Kinder zum Reden zu bringen, sich ihr Vertrauen erarbeiten zu können, ist Evelins größtes Glück. Sie weiß, wie es ist, wenn einem das Herz bersten möchte, aber der Mut fehlt, zu sagen, was einen bedrückt. Sie war selbst so ein schüchternes und verschlossenes Kind. Hielt im Zweifel eher den Mund, in der Kur und die gesamte Schulzeit hindurch. Heute wirft sie deshalb einen sehr aufmerksamen Blick auf die Menschen in ihrem Umfeld. Die langen Jahre, die sie schon als Erzieherin arbeitet, haben sie gelehrt: Die Zeiten sind noch nicht vorbei, in denen Kinder vorgeführt werden oder man sie ihre Ohnmacht spüren lässt. Aus diesem Grund macht sie sich auch stark dafür, dass aus ihren Erlebnissen und denen anderer Kurkinder Lehren gezogen werden.

Kapitel 8

Verschickungsqual in Dauerschleife

Albert in Scheidegg, Berchtesgaden, Bad Reichenhall, Oberjoch und auf Norderney

Albert wünscht sich, die Zeit draußen mögen stehen bleiben, während er in seinen Kuren sitzt. Doch das Leben draußen geht natürlich immer weiter – ohne ihn. 13 Mal in 14 Jahren, 116 lange Wochen. Kurverlängerungen sind die Regel, nicht nur bei ihm.

In jeder Familie gibt es Sätze, die sich einbrennen. In der Familienerzählung von Albert ist es ein Satz seiner Großmutter: »Den ziehst du nicht groß!« Albert war noch ganz klein, als der erstmals ausgesprochen wurde. Er kennt ihn nur, weil seine Mutter ihn ständig zitierte. Vielleicht, weil sie so die Möglichkeit von dessen Wahrwerden ins Reich des Absurden verbannen wollte. Vielleicht aber auch, weil das fortschreitende Leben die grimmige Vorhersage widerlegte und jeder gewonnene Tag ein sichtbarer Beweis ihrer mütterlichen Leistung war. »Den«, hatte die Großmutter mit Blick auf den schmächtigen, vermutlich mal wieder um Luft ringenden Albert gesagt, »ziehst du nicht groß.« Das Ganze im Dialekt ihrer oberschwäbischen Heimat, grob und sehr direkt: die Worte einer Bäuerin, die um Fragen von Leben und Tod nicht lang herumredete. Sie hatte zwei Kriege erlebt. In der Zeit, in der sie aufwuchs, war es normal, dass nicht alle Kinder überlebten, dass man »nicht alle durchbringt«. Was sie meinte, war also klar: So, wie der Bub daliegt, wird der nicht alt. Viel zu zart. Viel zu kränklich. Viel zu wenig robust. Wahrscheinlich wollte die Großmutter auch warnen: Investier nicht zu viel Gefühl in das Kind. Das macht alles nur tragischer.

Albert war ein Fremdkörper in der Bauernwelt, in die er 1964 hineingeboren wurde. Eigentlich ist Oberschwaben noch immer eine Postkartenlandschaft, in der andere Menschen sich ihren Urlaub vorstellen können. Aber mit Allergien und Asthma hat man zwischen Feldern, Wiesen und Ställen einen schweren Stand. Diese Belastungen und der Satz der Oma waren eine Hypothek für Alberts Leben. Schon im jungen Erwachsenenleben war ihm klar, dass ihn nicht nur die wiederholte Angst zu ersticken geprägt hat. Was ihm zugesetzt hat, sind auch die vielen Kuren, mit denen er vom Asthma geheilt werden sollte. Unter ihnen litt er so sehr wie unter seiner Krankheit.

116 Wochen Kur in 14 Jahren

Die Heilungsversuche haben Albert in fünf verschiedene Kinderkurheime und Sanatorien geführt. In manchen Einrichtungen war er mehrmals hintereinander. Insgesamt 13 Mal haben ihn seine beiden Kinderärzte verschickt. Die Kuren, beginnend in seinem dritten Lebensjahr, gehörten zu den regelmäßigen Ereignissen in seinem Leben, kamen wie Ostern, Weihnachten und Geburtstag. Sie waren mehr Normalität als Ausnahme. Auf einem Blatt Papier hat Albert handschriftlich aufgelistet, wo überall in Deutschland er war. Was vor ihm auf dem Tisch liegt, ist der tabellarische Lebenslauf eines Verschickungskindes. Er füllt eine ganze Seite.

1967	Berchtesgaden	8 Wochen
1968	Scheidegg	6 Wochen
1969	Scheidegg	6 Wochen
1970	Reichenhall	5 Wochen
1971	Reichenhall	6 Wochen
1972	Scheidegg	9 Wochen
1973	Norderney	20 Wochen
1974	Norderney	22 Wochen
1976	Reichenhall	6 Wochen
1977	Reichenhall	6 Wochen
1978	Reichenhall	6 Wochen
1979	Oberjoch	8 Wochen
1980	Oberjoch	8 Wochen
		= 116 Wochen

Als junger Erwachsener fuhr er dann sogar zur Kur in die Schweiz, nach Davos. Dort sei alles ganz anders gewesen, sagt er. Er habe sich wohlgefühlt. Aber da war er auch kein Kind mehr, sondern ein junger Mann.

Albert hat die Kurliste als Erinnerungsstütze zusammengestellt. Nach der Kur war immer auch schon wieder vor der Kur, da verliert man in der Rückschau leicht den Überblick. Albert hat ein Bild für das Gefühl, das ihn bei seinen vielen Abschieden regelmäßig überkam: »Wenn jemand stirbt, dann denkt man doch auch, die Zeit müsse für alle anhalten. Genauso ist dieses Gefühl gewesen.« Jeder Abschied ein kleiner Tod. Jede Kur ein Aussetzen des wirklichen Lebens. Aber wie beim Tod eines Menschen der Wunsch nach Stillstand der Welt unerfüllt bleibt, konnte auch Alberts kindliche Hoffnung, bei seiner Abreise ins nächste Kindersanatorium möchten bitte zu Hause alle Aktivitäten stoppen, keinen einzigen Uhrzeiger beeinflussen.

»Die Zeit hat halt nicht angehalten. Alles ist weitergegangen zu Hause«, sagt er mit der Resignation des kleinen Jungen in der Stimme. Und mit jedem Tag wuchs die Distanz zum Verschickten. Der Kalender schaltete weiter, egal ob Albert mit am Frühstückstisch saß oder nicht. Sein bester Freund bekam einen kleinen Bruder. Albert konnte nicht mit dem Freund zusammen neugierig in die Wiege schauen. Er las davon nur in einem Brief. Die Geburtstage der Familie und seiner Freunde wurden ohne ihn weitergefeiert. Auf dem Sportplatz spielten die anderen ohne ihn weiter Fußball. Das Obst im Garten wurde reif, ohne dass er da sein musste. Für Albert lautete die Botschaft der Kur: Die Welt kommt auch ohne dich aus.

Als Albert einmal auch am Muttertag in Kur war, kam ein Fotograf in die *Prinzregent Luitpold* Klinik in Scheidegg und fotografierte den Buben mit einem Tulpenstrauß in der Hand. Sehr offen, sehr vertrauensselig und damit sehr verletzlich blickt er in die Kamera.

Als wolle er direkt in die Wohnstube daheim schauen. Wenn er schon nicht da war, sollte die Mutter wenigstens dieses Bild in Händen halten können. Neulich hat Albert die gleiche Muttertagsgrußszene mit derselben karierten Tischdecke und einem ähnlichen Blumenstrauß im Fotoalbum eines anderen ehemaligen Verschickungskindes entdeckt. Die längst fadenscheinige Illusion der individuellen Geste platzte da endgültig: Auch dies war Teil der Kurroutine. Das fremde Bild sah aus wie sein Bild. Nur das Kind war ein anderes, also austauschbar. Offenbar wurden alle Kurkinder durchs improvisierte Fotoatelier geschleust – und haben dafür von ihrem Taschengeld bezahlt. Wenn er das Bild anschaue, friere es ihn, sagt er und setzt sehr bitter nach: »Über Jahre wurden wohl die Hüllen von Kindern anlässlich des Muttertags immer in exakt derselben Weise abgelichtet.« Für Albert ist das noch ein Beleg dafür, dass es nicht um die Kinder ging, sondern darum, »ein Bild nach außen zu präsentieren«.

Was er wohl gerade zu Hause verpasste, das stellte sich Albert in den Kuren intensiv vor. Er konnte sich nicht lösen von dem Schmerz, nicht dabei zu sein – vor allem nicht vom Schmerz, nur eine hinnehmbare Leerstelle hinterlassen zu haben. Die Traurigkeit darüber, sagt er, sei das prägende Gefühl seiner Kindheit gewesen. Er empfand das als Kränkung. War er so unwichtig? »Mich hat man von daheim weggeschickt«, formuliert er sein damaliges, nie ganz gewichenes Gefühl, ausgegrenzt worden zu sein.

Das Muttertagsbild durfte Albert dann nach Hause schicken

Den Soundtrack zu seiner Kindheit hat ein Spitzenreiter der deutschen Hitparade des Jahres 1972 geliefert: »Es fährt ein Zug nach Nirgendwo«, gesungen von Christian Anders. Das, sagt Albert, habe er, der damals Achtjährige, als sein Lied empfunden, als großen Hit speziell für ihn. Schon der Beginn »Es fährt ein Zug nach Nirgendwo mit mir allein als Passagier – mit jeder Stunde, die vergeht, fährt er mich weiter weg von dir ...« sprach ihm aus der Seele. Da fand er den Abschied von seiner Mutter und den anderen beschrieben, musste doch auch er mit dem Zug, mit einem Kindersammeltransport, von zu Hause fort. Der Song verlieh seiner entsetzlichen Enttäuschung über die plötzliche Verlassenheit und seinem flehentlichen Wunsch danach, dass doch alles wieder wie früher sein möge, seiner Sehnsucht nach der Geborgenheit Ausdruck.

Die Kuren dauerten mal sechs, mal sogar – ein Extremfall, die zweite große Nordseekur auf Norderney – 22 Wochen. Der Junge war ein besonders erfahrener Kurabsolvent. Dennoch zuckt Albert bei der Frage zusammen, ob die Kuren irgendwann für ihn normal geworden seien. Normal? Diesen Begriff akzeptiert er nicht. Er hat die Kurzeiten stets als Ausnahmezustand erlebt, konnte sich nie an den Gedanken gewöhnen, dass die nächste Kur der aktuellen gewisslich folgen würde. Albert war in der Kinderheilstätte *Felicitas* in Berchtesgaden, drei Mal in der *Prinzregent Luitpold* Kinderklinik in Scheidegg im Allgäu, fünf Mal in der Asthma-Kinderheilstätte Bad Reichenhall, zweimal im Seehospiz *Kaiserin Friedrich* auf der Nordseeinsel Norderney und zwei Mal in Oberjoch. Die Träger waren die Katholische Jugendfürsorge der Erzdiözese München-Freising, das Diakonissen-Mutterhaus *Kinderheil* in Bad Harzburg und die Katholische Jugendfürsorge Augsburg. Die Mehrzahl der Heime war also in kirchlicher Hand, und darauf hat Albert wohl nicht als einziges Kind reagiert. In seinem Fall aber nicht durch Anpassung, sondern durch cleveres Ausweichen. Im katholischen Scheidegg antwortete er intuitiv auf die Frage, ob er katholisch oder evangelisch sei, mit »evangelisch«. Dabei konnte man katholischer als er gar nicht aufgewachsen sein. Aber er scheint intuitiv geahnt zu haben, dass es im Häuflein der wenigen Protestanten gemächlicher zugehen würde. Damit lag er richtig. Er umging den Zwang zum Beten in der Kirche.

Das Kind als medizinisches Vorzeigeobjekt

Viele Professoren, Chefärzte und Oberärzte haben Albert in den Kuren begutachtet. Haben seine Lunge geröntgt oder ihm schmerzhaft Stirn- und Nasenhöhlen durchspült. Albert war nach seiner Erinnerung immer der Kränkste von allen. Und damit ein interessantes Vorzeigeobjekt. An eine Szene erinnert er sich noch ganz genau. Sie spielte sich in Bad Reichenhall ab. Albert war zwar kein wirklicher anatomischer Wunderausreißer aus dem Bild der Krankheit, unter der er bis heute leidet. Aber der birnenförmig nach vorne ausgewölbte Thorax des Jungen im Vorschulalter war doch so markant, dass der behandelnde Chefarzt ihn zu sich rief. Der Mediziner wollte den Jungen, besser gesagt diesen besonderen Thorax piriformis, einem Kollegen zeigen. Einen kurzen Moment lang war das eine vielversprechende Situation. Albert war es sonst nicht gewohnt, im Rampenlicht zu stehen. Als eines von sechs Geschwistern geht man in der häuslichen Kinderschar schon mal unter.

Anfangs fühlte sich der Junge von den beiden Männern in ihren weißen Kitteln auch sehr ernst genommen. Er war wichtig, stand im Mittelpunkt. Aber dann merkte er, dass er sich von seinen Wünschen hatte täuschen lassen. Die beiden Mediziner redeten nicht mit, sondern über ihn – oder etwas an ihm. Albert war nur das Objekt eines Fachdiskurses, kein wirkliches Gegenüber. Mit einmal brach das kleine Stolzgefühl wieder weg. Albert wurde bewusst, wie allein er war in diesem Kurheim. Er stand mit nacktem Oberkörper in fremder Umgebung zwischen zwei fremden Menschen und fühlte sich schutzlos. »Ich wurde vorgeführt. Es ging nicht um mich, sondern um meinen Thorax.« Das Gefühl, ohnmächtig ausgeliefert zu sein, setzte sich in ihm fest – fürs ganze Leben, sagt er. Albert blieb brav stehen, fühlte sich wie ein Darsteller in einer Freakshow und war froh, als die Autoritäten in Weiß ihm erlaubten, das Zimmer wieder zu verlassen, und er es für diesmal überstanden hatte.

Nicht nur die einzelnen Orte seiner Kuren hat Albert notiert, er hat auch die Summe seiner Aufenthalte ausgerechnet: 116 Wochen. Mehr als zwei von 14 Jahren seiner Kindheit und Jugend verbrachte er nicht zu Hause bei seiner Familie. In dieser Zeit war er oft mehrere Hundert Kilometer entfernt in einer Parallelwelt, die nach eigenen Regeln funktionierte. Albert war das Kind, das immer mal wieder verschwinden musste, das nicht so verwurzelt war in der Familie wie andere.

Seine Kuren sind dokumentiert auf einer Handvoll Fotokopien, Ablichtungen seiner Krankenakten. Mit diesen Dokumenten ist Albert weiter als viele andere ehemalige Verschickungskinder. Sie wissen gerade einmal, dass sie irgendwann in Kur waren. Viele können weder Ort noch Heim und oft nicht einmal das Jahr benennen. Albert hat also Glück im Unglück. Seine Original-Krankenakten sind wie die vieler Verschickungskinder mit ziemlicher Sicherheit längst vernichtet. Ihre Aufbewahrungsfrist ist abgelaufen. Das macht die Suche nach Wahrheit und die Aufklärung so schwierig. Da Albert schon sehr früh herausfinden wollte, was mit ihm geschehen ist, und das Glück hatte, auf die richtigen hilfreichen Menschen zu treffen, konnte er noch ein paar objektive Daten sichern.

Seine Unterlagenkopien belegen zumindest, wann Albert an welchem Ort war. Sie schaffen eine kleine Schneise im Dickicht der Erinnerungen und Gefühle, eine Lichtung greifbarer Daten. Was Albert aber auch weiß: das Dickicht ist kein freundlicher Ort des Ungewissen. In ihm sitzen die Belastungen seines Lebens. Da ist Albert sich sehr sicher, trotz aller Wissenslücken, trotz der vielen noch nicht geborgenen Erinnerungen. Er formuliert vorsichtig, denkt lange nach, bevor er etwas schildert – so sehr er erzählen will. Er ist noch immer von zarter Gestalt. Das kurze graue Haar umrahmt ein freundliches Gesicht. Er will sich lieber jetzt allem stellen als im fortgeschrittenen Alter, wenn ihm möglicherweise neue Abhängigkeiten drohen. Nur will er bei alldem genau sein, ungern etwas erzählen, das er nicht klar und gewisslich erinnert. Manche seiner Erinnerungsfetzen kann er einem bestimmten Kurhaus zuordnen, weiß aber nicht mehr, in welchem Jahr er dort war. Zu viele Schichten liegen übereinander.

Albert war der oft Abwesende. Aber auch wenn er zu Hause war, konnte man nicht sehr viel mit ihm anfangen. Das Leben war hart, der Hof trotz aller Arbeit nicht so rentabel, dass die Familie nur von der Landwirtschaft leben konnte. Erst der Großvater, dann auch Alberts Vater arbeiteten bei einer Bank. »Mein Vater war der Rechner dort«, sagt Albert – das war das Wort in seiner Familie für jenen Teil der Arbeit, bei dem der Vater keine Stallstiefel trug. Die Eltern betrieben ihren Hof als Nebenerwerbslandwirtschaft. Stand der Vater hinter dem Schalter, mussten die Kinder mit anpacken. Das war keine spezielle Härte in Alberts Familie: Die bäuerlichen Gepflogenheiten besagen, dass Söhne den Vater vertreten – in diesem Fall also Albert und sein älterer Bruder. Der Bruder aber war frühzeitig in ein Internat gekommen – und Albert schied aus gesundheitlichen Gründen aus. Wenn die anderen in den Stall oder aufs Feld gingen und abends erschöpft von der Arbeit, aber stolz auf Geleistetes zurückkamen, deckte Albert zusammen mit der Oma den Tisch und richtete den anderen das Vesper. Er beneidete die Rüstigeren um ihre Gemeinschaft auf dem Feld und ihr Gefühl, etwas vollbracht zu haben. Bei ihm dagegen erneuerte sich Tag um Tag das Gefühl, nicht dazuzugehören. Er war ein Fremdkörper. Vielleicht gar ein störender? Fiel es den anderen deshalb so leicht, ihn immer wieder in Kur zu schicken?

Anders als viele andere Verschickungskinder, die keine genaue Diagnose kennen und die Gründe für die Verordnung ihrer Kur allenfalls mutmaßen können, war Albert fraglos ein krankes Kind. Ein richtiges Sorgenkind, wie die Großmutter in ihrer derben Art frühzeitig erkannt hatte. Die Diagnose lautete auf Asthma bronchiale. »Kleinste Anstrengungen waren belastend«, beschreibt er das Ausmaß der Erkrankung. Schon der Schulweg wurde ihm manchmal zu viel.

»Ich war so ziemlich gegen alles allergisch, was meiner Mutter wichtig war.« Die bäuerliche Lebensgrundlage seiner Eltern und seine Krankheit standen einander unversöhnlich gegenüber. Albert verstand früh, dass er es trotzdem irgendwie schaffen musste, kompatibel zu werden mit dieser Welt. Er begriff, dass es seinen Eltern unmöglich war, ein Leben abseits der Landwirtschaft zu führen. Sie existierten nicht in einer Sphäre flexibler Joboptionen, sondern relativ starrer Lebensentwürfe ohne Alternativen. Ihr Sohn wollte mithalten können in dieser Bauernwelt, in der dazuzugehören sich vor allem darüber definierte, mit anpacken zu können. »Ich bin als Mädchen sozialisiert worden, weil: Die klassischen Arbeiten im Stall und bei der Heuernte, die konnte ich nicht. Wenn es darauf ankam, war ich nicht dabei.«

Alberts Paradoxon: Er wollte unbedingt Teil dieser Welt, seiner Umgebung sein. Aber um darauf eine Chance zu haben, musste er zuvor gesund werden. Und um gesund zu werden, musste er nach Meinung der Ärzte möglichst oft und lange heraus aus dieser Umgebung. In der Familie verständigte man sich ohne viele Worte darauf, dass es schon gut sei, »wenn der Albert ab und zu wegkommt«. Also wiederholten sich die Kuren, egal wie verstört er von dort zurückkam. Und doch reichten seine körperlichen Kräfte auch dann meist gerade so über den nächsten Winter oder das kommende Jahr. Es gab kein Entkommen aus der Kurverschickungsmaschinerie. In den 1960er- und 1970er-Jahren galt ein Aufenthalt an der See oder in einem Solbad als einziger Weg, Leiden wie das von Albert zu lindern. »Das war von den Ärzten eine klare Ansage«, erinnert er sich. Schon im ersten Entlassbrief findet sich der eindringliche Rat der Ärzte, das Kind bald wieder in Kur zu schicken.

Vom Kinderheim ins Kinderkrankenhaus

Albert war drei Jahre und zwei Monate alt, als er am 15. Mai 1967 seinen ersten Kuraufenthalt in der Kinderheilstätte *Felicitas* in Berchtesgaden antrat. Allein, aber unter der Aufsicht von kirchlichen Schwestern. Der Brief des Kurarztes an Alberts Kinderarzt datiert vom 28. Juli 1967. Albert war dort, so hat er es später handschriftlich auf dem Brief notiert, bis zum 2. Juli. Bei der Aufnahmeuntersuchung erlebten die Ärzte laut Bericht »einen dreieinhalbjährigen Buben in reduziertem Allgemeinzustand«. Nach vier Wochen Kur wurde »mit Einwilligung der Eltern« unter Rauschnarkose eine Kiefernhöhlenspülung gemacht, anschließend wurden die Polypen entfernt. Das heißt, Albert wurde unter kurzer Betäubung im angeschlossenen Kinderkrankenhaus operiert. Welcher Horror muss das für einen Dreijährigen gewesen sein, der sich schon durch die Verschickung entwurzelt fühlte. Wer saß an seinem Bett nach der Operation? Wer tröstete ihn oder sprach ihm vorher Mut zu, dass alles nicht so schlimm werde? Wer nahm ihn in den Arm, wenn er weinen musste? Eine Krankenschwester aus dieser Zeit nennt die Hals-Nasen-Ohren-Chirurgie eines der dunkelsten Kapitel der Kinderheilkunde in Bezug auf die psychologische Begleitung von Kindern. Welche Folgen allein die Narkosevorbereitungen für die Kinder hatten, »hat dort niemand bedacht«. Albert erlebte das alles als seelische Katastrophe.

»Da der Zustand des Kindes sehr wechselhaft war, haben wir die Kur um 4 Wochen verlängert«, heißt es in dem Arztbrief weiter. Über die psychische Verfassung des Kindes steht nichts zu lesen. Der noch nicht dreieinhalb Jahre alte Junge wäre bei der angestrebten Verlängerung insgesamt zehn Wochen allein fort von zu Hause gewesen. Doch so weit kam es nicht – was nicht an einfühlsamen Einwänden gegen die traumatische Kurverlängerung lag. Eine Kommunikationspanne war die Ursache für Alberts Glück im Unglück. »Leider konnten wir die Eltern telefonisch nicht mehr erreichen, sodass sie zwei Tage später erschienen, um Albert aus der Behandlung nach Hause zu nehmen«, steht in den Akten. Alles deutet darauf hin, dass die Ärzte die Eltern von diesem Schritt abhalten wollten. Es siegte der Pragmatismus der Eltern. »Es geschah auf ausdrückliche eigene Verantwortung, da sie die weite Anreise nicht noch einmal machen wollten«, murrt es in dem Bericht. Über 300 Kilometer waren die Bauernleute ins bayerische Berchtesgaden gefahren, um ihren Sohn abzuholen. Man verabschiedete sie mit Medikamenten für Alberts Weiterbehandlung an den Folgetagen. Dem Kinderarzt der Familie schreibt der Professor aus Berchtesgaden die schon erwähnte Empfehlung: »Leider war der Erfolg bei Albert (…) nicht so überzeugend, sodass die Kur im nächsten Jahr auf jeden Fall wiederholt werden sollte.« In der kinderärztlichen Fachliteratur der Zeit findet sich auch der Begriff »Kurversager« für Kinder wie Albert.

Albert selbst hat aus dieser Zeit eine ganz frühe Kurerinnerung. Da er weiß, dass seine Eltern ihn nur beim ersten Mal persönlich abgeholt haben, muss die folgende Episode geschehen sein, als er als knapp Dreieinhalbjähriger in Berchtesgaden war. Sie bestätigt, wie traumatisch er diese Wochen erlebt hat. Denn was er erzählt, klingt wie eine Szene aus einem der dokumentarischen Filme des Londoner Kinderpsychiaters und Bindungsforschers John Bowlby über das Verhalten hospitalisierter Kinder. Diese Filme, die zu Meilensteinen der Bindungsforschung und zu Lehrfilmen wurden, zeigen völlig eingeschüchterte und in sich gekehrte Kinder.

In dem, was er die aus Fetzen bestehende zentrale Erinnerung seiner frühen Kindheit nennt, sieht Albert einen Raum vor sich, aus dem ihn zwei Menschen abholen wollen. Die beiden waren seine Eltern. Albert erinnert sich nicht, dass er Vorfreude auf das Wiedersehen empfunden hätte. Seine Mutter erzählte ihm später, er habe keinerlei Anstrengung unternommen, Kontakt zu ihnen herzustellen. Ganz offensichtlich erkannte Albert weder Mutter noch Vater. Oder, so sagt er heute, er wollte sie nicht erkennen. Nach langen Wochen der Trennung von seinen Bezugspersonen war er dazu psychisch nicht mehr in der Lage. Wie bei anderen Kurkindern griff auch bei ihm der innere Selbstschutz der Abspaltung aller Gefühle, um das Belastende auszuhalten. Nur so konnte auch Albert emotional überleben: nach außen als angepasstes und braves Kind, die massive Traumatisierung im Inneren verbergend. Immer wieder wird die Fassade in seinen Krankenberichten beschrieben, aber nicht durchschaut. Unter der Rubrik Verhalten/Gesamteindruck vermerken die Ärzte: »Freundliches, nettes und liebes Kind«, »unauffällig, freundlich« oder »sehr gut«. Dass all diese Zuschreibungen auch auf ein Klein- oder Vorschulkind zutreffen, das angesichts des erlittenen Bindungsverlusts resigniert hat, kam entweder niemandem in den Sinn – oder es durfte keinen Eingang in die Akten finden.

Albert sagte also kein Wort, als er seine Eltern nach Wochen wiedersah. Erst im Laufe der mehrstündigen Autofahrt fing er zaghaft wieder an zu sprechen. »Ich war dort einfach viel zu lang«, sagt Albert. »Ich erkläre mir das so, dass ich so stark unter der Trennung litt, dass ich alles abgespalten und mir dann jedes Gefühl verweigert habe. Auch das eigentlich schöne Gefühl der Wiedersehensfreude.«

Bei Alberts späteren Recherchen zu seiner Kurkindheit erzählte seine Mutter die Episode stets aus einer gänzlich anderen Perspektive. Sie strich heraus, wie schlimm dieses Erlebnis für sie gewesen sei. Hielt dagegen, ob er sich das denn vorstellen könne, was es für eine Mutter bedeute, wenn ihr Kind sie nicht mehr erkenne. Alberts Mutter ist inzwischen hochbetagt, er hat es aufgegeben, ihr begreiflich machen zu wollen, wie die Kurerlebnisse ihm zugesetzt und wie sie ihn auf Dauer verändert haben. Die einstige Frage der Mutter an den frisch Heimgeholten, wie es ihm in der Kur ergangen sei, war viel zu beiläufig gestellt, in spürbarer Erwartung einer heiteren, positiven Antwort, als dass er sie hätte beantworten können. Sein Grauen war viel zu groß, als dass es zwischen Abendessen und Zubettgehen hätte erzählt werden können. Es war nicht mit zwei, drei Sätzen abgearbeitet. Es war größer als alles bisher Erlebte. Überwältigender, alles überscheinend. Albert hätte damals auch gar keine Worte dafür in seinem kleinkindlichen Vokabular gefunden. Heute sagt er, er habe schon damals geahnt, dass seine Verzweiflung, die ein Traumatherapeut inzwischen als posttraumatische Belastungsstörung eingestuft hat, die Bewältigungsstrategien seiner bäuerlichen Familie überfordert hätte. Was in seinem Inneren saß, konnte er auch sich selbst nicht durch Aussprechen vollends eingestehen. Vielleicht versteckten alle in der Familie ein Gefühl völliger Hilflosigkeit voreinander.

Das Schweigen über die Schrecken der Kinderkuren könnte in vielen Familien der Nachkriegszeit ein anderes Schweigen gespiegelt haben: das Schweigen über die immensen Schrecken des durchlittenen Krieges. Auch die Eltern trugen jede Menge Weggeschlossenes in sich. Der Zeitgeist und die herrschende Meinung gaben ihnen recht, besser nicht– aus sich selbst und seinen Mitmenschen – herauszuholen, was man lieber nicht hören wollte. Aber was ist Zeitgeist anderes als eine kollektive Reaktion auf kollektive Erfahrungen. Einer bestätigt den anderen, dass so schon alles gut sei.

Was aber wohl die gravierendste Folge dieser Einstellung war: Kinder wurden zeitweise, in manchen Fällen dauerhaft, um die intakte Beziehung zu ihren Eltern gebracht, um ein wichtiges Rüstzeug fürs Leben. Sie gibt Selbstvertrauen und den nötigen Rückhalt, sich durchzuschlagen. Albert ist nicht der Einzige, der von dem Gefühl berichtet, dass seine Mutter die Dramatik seiner seelischen Not im Grunde nicht verstanden habe – und noch immer nicht verstehe.

Zu Alberts eindrücklichsten und vielleicht auch schlimmsten Erlebnissen gehören die beiden Kuren auf der Nordseeinsel Norderney. Schon im Vorfeld hatte der Vater Albert auf seine ganz eigene Art Angst gemacht. »Oh Gott«, sagte er, als er hörte, dass sein Sohn in den Norden fahren werde, »da werden sie dich ja gar nicht verstehen. Da reden doch alle Platt.« Albert war in großer Sorge, sich während des bevorstehenden Kuraufenthalts nicht verständlich machen zu können. Die abstruse Befürchtung versetzte ihn schon Wochen vor Kurantritt in Anspannung.

Die Frage, warum Albert nicht mehr ins wenn schon nicht geliebte, so doch vertraute Bad Reichenhall fahren durfte, beantworten die Unterlagen nicht. Sie lassen keinerlei Rückschluss darüber zu, warum der Kinderarzt 1973 nach sechs Kuren in Süddeutschland entschied, Albert an die Nordsee zu schicken. Auch nicht darüber, ob es ein Sachbearbeiter der Bundesversicherungsanstalt war, der das Seehospiz auswählte. Antworten darauf hat Albert noch nicht gefunden. Auch damals war ihm lediglich klar: Es ging diesmal noch viel weiter weg von zu Hause als zuvor. Wieder einmal packte er Floppy, seinen Plüschaffen von Steiff, ein, seinen Tröster, der würde helfen müssen gegen all das Schlimme. Floppy war verlässlicher als Eltern und Freunde. Die reisten ja nicht mit.

Mit der Fahrkarte um den Hals in den Zug

Albert hat Kuren erlebt, in denen durch den Zusammenhalt der gleichaltrigen Jungs das Heimweh kleiner wurde. Aber manche Male war da auch niemand, der es mildern konnte. Er hat erlebt, wie demütigend es sein kann, vor anderen Kindern bloßgestellt zu werden. »Für mich war das sehr beschämend«, sagt er und berichtet von einem Zwischenfall im Seehospiz auf Norderney. Irgendjemand hatte während des Mittagessens gepupst. Das hatte die Aufsicht führende Schwester deutlich gehört. Die Kinder mussten während des Essens ja still schweigen. Mit ernstem Blick schritt die Schwester die Tische im Speisesaal ab und beschnüffelte jedes Kind, um dann hinter Albert stehen zu bleiben. Sie glaubte, er sei es gewesen – und setzte auf das Mittel der öffentlichen Demütigung: »Ich war das nicht, aber trotzdem wurde ich vor versammelter Mannschaft nach oben auf mein Zimmer geschickt.« Für den Rest des Nachmittags musste er dort bleiben. Ob man bei Strafmaßnahmen ungeschoren davonkam oder nicht, war ein Lotteriespiel. Willkür ist ein perfides pädagogisches Mittel.

Albert auf Norderney, 3. von rechts

Über die Jahre wurde Albert unfreiwillig zum Kurexperten. Immer wieder hängte ihm seine Mutter die Fahrkarte in einer Klarsichthülle an einer Kordel um den Hals. Darauf stand stets außer seinem Namen das Fahrtziel und der Kostenträger der Kur. Bei Albert war es die Bundesversicherungsanstalt für Angestellte (BfA). Albert erinnert sich, wie er versucht hat, den fremden Kindern auf die Brust zu schauen, um herauszubekommen, was auf deren Fahrkarte stand – LVA für Landesversicherungsanstalt etwa. In seiner kindlichen Hierarchievorstellung rangierte die

BfA ganz oben. So suchte er mitten in der großen Unsicherheit nach kleinen Inseln des Überlegenseins.

»Tanten« nannte Albert die Erzieherinnen, die auf der Fahrt die Kinder begleiteten. Die Jungs wussten genau, wo sie einsteigen mussten. Ob vorne oder hinten, war im Vorhinein generalstabsmäßig von einem nordrhein-westfälischen Reiseunternehmen organisiert worden. Immer wieder findet sich der Name in den Akten. Das Unternehmen war geübt in solchen Kindertransporten, und im Schreiben der BfA wurde den Eltern bereits mitgeteilt, dass sich dieser Spezialist für die Fahrtabwicklung bei ihnen melden werde. In einem Aufsatz von 1964, in dem es eigentlich um die ärztlichen Mindestanforderungen für die Kurunterbringung geht, schreibt der Hannoveraner Professor für Kinderheilkunde Kurt Nitsch eher beiläufig, mit der Kinderverschickung werde relativ viel Geld umgesetzt. Auch er liefert damit einen weiteren Hinweis, warum sich die Kinderkur als Heilverfahren so zäh gehalten hat. Nicht nur das Reisebüro aus Remscheid hatte ein starkes wirtschaftliches Interesse an hohen Verschickungszahlen. Auch Sepp Folberth, der Kinderarzt aus Lörrach, wirbt in den einschlägigen Büchern für sein Verfahren: »Heilspeck nach Dr. F. – Besonders geeignet zur Unterstützung von Klimakuren bei allergischen Hautleiden und in der Rekonvaleszenz. Vom Bundesgesundheitsamt als Arzneimittel anerkannt, rezeptfähig und kassenwirtschaftlich. Zu beziehen durch alle Apotheken.«

Auch am 23. März 1973, kurz nach Frühlingsanfang, stand Albert mit seinem Gepäck wieder am Bahnsteig – in Ulm oder Aulendorf, ganz sicher ist er sich da nicht mehr. Die Ungewissheit, wie lange die Kur dauern würde, reiste immer mit. Oft genug hatte Albert erlebt, wie sich die Zeit in die Länge zog, weil die Ärzte noch mal und noch mal eine Woche anhängten. Kein Ende der quälenden Zeit zu kennen, auf das er hinleben konnte, war das Schlimmste von allem. Hätte Albert 1973 gewusst, dass er diesmal 20 Wochen bleiben würde, er hätte wohl kaum die Kraft aufgebracht, in den Zug zu steigen.

Aber selbst ohne Verlängerung der angesetzten Kurzeit hätte Albert den regulären Schulbeginn verpasst. Auch wenn man den großen logistischen Aufwand hinter der Kurorganisation und seine Zwänge berücksichtigt, liest sich das Kleingedruckte im Bescheid der BfA über Alberts Kur befremdlich. »Der von der Heilstätte festgelegte Aufnahmetermin ist unbedingt einzuhalten. Auch eine Verlegung aus schulischen Gründen kann nicht berücksichtigt werden.« Weiter heißt es: »Es können deshalb keine Ausnahmen gemacht werden, wobei wir keineswegs verkennen, dass hierin im Einzelfall eine Härte liegen kann. Im Interesse einer nachhaltigen Genesung der Kinder sollte jedoch der Schulverlust in Kauf genommen werden. Wir bitten Sie zu bedenken, dass fast jede schwere Erkrankung eines Kindes auch zu einem Schulversäumnis führt. Wird jedoch rechtzeitig ein Heilverfahren durchgeführt, kann für die Zukunft vielleicht längeres Fernbleiben vom Schulunterricht vermieden werden, denn das Heilverfahren wird ganz sicherlich einer möglicherweise länger andauernden Erkrankung vorbeugen.« Das Schreiben enthält auch den Hinweis, dass bei einem Abbruch der Kur weitere Heilmaßnahmen versagt werden können. So sicherte sich die BfA einerseits ganz nachvollziehbar ab. Aber so setzte sie andererseits auch jene Eltern unter großen Druck, die sich anders als üblich Sorgen um die Kurerfahrung machten – und die bei Informationen über Missstände womöglich geneigt gewesen wären, irgendwie zu intervenieren.

In Alberts Unterlagen findet sich ein rarer Hinweis, dass er nach seiner besonders unangenehmen Erfahrung mit der Langkur auf Norderney einmal auch ein wenig Hilfe bekam, das System ein wenig an seine Bedürfnisse anzupassen. Bei einer späteren Kureinweisung bemüht sich eine Krankenschwester aus Bad Reichenhall darum, dass Albert an den vertrauteren Ort zurückkommt. Sie schreibt an seine Eltern: »Nach Rücksprache mit Frau Doktor ist dringend zu raten, dass Albert eine Kur in Bad Reichenhall verbringt. Unsere Heilbehandlungen sind mit denen anderer Heime nicht zu vergleichen. Da wir Albert gut kennen, wissen wir genau, wie ihm geholfen werden kann.« Bezeugt dieses Schreiben eine Zugewandtheit, die der abgekapselte Junge nicht hat wahrnehmen können? Oder verrät es nur, dass bei bereits sinkender Auslastung der Kurkliniken die Einrichtungen um Belegkandidaten kämpfen? Die Frage lässt sich nicht mehr beantworten. Die BfA jedenfalls ließ sich nicht umstimmen. Das kranke Kind hatte sich dem System zu beugen, nicht die Kurmaschinerie dem Kind.

Im Sommer 1974 begann also eine weitere, ursprünglich auf sechs Wochen angesetzte Kur auf Norderney. Sie endete fünfeinhalb Monate später im Dezember 1974. Anfang September, vier Wochen nach Kurbeginn, trat bei Albert, so schreibt der Chefarzt des Seehospizes *Kaiserin Friedrich*, Professor Wolfgang Menger, in seinem Entlassbrief, »ein schwerer Status asthmaticus auf«. Die Klimatherapie habe schon vorher nicht voll wirksam werden können, »da der Patient häufig schwer krank war und unter wiederholten Anfällen von Atemnot litt. Albert sei in diesem Zeitraum nicht belastungsfähig gewesen. Mit anderen Worten: Die Klimatherapie, wegen der Albert eigentlich an die Nordsee verschickt worden war, konnte gar nicht durchgeführt werden. Stattdessen wurde er in der vierten Woche seiner Kur von seinen neu gewonnenen Freunden getrennt und auf die Krankenstation verlegt – eine weitere Trennung zusätzlich zur Trennung von der Familie.

Briefe als einziger Kontakt zur Welt

Sein neuer Freund Jochen scheint die Trennung so einschneidend empfunden zu haben wie Albert selbst. »Lieber Albert!«, schreibt er in einem Brief aus Haus 6 des Seehospizes. »Ich hoffe, dass du bald wieder in Haus 6 kannst. Schwester Katja ist inzwischen in Urlaub gefahren. Wir alle denken täglich, wie wir dir eine Freude bereiten können.« Aber selbst dieser Brief konfrontiert Albert mit dem Schrecken der Ersetzbarkeit. Und mit dem Gedanken, dass wohl nicht mit seiner baldigen Rückkehr von der Krankenstation gerechnet wurde. »Für dich kam Jens in Zimmer 2. Ich liege in deinem Bett und Jens in meinem. Gute Besserung wünscht dir dein Jochen.« Jochen beließ es nicht bei dem einen Brief. Er schickte weiter mit Filzstift opulent bebilderte Botschaften und hielt Albert über die Entwicklungen in Zimmer 2 auf dem Laufenden. »Paul ist am Freitag nach Hause gefahren. Seitdem ist Knoppikus mein zweitbester Freund.« Aber er versichert Albert: »Du bist natürlich mein bester Freund. Hast du noch so viel Asthma? Ich hoffe nicht. Bye-bye, bis zum nächsten Mal, dein Jochen!«

Albert ist das, was man neudeutsch einen achtsamen Menschen nennt. Sich selbst und anderen gegenüber. Er weiß, wie es sich anfühlt, verletzt zu werden, und dass Schmerz manchmal nicht weggehen will. Er spricht gedämpft, lacht manchmal selbst herzlich über die Skurrilitäten, die seine Krankheit mit sich gebracht hat. Zum Beispiel, wenn auf einer Postkarte, die er von Norderney nach Hause an seine »lieben Eltern« geschickt hat, nach drei Sätzen, in denen er von der Schule, dem Baden am Strand und vom täglich dreimaligen Inhalieren berichtet, ganz altklug die Erwachsenenformel »ich komme langsam zum Schluss« folgt. Dann grüßt er noch von sich und seinem Äffchen

Floppy. Der Stempel neben der Briefmarke mit dem Konterfei des Bundespräsidenten Heinemann verkündet stolz das Jubiläum der Einrichtung: »175 Jahre Seebad Norderney«. Albert muss heute selbst lachen über den kleinen Jungen, der versucht hat, sich so weltläufig zu geben, und doch nur heimwehkrank war. Bei einer Karte, die er mit 13 Jahren aus Bad Reichenhall an seine Familie schrieb, gab er sich weniger Mühe, sein Heimweh zu verbergen. Das Wichtige am Kuraufenthalt ist das Abzählen der Zeit bis zur Heimkehr. »Nun bin ich schon 2 Wochen hier und jetzt sind es nur noch 4 Wochen. (….) Freitag schreibe ich wieder.«

Briefe waren seine einzige Verbindung nach Hause. Seine vier Jahre ältere Schwester schrieb ihm – und auch mal die Mutter. Beide berichten vom Alltag. »Heute haben wir Stroh eingefahren, wir hätten dich so gut gebrauchen können als Schlepperfahrer. Morgen möchten wir noch Mähdreschen im Holz hinten. Dann wären wir endlich fertig. Die letzten Tage waren wir in den Kartoffeln.« Worte, die Albert eigentlich trösten sollen. Ebenso wie der Gruß der Mutter: »Nun, lieber Albert, muss ich Schluss machen und wünsch dir von Herzen alles Gute und Liebe und verbleibe in Gedanken immer bei dir, deine dich liebende Mama. Wir freuen uns schon auf ein Wiedersehen.« Albert verstand, dass die Mutter ihm zeigen wollte, wie sehr ihn alle vermissen. Aber gerade das machte ihn traurig. »Es war einfach schwer auszuhalten«, sagt er – der ewige Gedanke an ein Leben, das ohne ihn weiterging.

Es gibt neben der Prognose eines frühen Todes für Albert einen weiteren Satz, den die Geschwister noch immer untereinander zitieren. Einmal wurde auch eine von Alberts Schwestern verschickt. Die Geschwister kurten zur selben Zeit, aber räumlich streng voneinander getrennt in Scheidegg. Das Auseinanderreißen der einander Vertrauten war ja Kurstandard. In einem Brief an die Eltern schrieb die Schwester: »Heute habe ich Albert gesehen.« Gemeint war keine Begegnung, kein Treffen, keine Umarmung, kein Gespräch, wirklich nur die Sichtung aus der Ferne. Ein Satz wie »Heute habe ich einen Buntspecht gesehen.« Längst lachen die erwachsenen Geschwister darüber. Damals brachte die kindliche Direktheit Alberts Lebensgefühl auf den Punkt: Er war der Bruder in der Ferne.

»Ich habe angefangen, mir Ersatzmütter zu suchen«, beschreibt er die Strategie, mit der er sich Geborgenheit in der Beklemmung schaffen wollte. Es gibt Bilder, die zeigen ihn eng angekuschelt an eine Krankenschwester im Kurheim. Er sieht sehr verwundbar aus. Von der Krankenstation im Seehospiz aus hat er dann auch Briefe an eine Schwesternschülerin geschrieben, die so eine Ersatzmutter auf Zeit geworden war. Einen guten Monat vor Weihnachten schrieb dem Elfjährigen eine junge Frau aus Bochum namens Renate zurück. »Ich bin ja sehr überrascht, dass du so oft daran denkst, mir zu schreiben, aber ich freue mich sehr darüber. (...) Übrigens habe ich von Peter auch schon oft Post bekommen. Ich glaube, Ihr beide seid doch schon am längsten in Norderney. Ich hoffe für Dich und Peter, dass Ihr an Weihnachten zu Hause sein könnt. Seit zwei Wochen bin ich nun wieder in der Schule, aber am liebsten würde ich zu Euch kommen.«

Ob Albert diese Zeilen getröstet haben, weiß er nicht mehr zu sagen. Er saß damals in der Vorweihnachtszeit in dem riesigen Kurheim am Meer und verpasste den Nikolaustag, die Adventszeit und bangte, ob er wohl wenigstens zum Weihnachtsfest zu Hause sein würde. Verpasst hatte er da schon den Start in ein neues Leben am Gymnasium. Darauf hatte er sich sehr gefreut. Nun musste alles mit dem mühseligen Aufholen des versäumten Unterrichtsstoffes des ersten Halbjahrs beginnen.

Sein Schulfreund Ulrich schrieb ihm lange Briefe in die Kur, als absehbar war, dass Albert nicht so schnell wieder da sein würde. Ulrich hatte gerade ein Brüderchen bekommen: »Ich kann dir gar nicht sagen, wie lieb er ist.« Solche großen Neuigkeiten und Gefühlsbekenntnisse wechseln sich in diesem Briefwechsel ab mit Einblicken in das Alltagsleben der Freundesclique. Albert hat es beim Lesen manchmal die Luft abgeschnürt. Ihm fehlten auch die kleinen Streitereien. »Vor etwa 3 Wochen haben ich, Rudi und Georg Dir einen Brief schreiben wollen, aber wir haben nichts zusammengebracht. Rudi wollte nichts schreiben, aber ich und Georg wollten schreiben, so siegte die Mehrzahl. Aber nun wollte jeder etwas anderes schreiben, sodass man nicht wusste, was zu schreiben. (...) In der Schule bin ich in Englisch gerade am Aufsteigen, denn jeden Tag, so sagt mein Lehrer, werde ich besser. (...) Da sind noch ein paar Fragen: Ich möchte gerne wissen, ob du noch vor Weihnachten heimkommst, ob du wieder am selben Ort bist wie voriges Jahr, ob Du Englisch hast, wie groß die Insel Norderney ist, ob da droben auch ein Kind ist, das du nicht so gerne magst.« Mit einer entscheidenden, weil aufs Ende der Trennung weisenden Frage endet Ulrich. Er will wissen, »ob du, wenn du wiederkommst, neben mir sitzt«.

Drei Tage vor Heiligabend wurde Albert entlassen. Am 15. August war er nach Norderney gereist. Er war zwar an Weihnachten wieder zu Hause. Aber wie von ihm vorhergeahnt, musste er nun zu büffeln anfangen. Seine Mitschüler hatten schon ein halbes Schuljahr englische Vokabeln und Grammatik intus. »Ich brauchte bis zur achten Klasse, bis ich mich da richtig eingefunden habe«, erinnert sich Albert.

Jetzt ahnte wohl auch seine Mutter, dass sich der Nutzen und die Belastung durch die Kuren bestenfalls die Waage hielten. Jedenfalls glaubt Albert, dass sie in dieser Phase seiner vielen Kuren beim Kinderarzt anfragte, ob denn wirklich wieder so eine Maßnahme nötig sei. Dieser Arzt, dem der Ruf eines groben Klotzes mit wenig Einfühlungsvermögen anhing, reagierte vorhersehbar nach dem damaligen Schema F. »Dann lassen wir ihn verrecken, oder was?« herrschte er die besorgte Mutter an. Der wird wohl sofort der in der Familie so oft wiederholte Satz der Großmutter »Den ziehst du nicht groß!« in den Ohren geklingelt haben. Sie gab ihren Widerstand auf. Die wütende Antwort des Arztes illustriert anschaulich, welche Haltung mancher Mediziner zum Mitspracherecht der Familien und der Einbeziehung der Kinderpsyche in die Behandlungsplanung an den Tag legte.

Dass Psyche und Körper zusammenwirken, dass Alberts Asthmaerkrankung auch ein Hilferuf der kindlichen Seele sein konnte und die ständigen Abwesenheiten die Widerstandskraft des Kindes eher schwächte, wäre auch manch anderem Mediziner jener Tage nicht in den Sinn gekommen. Und das, obwohl Ende der 1960er-Jahre die ersten Fachbücher erschienen waren, die sich des Themas Asthma aus psychosomatischer Sicht annahmen. Zum Leidwesen der Kurkinder fanden deren Fakten und Thesen nur allmählich Verbreitung. Sie bedrohten ja auch ein eingespieltes System.

Alberts Mutter wechselte nach diesem Erlebnis zwar den Kinderarzt, aber auch der Nachfolger des Grobians wusste Albert nicht anders zu helfen als mit Kurverschreibungen. Wahrscheinlich war auch für sensiblere Ärzte in einer allgemeinen Denkwelt, in der die Kinderperspektive als kindische Perspektive verworfen wurde, schwer zu begreifen, mit wie viel Leid eine solche Kurverschickung verbunden war, wie auch vermeintliche Kleinigkeiten verletzen konnten. In vielen Erzählungen der Verschickungskinder gibt es Berichte von der bösen Wirkung enttäuschter Erwartungen. So wie Sabine bei ihrer Rückkehr ihre

Mutter nicht gleich am Bahnsteig fand, erging es auch Albert. Man könnte das für eine Lappalie halten und fragen, was es für einen Unterschied macht, wenn sich eine Umarmung um fünf Minuten oder, wie in Alberts Fall, auch mal um einen ganzen Tag verschiebt. Für die Kinder, die solche Pannen erlebten, waren sie im Zusammenhang der Kurbelastung aber so bedeutsam, dass sie sich noch Jahrzehnte später erinnern – als Teil einer großen traurigen Geschichte.

Warten auf das Wiedersehen

Es muss bei einer seiner Verschickungen nach Bad Reichenhall gewesen sein, weiß Albert. Wenn man endlich die Fahrkarte für die Heimfahrt in der Tasche hielt, begann das Warten auf die Abfahrt. »In der Regel geschah das ja wieder mit einem Kindertransport.« Dieser aber ging gründlich schief. Albert saß in der Empfangshalle. Es war normal, dass im Laufe des Tages die Kinder in kleinen und größeren Gruppen ihre Heimreise antraten. Busse fuhren vor, eine Gruppe nach der anderen sagte Servus und stieg in den Zug. Man darf sich ein großes Gewusel vorstellen. Das Haus im bayrischen Bad Reichenhall bot laut Kinderheimverzeichnis des Kinderarztes Sepp Folberth Platz für 250 Kinder. Albert stieg nicht mit ein, er wartete auf seine Eltern. Sie würden ihn abholen, hatte man ihm angekündigt. Also wartete Albert geduldig. Im Lauf des Tages wurden alle abgeholt, nur Albert saß, als der Abend heranrückte, immer noch da: Seine Eltern waren nicht gekommen. Erst als er diese am nächsten Tag endlich wiedersieht, erfährt er von ihnen, dass sie am Vortag am Ulmer Bahnhof vergeblich auf ihn gewartet hatten.

Als endlich unumstößlich feststand, dass etwas nicht stimmte, musste Albert eine weitere Nacht im Kurheim bleiben. In der Historie des Hauses eine Petitesse. Für Albert ein einschneidendes Erlebnis. »Das ist genau die Angst, die ich immer hatte: Ob sich wohl überhaupt noch jemand für mich interessiert?«, beschreibt er die Erschütterung durch ein Missgeschick in der Kommunikation. Er grübelte nun, ob er nicht doch vergessen war, weil er immer wieder für unbestimmte Zeit wegfuhr. Und ob es nicht besser sei, gar nicht erst Erwartungen in andere Menschen zu setzen. Mit dieser Sorge war Albert nicht allein. Man findet sie bei vielen Verschickungskindern. Sie berichten davon, Dinge noch immer lieber allein mit sich selbst auszumachen. Sie ziehen andere Menschen ungern ins Vertrauen.

Meist schaut Albert auf die Ereignisse seiner Kindheit nüchtern. Er studiert den eigenen Fall. Er ist inzwischen 56 Jahre alt, verheiratet und selbst Vater. Er ist Diplom-Religionspädagoge und nun unter anderem damit beschäftigt, mehrheitlich junge Erzieherinnen dafür zu sensibilisieren, ihre Arbeit kindgerecht zu gestalten. Er weiß, wie sich die andere Art Umgang anfühlt.

Alle kritischen Phasen seines Lebens hat Albert bislang gemeistert. Auch wenn er manchmal nah an die Grenze zwischen Leben und Tod kam. Was immer die Kuren mit ihm angerichtet haben mögen, sein Asthma haben sie nicht geheilt. Oft hat ihm die Luft zum Atmen gefehlt, einmal hat ihn nur eine Notärztin retten können. Das war kein spätes Wiederaufbrechen eines einst durch Kuren gedämpften Leidens. Albert muss mit diesen Anfällen immer schon leben. Eine der Szenen, die sich ihm eingeprägt haben, spielt, als er schon 14 oder 15 Jahre alt war – eine Phase, in der man eigentlich nicht mehr am Rockzipfel der Mutter hängt und in der gerade Jungs Schwäche und Bedürftigkeit peinlich sind. Albert bekam im Unterricht einen Asthmaanfall. Er wollte japsend so schnell wie möglich raus aus dem Klassenzimmer. Die anderen sollten nicht sehen, wie es ihn durchrütteln und die Atemnot sein Gesicht in Panik verzerren würde, wenn alle Kontrollmechanismen versagten. Aber ein guter Freund stand mit ihm diesen Anfall durch. Saß neben ihm auf dem Schulflur, wohin Albert sich gerettet hatte. War einfach da. Albert vertraute ihm und berichtet heute von dieser Szene, als stünde er nun neben diesem Paar im Schulflur. Er hört sich selbst, wie er in tiefster Verzweiflung nach seiner Mutter ruft. Für kurze Zeit war er wieder das schutzlose Kind, das sich Rettung von einem einzigen Menschen wünscht: von seiner Mutter.

Er habe, versichert er, seinen Eltern nie vorgeworfen, dass sie ihn so oft in Kur schicken ließen. Es gab Phasen in seinem Leben, da machte er ihnen jedoch den Vorwurf, »dass sie ihren Kindern nicht genug Aufmerksamkeit gewidmet haben, das schon«. Nun hat er die abgeklärte Sicht eines Mannes, der seit seinem frühen Erwachsenenalter aufzuarbeiten versucht, wie ihm in Kindheit und Jugend der Boden unter den Füßen weggezogen wurde. Obwohl ihm die Vernunft damals sagte: Du bist krank, ohne Hilfe überlebst du womöglich nicht.

Der Krankenhausclown, ein Mutmacher für Kinder

Als Albert aus Kanada vom Projekt der Krankenhausclowns hörte, war er sofort begeistert. Er wollte sein Hobby Straßenzirkus und Clownerie in ein Projekt einbringen. Ein großes Kinderkrankenhaus konnte er überzeugen, ihm als Clown Zugang zu gewähren. Daraus entstand seine Diplomarbeit im Fach Religionspädagogik. In der formuliert er, was Ferdinand, wie er seine Figur nannte, bewirken sollte. »Ferdinand will auf den Kinderstationen des Krankenhauses durch sein Auftreten Freude verbreiten, er will das Krankenhausklima auflockern und den Gesundungsprozess der Patienten fördern.« Genauer gesagt: Ferdinand-Albert will den Kindern »eine vertraute, geborgene Atmosphäre schaffen«. Er will die Angst vor Behandlungen nehmen, das Selbstwertgefühl der Kinder stärken, verschlossene Gemüter dazu ermutigen, sich zu äußern. Einen Clown wie Ferdinand, den hätte Albert sich in seinen Kuren selbst gewünscht. Auch in seiner Abschlussarbeit hat er bekannt: »Was eine Trennung von der Mutter für ein Kleinkind bedeutet, habe ich am eigenen Leibe, besser gesagt in der eigenen Seele erfahren.«

Die Kernthese seiner Arbeit besagt, dass sowohl der Clown wie die Person Jesus heilend auf die Menschen ihrer Umgebung wirken oder wirkten. Das Besondere an Alberts Ansatz: Er kam nicht, wie heute und auch damals üblich, als Arzt mit Clownsperücke und Schminke. Er kam als Putzclown. Also angesiedelt ganz unten in der Krankenhaushierarchie. Er wollte den Kindern auf Augenhöhe begegnen. Das war ebenso sozialpädagogisches Konzept wie Resultat der Selbstwahrnehmung von Albert.

Als Erwachsener ist Albert irgendwann vor Erschöpfung zusammengebrochen. Er hatte den Familiengrundsatz verinnerlicht: Zugehörigkeit definiert sich über Arbeit. Er wollte auch in seinem Berufsleben über die Maßen fleißig sein, um ganz gewiss dazuzugehören. Bis ihm die Kräfte mit 40 Jahren ausgingen. Er kam in eine psychosomatische Klinik. Einen Zusammenhang von den 116 Wochen seines Lebens, die er als Kind in Kur verbracht hatte, mit seinem Zusammenbruch sah er da noch nicht. Er hielt seine Kümmernisse für viel zu unbedeutend angesichts bedeutender globaler Probleme und Konflikte. Konnte, was er erlebt hatte, denn traumatisierend für sein ganzes Leben gewesen sein, wo doch an anderen Orten in der Welt Menschen durch Krieg, Gewalt oder Naturkatastrophen starben? Albert redete das klein, was ihn mehr belastete, als er sich je eingestehen wollte.

Mittlerweile jedoch, sagt er, sei er gut eingestellt mit Medikamenten. Trotz eingeschränkter Lungenkapazität könne er ein weitgehend normales Leben führen. Auch wenn er, wie jetzt gerade, nach einem Burn-out wieder aus einer psychosomatischen Klinik kommt. Das Leben kostet ihn immer noch Kraft. In Zeiten von Corona bleibt er zu Hause. Albert gehört zur Risikogruppe. Er versucht ein Leben in friedlicher Koexistenz mit der Krankheit und ihren Kollateralschäden. Aber an einem zweifelt er nicht mehr: am Zusammenhang von Kur und Krankheit.

Kapitel 9

Ausgeliefert und kein Entkommen

Melanie in Bad Dürrheim, Gerhard in Bad Rappenau, Barbara auf Sylt, Andrea in Hirsau

Was für ein Aufwand! Aber Melanies Mutter arbeitete die lange Liste geflissentlich ab, als sie ihrer fünfjährigen Tochter den Koffer für die Kur packte. Die Liste existiert noch. Auf einem maschinengeschriebenen Blatt Papier kann Melanie heute den Kofferinhalt nachlesen, mit dem sie 1976 auf Reisen ging. »Übersicht über die dem Kind mitgegebenen Kleidungsstücke einschließlich der bei Reiseantritt getragenen« steht dick unterstrichen über der Auflistung, die Melanie zumindest für jede Wetterlage gerüstet zeigt.

7 Hemden, 21 Schlüpfer, 2 Strumpfhosen, 3 kurze Hosen, 2 lange Hosen, 6 Paar Kniestrümpfe, 5 Paar Söckchen, 4 Schlafanzüge, 2 Nachthemden, 3 Kleider, 5 Blusen, 5 T-Shirts, 3 Röcke, 4 kurzärmlige Pullover, 3 langärmlige Pullover, 1 Strickweste, 1 Mantel, 1 Anorak, 1 Paar Handschuhe, 1 Kopftuch, 1 Brustgeldbeutel, 1 Bademantel, 1 Schal, 1 Paar Gummistiefel, 1 Paar Halbschuhe, 1 Paar Sandaletten, 1 Paar Hausschuhe, 6 Handtücher, 2 Badeanzüge, 1 Bademütze, 1 Seife, 1 Seifenschale, 1 Zahnbürste, 1 Zahnpasta, 6 Waschlappen, 1 Kamm, 1 Schuhputzzeug, 1 Ersatzschuhbänder, 1 Regencape, 1 Stofftier, 6 Taschentücher, 1 Taschentuchbehälter, 5 Briefumschläge

Melanies Mutter folgte damit den Vorgaben des Kindersanatoriums *Luisenheim* in Bad Dürrheim. Wie man sie in brüskem Ton angewiesen hatte, nähte sie den Namen ihrer Tochter in die Kleidung. Sie steckte 30 Mark Taschengeld in einen Umschlag, der ebenfalls in den Koffer kam. Dieses Geld wurde ihrer Tochter gleich nach der Anreise abgenommen und von der Stationsleitung verwaltet. So sahen es die Regularien vor. »Über das Ergehen der Kleinen, die noch nicht schreiben können, berichten wir vom Heim aus«, steht im Merkblatt des Heimes, das von den Schwestern des St.-Crischona-Ordens geleitet wurde. »Um der Gemeinschaft willen bitten wir, außer an Geburtstagen keine Päckchen zu schicken. Sollten trotz dieser Bitte Päckchen eingehen, werden wir sie in der Kindergruppe verteilen.« So spricht man mit Menschen, denen man mit jeder Zeile signalisieren will, dass mit der Übergabe ihres Kindes alle Regeln außer Kraft gesetzt sind und neue gelten. Nämlich die einer autoritären Grundhaltung und einer Welt, in der Kinder höchstens Bittsteller sein können.

Dabei hatten sich die Schwestern diese Regularien nicht aus einer ureigenen, vor den Augen der Restwelt verborgenen Verkniffenheit und Strenge ausgedacht. Als Blaupause für ihr Schreiben diente ihnen das Merkblatt der Evangelischen Landeskirche in Baden über die Aufnahme in Kindererholungsheime. Bereits das ist in einem wenig einladenden Befehlston verfasst. »Müssen« ist ein beliebtes Verb in diesen Sätzen. »Auch das Kind muss für die Reise ein Anhängeschild tragen.« Oder: »Vor der Abreise müssen die Kinder gebadet und mit frischer Leibwäsche versehen sein.« Aus den Anweisungen spricht ein kaltes Grundmisstrauen – als sei die durchschnittliche Mutter keinesfalls darauf bedacht gewesen, ihr Kind möglichst adrett und sauber auf Reisen zu schicken.

Den Kindern wirklich zugewandt ist keine einzige Passage der 13 mit Unterpunkten versehenen Anweisungen an die Eltern. »Während des Aufenthaltes im Heim sind – im Interesse der Kinder – Besuche von Eltern, Verwandten usw. nicht gestattet.« Die beiden Worte »nicht gestattet« sind fett gedruckt. Ausnahmen sind nur in dringenden Fällen und mit eingeholter Erlaubnis der Heimleitung möglich. Nicht unbedingt erforderliche Telefonanrufe sind zu unterlassen. Ebenfalls in fetten Lettern steht da: »Es ist unerwünscht, Kinder frühzeitig aus den Kuren abzuholen!« Mit dem Begriff Kontaktsperre ist eine der Rahmenbedingungen jener sechswöchigen Kur, zu der Melanie am 14. Mai 1976 aufbrach, wohl treffend beschrieben.

Abschiede ohne Abschiednehmen

Heute versichert Melanies Mutter ihr, wenn sie gewusst hätte, wie ihr Kind in den sechs Wochen Kindersanatorium gelitten habe, »dann hätte ich dich gleich wieder mitgenommen«. Irritiert war sie schon damals, weil man ihr nicht einmal einen tröstlichen Abschied zugestand. »Sie war geschockt, dass sie nicht mit ins Haus durfte, sondern mich an der Haustür abgeben musste«, erzählt Melanie. Was ein Akt des Kraftgebens hätte sein sollen, wurde eine rüde Trennung. Das Vorgehen der Ordensschwestern folgte fast i-punktgenau den Empfehlungen Hans Kleinschmidts. Der Chefarzt des ebenfalls in Bad Dürrheim gelegenen Kindersolbads widmet sich in seinem Aufsatz über die Ausgestaltung von Kinderkuren im pädagogischen Teil auch dem Thema Verabschiedung. Seine offenbar die gängige Praxis beschreibende, wenn nicht gar mitformende Empfehlung: »Dann folgen – noch vor dem Gespräch mit den Eltern – eingehend ablenkende Worte, die man bei jedem Kind variieren und geschickt finden muss. Nach kurzer Unterhaltung mit den Eltern trennen wir möglichst schnell und unauffällig das Kind von den Eltern. (…) Geschicktes Ablenken bei Kind und Eltern bringt eine reibungslose Aufnahme.« Bei Melanies Abschied gab man sich aber nicht einmal die Mühe, das Kindergartenkind abzulenken. Melanies Eltern nahmen das konsterniert, aber ohne offenen Widerspruch hin und machten sich wieder auf den Heimweg in den Südschwarzwald.

An eine ähnliche Szene erinnert sich auch der damals sechsjährige Thomas. Er wurde 1966 aus seinem Schwarzwaldweiler ins Kurheim nach Todtmoos verschickt. Er berichtet, wie ihn eine Kinderschwester schon an die Hand nahm, kaum dass er mit seinen Eltern angekommen war. Den Satz »Schau mal, was für ein schöner Pfau« hat er noch genau im Ohr. Thomas drehte sich voll kindlicher Neugierde herum, um nach dem Tier zu schauen. Als er sich wieder seinen Eltern zuwenden wollte, waren die schon verschwunden. In bester Absicht. Sie vertrauten den Schwestern, die sie wegwinkten, sie unterstellten längere Erfahrung mit Kindern und mehr Wissen über junge Gemüter, als sie selbst besaßen. Sie fühlten sich im Grunde so überrumpelt wie Melanies Eltern, fügten sich aber einem System, das mit Autorität behauptete, nur so mache man Kindern den Abschied nicht unnötig schwer. Was in Melanie wie in Thomas in Wirklichkeit aufkam und blieb, war das Gefühl, mit Vorsatz verlassen und weggeschickt worden zu sein.

Thomas mit sechs Jahren, vor seiner Verschickung nach Todtmoos

Melanies sechster Geburtstag fiel in die Zeit im Heim. Es war der einzige Tag in den ganzen sechs Wochen, an dem Kontakt der Eltern zu ihr erlaubt wurde. Sie bekam ein Päckchen mit einer Stoffkatze von ihnen geschickt und durfte ausnahmsweise mit Vater und Mutter telefonieren. Aber nur unter Aufsicht.

Sie sieht sich am Telefon stehen, neben sich eine Schwester, die – so vermutet Melanie – auch aufpasste, dass sie nicht von dem Heimweh erzählte, unter dem sie entsetzlich litt. »Ich hätte schon gerne gesagt, holt mich hier ab.« Das Gefühl, kontrolliert zu werden, sich nicht mitteilen zu dürfen, und die daraus resultierende Erfahrung von Einsamkeit sei das Schlimmste gewesen. Die Überwachung war nach Melanies Erinnerung total. Im Schlafsaal standen stets die Türen offen. Das lässt auch auf einen Mangel an Personal bei gleichzeitigem Wunsch nach fortwährender Kontrolle schließen. Als Melanie bei den St.-Chrischona-Schwestern war, kann das Heim kaum noch kostendeckend gearbeitet haben. Von den einst 14 Kindererholungsheimen oder Sanatorien am Ort existierten damals nur noch drei, wie der ehemalige Stadtarchivar Dargleff Jahnke in seiner Darstellung zur 100-jährigen Geschichte des Hauses schreibt. Bereits ab Mitte der 1970er-Jahre gelang es nicht mehr, das Haus ganzjährig zu belegen. Die Schwestern hielten jedoch an ihrem althergebrachten Konzept fest. Sie blieben ein Kurheim, statt sich als Kurklinik zu spezialisieren.

Die strengen Hausregeln wurden auch davon bestimmt, dass die Schwestern ihren pädagogischen Auftrag mit einem missionarischen verknüpften. »Wir wollen Menschen für Christus gewinnen«, lautete einer ihrer Leitsätze. In den Akten des *Luisenheims* hat Dargleff Jahnke gefunden, wie unter diesem Leitsatz die Kinderkurpraxis verstanden wurde: »Die Kinder sollten im Kurbetrieb positive Erfahrungen mit dem christlichen Evangelium machen.« Man könnte hinzufügen: Ob sie das wollten oder nicht. Die religiöse Erziehung wurde in den Tagesablauf integriert, »wie zum Beispiel durch das Tischgebet, das Singen und Erzählen im Abendkreis oder beim Gespräch während des Tages«. Melanie fand sich hier in einer fremden Welt, von deren Regeln und Zwängen ihre Eltern zu diesem Zeitpunkt noch keine Ahnung hatten.

Überforderte Eltern

Viele Erzählungen ehemaliger Verschickungskinder haben gemein, dass die Eltern sich zum Zeitpunkt der Kur in einer anstrengenden Lebensphase befanden. Melanies Vater hatte sich durch die Verpflichtung bei der Bundeswehr Geld für das Maschinenbaustudium verdient, das den Ehemann und Vater von zwei Kindern nun vereinnahmte. Ihre Mutter, sagt Melanie heute vorwurfsfrei, sei mit der Erziehung ihrer Töchter sehr gefordert, manchmal wohl auch überfordert gewesen. Beiden Elternteilen wird es also nicht ungelegen gekommen sein, dass ein Arzt den Vorschlag machte, die ständig erkältete Tochter in ein Kindersanatorium zur Erholung zu schicken. Kinderkuren waren wohl auch mit dem Gedanken der Elternerholung verknüpft. Wo schon häufige Erkältungen als medizinischer Grund für eine Kur ausreichten, waren den Verschreibungsmöglichkeiten wenig Grenzen gesetzt. Kinder in der Vorschulzeit sind ganz allgemein sehr viel häufiger erkältet als Erwachsene, da sich ihr Immunsystem erst aufbauen muss. Dieses Allgemeinwissen wurde damals im Kurbetrieb wohl stellenweise ausgeblendet.

Thomas, der Junge mit dem Pfau, kommt rückblickend ebenfalls zur Erkenntnis, dass sein keineswegs besonders dramatischer Gesundheitszustand nicht der alleinige Anlass für seine zwei Kuraufenthalte gewesen sein kann. Auch seine Mutter lebte die Mehrfachbelastung von Beruf, Haushalt und Kindererziehung. Seine Eltern betrieben einen Bauernhof, mit dem sie gerade so über die Runden kamen. Als Thomas' Verschickung nach Todtmoos anstand, war seine kleine Schwester gerade ein Jahr alt und brauchte viel Betreuung. Seine Mutter muss das Angebot, den etwas schmächtigen Sohn in Kindererholung zum Aufpäppeln schicken zu können, als ein Gottesgeschenk betrachtet haben.

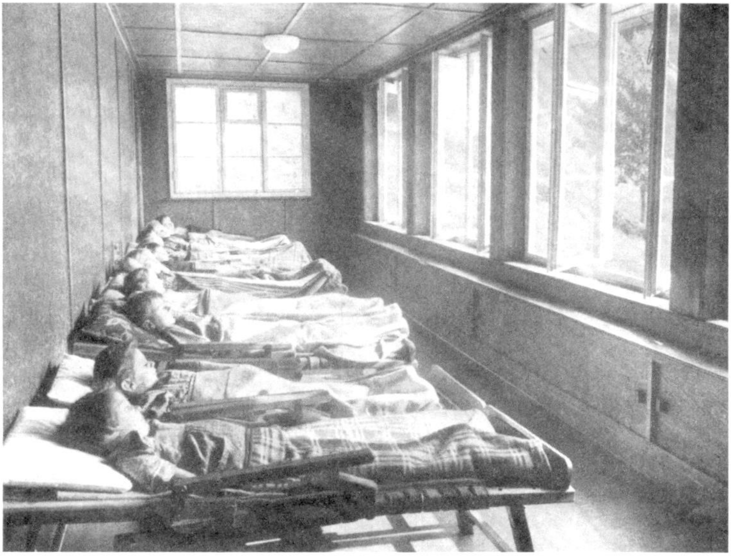

Die Liegehalle im Kindererholungsheim Todtmoos, ein Foto ohne Thomas

Immer wieder trifft man auf diese Ausgangslage: Einerseits gestresste Eltern in einer momentan schwierigen familiären Situation und andererseits Kinder mit unter heutigen Gesichtspunkten völlig normaler Konstitution, die damals aber als zu wenig robust galt. Die Bundesrepublik war längst ein Land der Kräftigesser geworden, die Mangelernährung der Nachkriegszeit eigentlich nur noch Erinnerung. Die Kureinrichtungen jedoch, zu deren Angebot die Aufpäppelung untergewichtiger Kinder gehörte, waren noch da. Die Diagnosen zur Kurverschickung wurden großzügiger formuliert, in die Einschätzung eines gesunden Mindestgewichts des Kindes mischte sich ein Bedarf nach Mindestauslastung der Heime. Hinter den medizinischen Indikationen versteckten sich vielfältige soziale. Ein inzwischen pensionierter Kinderarzt und Universitätsdozent erinnert sich, dass manche Eltern es als Privileg empfanden, wenn ihr Arzt ihrem

Sohn oder ihrer Tochter eine Kur verschrieb. In sozial schwachen Familien schien die Kurverschickung an die Nordsee oder in die Berge oft die einzige Möglichkeit zu sein, wenigstens den Kindern einen wie auch immer gearteten Urlaub zu ermöglichen.

Gerhard, Jahrgang 1957, war sechs Jahre alt, als er 1964 vom Bodensee nach Bad Rappenau verschickt wurde. Auch bei ihm war ständiger Schnupfen der offizielle Grund. Der heimische Hintergrund war mustergültig angespannt für solche Verschreibungsfälle. Die Familie wollte sich unbedingt eine eigene Existenz aufbauen und war dafür gerade umgezogen. Der Vater, ein Kfz-Mechaniker, hatte eine kleine Tankstelle übernommen, weshalb die Familie jetzt verschuldet war. Gerhard hatte den Umzug in den neuen Ort, in dem fast alle katholisch waren, nicht mitmachen wollen. Also durfte er vorerst bei der Großmutter wohnen bleiben. Ein Jahr zuvor war seine kleine Schwester auf die Welt gekommen, Gerhard wurde zum Sandwichkind zwischen einem älteren und einem jüngeren Geschwisterchen, die klassische Situation, in der man als Kind leicht ein wenig ins familiäre Abseits geraten kann. »Meiner Mutter ging es in dieser Zeit nicht sehr gut«, sagt er heute. »Das war nicht einfach: der Umzug, die finanziellen Sorgen.« Seine Mutter, die selbst Kurerfahrung hatte, glaubte ihren Sohn sechs Wochen lang gut versorgt: »Das hat sie natürlich als Entlastung empfunden.«

Das Angebot des Arztes zeigte langfristig Wirkung. Gerhard, der seiner häufig laufenden Nase wegen von den anderen Kindern »Rotznasenkönig« genannt wurde, war irgendwann nur noch so oft verschnupft wie andere auch. Das kann aber auch der normale Alterungsprozess bewirkt haben. Woran Gerhard als Nebenwirkung des Kuraufenthalts nun litt, war das auch etlichen anderen Kurkindern böse vertraute Gefühl, allein, verloren und vor allem sprachlos völlig ausgeliefert gewesen zu sein.

Gerhard als Vorschulkind, vor der Verschickung nach Bad Rappenau

Vor einigen Monaten – bevor er vom damals herrschenden Besuchsverbot erfuhr – hat er seinen inzwischen über 90 Jahre alten Eltern die Frage gestellt, die ihn nie losgelassen hatte: »Warum habt ihr mich nie in der Kur besucht?« Das Gespräch irrte beim ersten Versuch, über seine lang zurückliegenden Erlebnisse zu reden, zwar bald wieder vom Thema ab, den Senioren schien anderes wichtiger. Aber die Frage hatte sowohl bei Gerhards Vater wie bei seiner Mutter offenbar intensives Nachdenken ausgelöst. Bei seinem nächsten Besuch meinte der Vater: »Wenn ich gewusst hätte, wie das ist, hätte ich dich geholt.« Und die Mutter sagte: »Wenn ich bedenke, was ich dir angetan habe …« Gerhard empfindet diese späten Einsichten, ähnlich wie Melanie, als sehr wohltuend. Sie stimmen ihn versöhnlich. »Diese empathische Reaktion meiner Eltern ist etwas sehr Schönes«, sagt er. »Sie haben ja gar nichts falsch gemacht.«

Eine andere Mutter findet heute deutliche Worte für das, was ihrer damals viereinhalb Jahre alten Tochter 1974 bei der Kur in Bad Lippspringe widerfahren ist. Der behandelnde Arzt schrieb an die Eltern, ihr Töchterchen habe sich bereits bestens erholt »u. a. war eine Gewichtszunahme von 1,5 kg festzustellen«. Immer wieder brüsteten sich Ärzte mit den Kilos, Pfunden oder auch nur wenigen Hundert Gramm, die Kinder zugenommen hatten. Doch um Pfunde geht es in dem Elternbrief nicht wirklich. Die kleine Erfolgsmeldung soll der Beruhigung dienen. Auch die asthmoide Bronchitis sei zu keiner Zeit schlimm gewesen, fährt der Arzt fort. Allerdings sei bei dem Mädchen nun die Wundrose ausgebrochen. Nachdem er den Krankheitsausbruch und die erwartete Heilung beschrieben hat, ordnet der Mediziner in forschem Ton eher an, als dass er es vorschlagen würde, »dass Sie im Interesse Ihres Kindes mit der Verlängerung des stationären Aufenthaltes in unserer Fachklinik vollauf einverstanden sind. Sie sollten sich jetzt keine Sorgen mehr machen.«

Das Gegenteil war der Fall. Sofort setzten sich die Eltern ins Auto und fuhren in die Kurstadt am Rande des Teutoburger Waldes. »Auf eigenes Risiko haben wir unsere Tochter in schlechtem Zustand nach Hause geholt. Sie war durch starke Medikamente aufgeblasen wie ein Luftballon und ziemlich verwahrlost«, beschreibt die Mutter, wie sie ihr Kind damals vorfanden. Diesen Eltern war klar, dass ihrer Tochter Schlimmes widerfahren war: »Als Mutter dieses damals zerbrechlichen Kindes denke ich noch heute mit Grausen an diese Zeit und klage das Kinderheim für entstandene Schmerzen an.«

Mit Melanie haben alle diese Kinder eines gemeinsam: Vor Ort in der Kur durften sie ihren Schmerz nicht zeigen, was ihn umso schlimmer machte. Erst neulich ist Melanie bewusst geworden, dass sie in der Zeit in Bad Dürrheim begonnen hat, still zu weinen, eine Angewohnheit, die ihr bis heute geblieben ist. Bloß nicht auffallen, auch wenn es einem innerlich dreckig geht, das ist die zweifelhafte Lektion, die unglückliche Kinder in den Kuren lernten. In dem Brief, den das Heim an Melanies Eltern schickte, heißt es: »Heute erhalten Sie unsere letzte Post von Ihrer Melanie, denn bald dürfen Sie Ihr Kind ja wieder daheim empfangen. (...) Es geht Ihrem Kind gut, und so hoffen wir, dass Melanie dann auch gesund und munter die Heimreise antreten kann. Mit freundlichen Grüßen.« Dies ist offensichtlich ein noch dazu ungelenker, offensiv unpersönlicher Normbrief, den die Heimleiterin selbst unterschrieben hat. Melanies Name ist hier nur in ein vervielfältigtes Schreiben eingefügt worden. Wer genau hinschaute, musste eigentlich erkennen, dass er nun gerade nicht wusste, wie es seinem Kind ging.

Was in Melanies Fall ein fieser Schlenker des Schicksals war: Auch die Briefe, die sie von zu Hause bekam, waren nicht von denen geschrieben, von denen sie eigentlich hätte hören wollen. Melanies Vater war von seinem Studium in Beschlag genommen, war gar nicht zu Hause bei der Familie und dachte wohl, er habe seiner Tochter nichts Spannendes oder auch nur Verständliches zu berichten: Sein Kopf schwirrte von mathematischen Formeln und physikalischen Gesetzmäßigkeiten. Melanies Mutter, eine gebürtige Kroatin, konnte nicht auf Deutsch schreiben. Die mögliche Bekundung mütterlicher Sorge scheiterte schon an der Sprachbarriere. Vermutlich wäre sie gerne auf regelmäßige Telefonate ausgewichen, aber fernmündlicher Kontakt ohne triftigen – also im Zweifel eher schlimmen – Anlass gestatteten die gottesfürchtigen Schwestern ja nicht. So fiel es Melanies vier Jahre älterer Schwester zu, Briefe nach Bad Dürrheim zu schreiben.

Der Verstand sagte Melanie durchaus, warum das so sein musste. »Aber es war natürlich etwas anderes, einen Brief von der Schwester und nicht von den Eltern zu bekommen«, sagt sie. Das Unglück der Kur setzte sich aus vielen kleinen Einzelkümmernissen zusammen, die einander hochschaukelten.

Zuschauen müssen, wenn andere bloßgestellt werden

Melanie erinnert sich an einen kleinen, höchstens vierjährigen Jungen, dessen Weinen sie jeden Abend hörte, während sie selbst mit den Tränen kämpfte. »Weinen steckt ja auch an«, erklärt sie. Wie soll man sich selbst beruhigen, wenn man spürt, dass auch andere verzweifelt und ohne Trost sind? »Denn in den Arm genommen hat einen da ja niemand.« Das ganz apathisch wirkende Kerlchen sitzt mit auf dem Gruppenbild, das an einem Klettergerüst im Garten des *Luisenheimes* gemacht worden ist. Dieser unglückliche Junge ist Melanie bis heute nicht aus dem Kopf gegangen.

Zu den durchgehenden Motiven der vielen Kurerinnerungen gehört ein Kind, das vor den anderen bloßgestellt, gedemütigt oder gequält wurde – ohne dass die anderen Kinder ihm zur Hilfe kommen konnten. Auch Gerhard erinnert sich an einen kleinen Jungen, der in Bad Rappenau mit einem Pepitahütchen auf dem Kopf in den Speisesaal kam. Natürlich war das verboten. »Setz den Hut ab!«, ermahnte die Schwester, die Aufsicht im Speisesaal hatte. Der Kleine weigerte sich. Er bestand darauf, seine Kopfbedeckung aufzubehalten, was erstaunlich viel Mut erforderte. Aber gegen die erwachsene Frau kam er nicht an. Sie riss ihm den Hut vom Kopf. Nun war für alle ersichtlich, warum er den Hut hatte aufbehalten wollen. Er hatte keine Haare – und alle lachten ihn aus, als sei er ein Clown. Wie hilflos muss sich der Junge in diesem Moment gefühlt haben. Den anderen führte diese mitleidlose Machtdemonstration, nachdem sie Anlass zu erleichterndem Spottgelächter geliefert hatte, vor Augen, dass man am besten nicht aufbegehrt. Wer auffällt, an dem wird ein Exempel statuiert. Diskrete Zwiegespräche zwischen Kindern und Betreuern über Probleme und Lösungen, Sonderfälle und Ausnahmegenehmigungen gab es nicht. Adressat allen Handelns und Redens der Erwachsenen war die Kindergruppe – das Kollektiv, nicht das Individuum.

Einschüchterung und Bloßstellung nahmen viele Formen an. So wurde Bettnässern eine rote Socke auf den Bettpfosten gesteckt – oder ihre Trinkbecher wurden beim Frühstück umgedreht, als Zeichen für alle, dass die keine Flüssigkeit bekommen sollten, die Flüssigkeit nicht halten konnten. Nichtbetroffene kommentieren das manchmal mit einem Schulterzucken, schieben es als Harmlosigkeit beiseite. Für die Betroffenen war es eine peinigende Prangererfahrung – zusätzlich zu ihrer entsetzlichen Durstqual.

Nicht alle Kinder konnten das Leid der anderen nach dem Mittun beim Gelächter einfach wieder ausblenden. Zum Zuschauen verdammt zu sein, belastete und schüchterte ein. Am schlimmsten waren jene dran, die bei der Demütigung eines anderen sicher sein konnten, selbst bald wieder an der Reihe zu sein.

Barbara stammt aus einer Familie mit vier Kindern. Sie berichtet von einem Elternhaus, in dem das soziale Engagement und die strenge katholische Erziehung eine Symbiose eingegangen waren. Ihr Vater arbeitete bei der Bundesbahn, ihre Mutter war krank – so sehr, dass Barbara die ersten drei Jahre bei Tante und Onkel aufwuchs. Die heimische Wohnung eines Bahnbeamten im mittleren Dienst war eng. »Es war immer praktisch, wenn eines von uns vier Geschwistern bei Onkel oder Tante war.« Der Onkel, der als Pfarrer ein großes Pfarrhaus bewohnte, und zwei Großmütter auf dem Lande machten die permanente Auslagerung eines der vier Kinder gut möglich. Barbara selbst war das Kind mit Heuschnupfen, für das stets eine Kiste mit Malzbier im Keller stand, das nur sie trinken durfte: Ihrer Krankheit wurde in der Familie viel Bedeutung beigemessen. Als mittlerweile therapieerfahrene Frau hält die 60-Jährige diese Aufmerksamkeit für übertrieben und eher kontraproduktiv. »Asthma hat ja auch eine psychosomatische Komponente«, sagt sie.

Es war also nicht überraschend, dass der Lungenarzt ihr frische Luft und damit eine Kur an der Nordsee verschrieb. Bei der ersten Fahrt im Jahr 1968 war Barbara acht Jahre alt. Ein Jahr später wurde sie, wieder auf Kosten des Sozialwerks der Bundesbahn, ein weiteres Mal verschickt. Wie es dazu kam, ist ihr heute nicht erklärlich, war sie doch mit fürchterlichen Erfahrungen, von denen sie auch berichtete, nach Hause zurückgekommen.

Beschützen wollen, wo kein Schutz möglich ist

In Kur gefahren war Barbara mit einem ganz besonderen Auftrag ihrer Familie. Sie sollte sich auf der Fahrt und danach um die Tochter eines Arbeitskollegen ihres Vaters kümmern. Schließlich war sie Bahnfahren bereits gewohnt und galt überhaupt als selbstständig. Außerdem heiße sie ja schließlich nach der Schutzheiligen der Bergleute. Bis heute leitet Barbara aus diesem Namen den Auftrag ab, anderen zu helfen. Der Kampf für Gerechtigkeit aber ist ein anstrengender gewesen und geblieben. An den Namen der Kurgefährtin kann sie sich heute nicht mehr erinnern, an ihr starkes Gefühl der Verpflichtung schon: »Das Mädchen wurde mir anvertraut. Man sagte mir, ich solle aufpassen auf das Kind.« Das ungefähr vierjährige Mädchen war kleiner und schmächtiger als die achtjährige Barbara und sollte in Wenningstedt auf Sylt vor allem an Gewicht zulegen.

Barbara war eigentlich besser vorbereitet auf das System strenger Regeln und Unterordnungserwartung als manches andere Kind. Das sei vielleicht das Gute am Leben in einer Großfamilie gewesen, sagt sie heute. »Als Einzelne hast du da nicht unbedingt Rechte. Aber wenn du dich einfügst, wird alles gut.« Barbara fügte sich ein. »Das hat mir wahrscheinlich das emotionale Überleben auf Sylt ermöglicht.« Doch was ihr einigermaßen gelang, lag außerhalb der Möglichkeiten ihrer vierjährigen Schutzbefohlenen. Barbara musste mit ansehen, wie ihr Mündel zum Opfer der Erziehungsmethoden der Erwachsenen wurde. »Ich habe diese Erinnerungen an das extrem misshandelte Mädchen«, sagt sie. Die Bilder in Barbaras Kopf spielen etwa im Speisesaal des Kinderheims. Das Mädchen bringt das Essen nicht herunter, erbricht, was man sie schon zu schlucken gezwungen hat. Nun will man sie zwingen, das Erbrochene zu essen, aber sie weigert sich. Sie weint und spuckt immer wieder aus, was man ihr aufnötigt. »Ich erinnere mich an eine Szene, in der sie geschlagen wird«, sagt Barbara. Im Speisesaal gab es eine kleine Empore. »Dort sehe ich das Mädchen mit entblößtem Hintern stehen, bereits grün und blau von den Schlägen.« Die Misshandlungen geschahen, während die anderen weiteressen mussten.

Für den normalen Alltag der Kur hatten sich Barbara und andere einige Strategien zurechtgelegt, um Zwänge zu unterlaufen. So wurden untereinander heimlich Speisen getauscht. Wer Schmalzbrot mochte, aß die Schmalzbrote jener, die sich vor dem fetten Aufstrich ekelten. Barbara gehörte zu jenen, die vor

Grießbrei nicht zurückschreckten – also löffelte sie viele Teller mit Grießbrei leer. Erst wenn man vor einem leeren Teller saß, so ihre Erinnerung, bekam man auch etwas zu trinken. Wie sie so clever sein konnten, die vielen Miniaktionen der Gegenwehr vor den wachsamen Augen der Schwestern zu verbergen, kann Barbara heute selbst nicht mehr erklären. Aber die Kinder schafften es manchmal sogar, das ihnen verhasste Essen hinter den Heizkörpern im Wintergarten zu verstecken. Oder es gleich durchs Fenster in den Garten zu werfen. Auf dem Weg zum Strand sammelten sie es dann unauffällig wieder ein und entsorgten es beiläufig in einem Mülleimer.

Aber vor körperlicher Gewalt gegen die Vierjährige, die man sich als zu brechendes Opfer und Exempel ausgesucht hatte, versagten die kleinen Tricks und Finten. Barbara war verzweifelt, nichts gegen die Übergriffe der Erzieherinnen tun zu können. Sie kann sich noch sehr genau erinnern, wie sie mit dem Gedanken im Kopf am Strand herumlief: »Wenn jetzt ein Polizist kommt, dann erzähle ich dem alles.« Aber es kam kein Polizist. Und wäre einer gekommen, hätte er dann Partei für die Kinder ergriffen?

Barbaras Ohnmacht, nicht schützen zu können, wo sie schützen wollte, erfuhr noch eine Steigerung. Sie fing sich die Windpocken ein und wurde von den anderen Kindern isoliert. Sie sagt dazu heute noch »eingesperrt in einen Raum«. Hier konnte Barbara nur darauf warten, gesund zu werden. Sie erfuhr nicht einmal, wie es ihrem Mündel ging. Sie konnte sie nicht mehr trösten, nicht bei anderen um Schutz und Hilfe werben. In dieser Zeit muss die Vierjährige »zum Mega-Opfer« geworden sein, wie Barbara formuliert. Sie hat dafür allen Grund. Als die Achtjährige die Quarantänestation wieder verlassen konnte und die Vierjährige wiedersah, fehlten der Kleineren die Haare gleich büschelweise. Auch ein Kind wusste, was das zu bedeuten hatte: Die andere war auf brutalste Weise an den Haaren gezerrt worden. Eine andere Erklärung schied schon deshalb aus, weil der Rest der Erscheinung der erbarmenswerten Gestalt dazu passte: Die Vierjährige war grün und blau geschlagen. Sie war noch schmächtiger als vor der Kur und sprach kein Wort mehr. »So musste ich sie dann ihren Eltern übergeben«, sagt Barbara und gibt zu, dass sie das Versagensgefühl von damals nie wieder ganz losgeworden ist.

Ihr ist das schale Gefühl geblieben, sie sei zur Komplizin der Macht gemacht worden. Ihre Gegenaktionen, mutmaßt sie heute, seien der Heimleitung gar nicht verborgen geblieben. Die Gegenwehr sei gezielt und dosiert erlaubt worden, um Ruhe in die Gruppe zu bringen, als ein Blitzableiter für kindliche Verzweiflung. Ihre Karten nach Hause allerdings, auf denen sie beklagte, wie schrecklich alles sei, wurden von der Heimleitung zerrissen. »Ich wurde immer herbeizitiert und gezwungen, irgendwelche anderen Sätze zu schreiben.« Sie erinnert sich an eine große, strenge Frau mit Häubchen, die sehr viel Autorität ausstrahlte und sie durch ihre bloße Erscheinung einschüchterte. Die Aura dieser Frau ist ihr ebenso in Erinnerung geblieben wie das Gefühl der Erniedrigung, als sie nur mit einer Unterhose bekleidet darauf warten musste, von der Schwester ziemlich ruppig mit einer Bürste gewaschen zu werden. »Das fand ich übergriffig und erniedrigend.« Barbara hatte in ihrem Elternhaus viel Strenge erlebt. Aber das hier, begriff sie, war etwas ganz anderes. Es war nicht einfach mehr Strenge. Es war Widerwille, Verachtung, ein grundsätzliches Nichtanerkennen des Kindes als Person. Dafür fehlten ihr noch die Worte, aber nicht das Verständnis.

Der Selbstmörderinnenklub

Ein vorzeitiges Ende der Kur: Nicht wenige Kinder haben das herbeigesehnt, einige haben versucht, ihren Wunsch durchzusetzen. Wie groß die Verzweiflung sein konnte, wie drastisch die Wahl der Mittel, zeigt der Fall von Andrea, die 1964 als Achtjährige im Kindererholungsheim Hirsau war. Andrea war nicht von anderen Kindern umgeben, denen es ganz gut gefiel oder die ergeben klarkamen mit dem Regiment im Heim. Sie war Teil einer ganzen Gruppe von Mädchen, die es in Hirsau nicht aushielten.

Anfangs schmiedeten sie Fluchtplan um Fluchtplan, und das war mehr als ein Spiel. Und ganz im Ernst wurde ihnen Plan um Plan klar, dass er nicht funktionieren würde. So landeten sie bei einem ganz finsteren Vorhaben. Es gab in Hirsau die getrennte Gruppe der an Tuberkulose Erkrankten. Die Mädchen waren belehrt worden, dass das eine sehr gefährliche Krankheit sei, dass man sich anstecken könne, dass darum der direkte Kontakt vermieden werden müsse. Aber es gab immer wieder Stellen der Begegnung. Und so beschlossen die Mädchen in Andreas Clique, die Kontaktsperre zu brechen, beim nächsten Vorbeimarschieren die Abstandsregel zu missachten und den Tuberkulosekindern die Hände zu schütteln. Das würde eine Ansteckung bringen – und dann wäre man bald tot und hätte das Heim hinter sich, so die krause, düstere kindliche Fantasie. Die Not der Mädchen war so groß, dass sie den grotesken Grundfehler ihres Selbstmordpaktes nicht sehen wollten: Wer Tuberkulose hatte, starb nicht gleich, musste aber umso länger und öfter in Kuren.

Der Ernst der Verzweifelten wurde mit dem Tuberkuloseplan noch nicht auf die Probe gestellt – aus dem schlichten Grund, dass sie den Tuberkulosekranken gar nicht mehr begegneten. Am Selbstmord als Fluchtmöglichkeit hielten sie dennoch fest.

Das sprach sich zumindest unter einigen Kindern auch herum, und so erhielten sie von älteren Jungs den Rat, sich doch einfach mit aller Kraft in die Glastür zum Waschraum zu werfen. An den spitzen Kanten der Scherben würden sie gewiss verbluten. Hat ihren Körpern zum Glück jene letzte Entschlossenheit gefehlt, die ihre Seelen schon gefasst hatten? War das Glas zu dick? Hatte eine solche Erosion ihres Selbstvertrauens begonnen, dass sie im Anlauf aufs Glas das Scheitern schon verinnerlicht hatten und gar nicht mit aller Kraft liefen? Andrea erinnert sich jedenfalls, dass sie auch diesen Wahnsinnsplan umzusetzen versuchten, aber das Glas nicht brach.

Das endgültige Aufgeben kam aber erst nach ihrem nächsten Projekt. Die Mädchen zogen die Gummibänder aus den Bündchen ihrer Schlafanzüge, verknoteten sie mit den Kordeln ihrer Nachhemden und legten sich diese Schlingen um den Hals. Sie wollten sich so an den metallenen Gitterstäben ihrer Betten selbst erdrosseln. Aber die Knoten hielten nicht. Entweder sahen sie ein, dass alles sinnlos war und sie bleiben mussten, oder das Ende der Kurzeit verhinderte weitere Pläne. Das Personal von damals ist inzwischen verstorben oder nicht mehr zu ermitteln. Zu gerne würde man die Schwestern fragen, ob sie von all dem nichts bemerkt hatten. Oder ob sie es nicht ernst nahmen, ob sie solche Selbstmordklubs von Vor- und Grundschülern schon kannten und sich des Scheiterns der so gruseligen wie ungeschickten Suizidversuche gewiss waren. Ob auch das, so lange es nicht als offene Rebellion praktiziert wurde, als Ventil für die größten Störenfriede geduldet wurde? In Kenntnis des autoritären Geistes von damals scheint das nicht sehr wahrscheinlich. Aber einige Heimwelten waren so befremdlich abgekoppelt nicht nur von moderner Pädagogik, sondern auch von normaler Empfindsamkeit, dass man nichts für unmöglich erklären darf.

Spätes Zuhören und Verstehen

Barbaras vorwurfsvolle Selbstbeschreibung als Komplizin der Macht benutzt die Mutter des früheren Verschickungskindes Claudia zwar nicht für sich. Aber offenbar fühlt sie sich inzwischen genau so. Am Vorabend vor unserem Gespräch hat die 83-Jährige lange mit ihrer Tochter telefoniert. Claudia lebt heute in Texas, ihre Mutter in Süddeutschland. Nicht, dass Mutter und Tochter telefonieren, ist die Besonderheit, das tun sie öfter. Es ist das Thema. Es sind die Erlebnisse, die Claudia, heute 51, als Acht- oder Neunjährige in einem Ferienheim im Schwarzwald gemacht hat, irgendwo in der Nähe von Freudenstadt. Wann und wo genau, wissen weder Mutter noch Tochter mehr. Jahrelang schien es ohne Bedeutung zu sein. Lag nicht der ganze Atlantik zwischen Claudias heutigem Leben und den Orten ihrer Kindheit? Konnte die Mutter ahnen, dass die Tochter noch in den USA von Erinnerungen an den Schwarzwald gequält wurde?

Aber nun weiß sie es. Zum ersten Mal hat sie ihrer Tochter nämlich zugehört, hat nicht abgewiegelt, wenn die von damals erzählen wollte. Sie könne sich da doch an nichts mehr erinnern, hatte sie stets abgewunken. Nun aber hat die Seniorin in der Nacht kaum schlafen können, hat noch Tränen in den Augen. Sie hat endlich nachgefragt. »Ich bin jetzt froh, dass wir darüber endlich geredet haben«, sagt sie, bei aller Erschütterung auch erleichtert.

Am Tag zuvor hatte ihre Tochter ihr verständlich machen können, wie furchtbar die Kur für sie war. Auf Spaziergängen trug Claudia damals immer kleine Zettel in der Anoraktasche. Die habe sie Spaziergängern zustecken wollen. Auf die Papierchen hatte sie an die Eltern geschrieben, sie nach Hause zu holen. Geklappt hat das mit dieser Taschenpost nie. Keiner der Kassiber kam durch. Aber nun weiß die Mutter: »Sie hat immer ihre Flucht vorbereitet. Das war ja ein richtiger Hilfeschrei.«

Die Empörung, mit der die Mutter jetzt von den Schikanen und der schlechten Behandlung ihrer Tochter erzählt, ist so etwas wie das späte Erhören dieser Hilfeschreie. »Sie musste Salat essen, obwohl da eine Schnecke drin war. Obwohl sie es gesagt hat, wurde sie gezwungen, den Salat aufzuessen. Sie ist angeschrien worden. Sie wollte uns dann einen Brief schreiben, um uns davon zu berichten. Den Brief hat sie bei der Verwaltung abgeben müssen. Die haben den natürlich nicht weitergeschickt.«

Claudias Mutter nimmt nun zum ersten Mal die Perspektive ihrer Tochter ein. Weil sie sich getraut habe, in ihrem Brief zu schreiben, wie unglücklich sie sei, sei sie zusammengebrüllt worden: Wie sie es wagen könne, zu sagen, es gefalle ihr nicht? Wie sie so einen Brief nach Hause schicken könne? »Seitdem muss sie immer weinen, wenn jemand sie anbrüllt«, erzählt die Mutter und begreift nun endlich die Wurzel dieser Empfindlichkeit, die hinabreicht in die Schikanen der Kur. Vom Stress in der Kindererholung habe ihre Tochter auch Ausschlag bekommen. Offiziell wurde das als Erdbeerallergie abgetan – die Claudia allerdings zuvor und auch später nie hatte. Der Ausschlag jedoch, erzählt die Mutter, kehre immer wieder. Bei Stress und Anstrengung »bekommt sie Pickel«.

Claudia kam wegen ihres Ausschlags in Quarantäne und wurde dort noch einsamer und unglücklicher. Sie versuchte, sich mit einem Zwillingspaar im Nebenzimmer über Klopfzeichen an der Wand zu verständigen. Nur für jeweils einen kurzen Moment sei jemand ins Quarantänezimmer gekommen, um Essen zu bringen. Den Rest des Tages war sie mit sich und ihrem Heimweh allein. »Sie hat dort Todesangst gehabt«, sagt die Mutter. »Wir haben das immer abgeschmettert«, gibt die Mutter ehrlich zu. »Wir haben gedacht, dass sie in ihren Erzählungen mehr daraus macht, als wirklich geschehen ist. Und haben gesagt, das war doch sicher auch schön. Da waren doch auch andere Kinder. Wir haben das nicht ernst genommen, weil wir ja auch dachten, dass es wohl einen Grund gegeben habe, wieso man so mit ihr umgegangen ist.«

Immerhin, Claudia hat es damals irgendwie doch geschafft, nach Hause telefonieren zu dürfen. Und ihre Eltern holten sie daraufhin umgehend noch vor dem offiziellen Ende der Kur heim. Ihre Mutter glaubt, man habe ihre Tochter loswerden wollen, weil sie mit ihrem dauernden Aufbegehren die Heimabläufe gestört habe. Anders als in den Merkblättern angedroht, mussten Claudias Eltern nicht für alles zahlen, als sie die Kur ihrer Tochter vorzeitig beendeten.

Zurück aus dem Schwarzwald, war die Tochter merklich stiller. »Wir dachten, sie freut sich einfach, dass sie wieder zu Hause ist.« Doch die Veränderung war keine rasch vorübergehende. »Claudia ist nirgendwo mehr hingegangen.« Auch nicht auf den Schulausflug. »Sie wollte nicht mehr weg.« Noch heute sei es ihr ein Gräuel, ihre eigenen Kinder für ein paar Tage wegzulassen, hat Claudia ihrer Mutter in dem Telefongespräch erzählt. Sie habe immer Angst, dass ihnen etwas zustoße.

Claudias Mutter ist sichtlich berührt von diesen Schilderungen. »Mein Gott, das haben wir doch alles nicht gewusst. Da waren ja auch Vier- und Fünfjährige«, sagt sie. In einer E-Mail hat ihre Tochter ein paar ihrer fürchterlichsten Erinnerungen zusammengefasst. Sie schreibt: »Einmal hatte ein Mädchen ins Bett gemacht und wurde dann mitten in der Nacht aus dem Bett geholt, und ich glaube, sie kam nicht zurück. Wir wurden in einem kalten Raum nackt in die Badewanne gestopft und dann mussten wir uns in so zehn Zentimeter Wasser waschen. Ich weiß noch, dass mir sehr kalt war. Die Kinder, die nicht zugenommen haben, mussten ein Glas mit rohen Eiern trinken. Seit ich dort war, bin ich auch nicht mehr dünn und habe seitdem immer mit meinem Übergewicht Probleme.«

Claudias Mutter schüttelt den Kopf bei diesen Eröffnungen. »Das Telefongespräch hat viel zwischen mir und meiner Tochter in Gang gesetzt.« Ihre Stimme bricht kurz ab, wieder kommen ihr die Tränen. »Dass wir das nicht durchschaut haben, ist mir ganz arg. Das haben wir uns nicht vorstellen können.« Dabei kennt sie kindliche Ohnmacht aus ihrem eigenen Leben. Als Linkshänderin wurde sie in der Schule mit Schlägen dazu gezwungen, mit der rechten Hand zu schreiben. Einst war das üblich und galt als hilfreiche Korrektur eines Makels. Das System der Machtausübung über Kinder hat viele Facetten.

»Ich denke jetzt ganz anders darüber.« Nie hätte sie sich vorstellen können, dass man in einem Kurheim so böse zu den Schutzbefohlenen sein würde. »Sonst hätten wir unser Kind doch nicht sechs Wochen fortgegeben. Aber wir durften ja während dieser Zeit keinen Kontakt haben.« Nun weiß sie, was dort wichtiger war als Genesung: Gehorsam und Unterordnung.

Und warum das alles? Die Kinderärztin habe auf die Kur gedrungen, die Kindererholung regelrecht beworben, sie der Arbeiterfamilie als Privileg verkauft. Es sei das Beste, was ihrer Tochter passieren könne. Sechs Wochen Ferien zusammen mit anderen Kindern, ohne Kosten für die Eltern – das klang ja auch verlockend. »Wir haben uns fast ein bisschen gefreut, dass sie die Erholung kriegt.« Die Ärztin hatte gekonnt den Eindruck vermittelt, ein Kind aus einfachen Verhältnissen sei ausgewählt worden für eine ganz tolle Sache. Damit Claudia auch einen guten Eindruck macht, »haben wir sie fast ganz neu eingekleidet und ihr lauter neue Sachen mitgegeben«. Anorak, Hose, Schlafanzug. In der Erinnerung der Mutter hat sich auch ihre Tochter über die Aussicht auf den Ferienaufenthalt »fast ein bisschen gefreut«. Bis sie dann dort war.

»Claudia hatte eine Mandeloperation«, erinnert sich ihre Mutter. Auch habe sie geglaubt, ihre Tochter sei zu dünn. Heute sagt sie: »Sie war ein ganz normales Mädchen.« Immer wieder taucht die kurbegeisterte Kinderärztin V. in den Erzählungen von Verschickten ihrer Region auf. Nach Mandeloperationen habe sie Kinder mit Vorliebe in die Erholung geschickt. »Ein Mannweib«, sagt Claudias Mutter, brutal sei sie gewesen, mit wenig Einfühlungsvermögen für Kinder. V. war eine Ärztin alten Schlags. Als Katholikin war sie im Kirchengemeinderat engagiert und warb auch in ihrer Kirchengemeinde dafür, Kinder in Kur zu schicken.

Aufgewachsen in Ostpreußen, hatte sie als Vertriebene in Süddeutschland ein neues Leben begonnen. Alle, die sich an V. erinnern, berichten von ihrem herrischen Wesen. In ihrer Praxis behandelte sie vor allem Kassenpatienten – Claudia etwa, deren Eltern als Arbeiter bei der Post über die AOK versichert waren. »Die Doktoren, die Lehrer und die Pfarrer, das waren die Respektspersonen in der Gesellschaft«, beschreibt Claudias Mutter die Welt von damals. Interessanterweise hat die Familie nach der Kur die Kinderärztin gewechselt. Vielleicht ein hilfloser nachträglicher Versuch, den Schaden zu begrenzen, dessen wahres Ausmaß sie noch gar nicht kannte.

Kapitel 10

Gegenwehr und Gegenentwürfe in Oberstdorf und Sylt

Wer die vielen Geschichten traumatisierender Kurheimaufenthalte hört, dem kommt eine Frage: Ist es nicht oft auch ganz anders – also viel besser – gelaufen? Waren die so lange noch mit ihren Kindheitserlebnissen Ringenden einfach Pechvögel, die zur falschen Zeit in der falschen Gruppe landeten?

Denn es gab sie ja, die jungen Erzieherinnen und Praktikantinnen, die ihren Beruf den Kindern zugewandt leben wollten. Die tröstende Worte fanden, obwohl das im streng reglementierten Tagesablauf eines Erholungsheims nicht vorgesehen war. Die Tränen trockneten und Kindern durch ihre Zuwendung das Gefühl gaben, ein Individuum statt nur ein winziges Teilchen in einer Masse zu sein. Diese Frauen haben bei manchen Kindern die Kurerfahrung in ein helleres, manchmal auch in ein strahlendes Licht getaucht. Es sind wohl auch die kleinen Gesten dieser liberalen Abweichlerinnen, die augenzwinkernd und heimlich gelebte Solidarität mit den Kindern, die manche Verschickungskinder heute noch sagen lassen: »Ich habe nur gute Erinnerungen!«

Diese positiven Erlebnisse sind Teil der Wahrheit. Ebenso aber auch die Tatsache, dass viele der andersdenkenden und wohlmeinenden Erzieherinnen mit ihrem Willen zu anderem Verhalten scheiterten. Das System, das geht aus den Dokumenten und theoretischen Schriften so klar hervor wie aus den Erinnerungen der Traumatisierten, war auf Effizienz, Drill und

Sanktionen ausgerichtet. Durch Strenge hervorgerufener Kummer war etwas, das in diesem System schleunigst durch noch mehr Strenge weggehobelt werden sollte, um eine so homogene wie austauschbare Masse an Kurempfängern zu haben. Um wirklich etwas verändern zu können, musste man schon selbst Heimleiterin sein, wie die folgenden Innenansichten exemplarisch zeigen.

Frühe Whistleblowerin

Da ist zum Beispiel Petra Messing. Heute würde man sie eine Whistleblowerin nennen. 1969 war sie einfach eine 18-jährige, frisch ausgebildete Kinderpflegerin, die aus ihrer Meinung und ihren Beobachtungen kein Geheimnis machte und ihrem Arzt, dem sie vertraute, eher beiläufig von den furchtbaren Verhältnissen in dem Heim berichtete, in dem sie arbeitete. In ihrem Elternhaus hatte Petra Messing die Haltung vorgelebt bekommen, nicht alles mitzumachen und zu akzeptieren. Sie wehrte sich wie etliche Kindergärtnerinnen und Kinderpflegerinnen gegen das Prinzip, dass Kinder sich bedingungslos den Wünschen der Erwachsenen zu beugen hatten. Sie wollte Kindern respektvoll gegenübertreten, aber dafür ließ man ihr keinen Freiraum. Letztlich blieb der Berufsanfängerin nichts anderes übrig, als zu kündigen.

Damit ist sie kein Ausnahmefall. Die Kinderheimakten sind voll von Beschwerden über die starke Fluktuation beim Personal. In den Kündigungszahlen steckt auch der Protest von Erzieherinnen mit einer anderen Berufsauffassung gegen die sture Härte eines reformunwilligen Kurapparats.

Petra Messings Heim liegt in Oberstdorf im Allgäu – dort in

den Bergen ging es nicht anders zu als in Heimen an der Küste. Ein kleinlicher und schikanöser Ordnungssinn erstreckte sich bis hin zum properen Aussehen der Handtücher im Waschraum. Die mussten mit parallelem Faltenwurf am Haken hängen, wie auch eine weitere Berufsanfängerin berichtet, die sich nach einem Sommer auf Amrum eine neue Arbeitsstelle suchte.

Petra Messing geriet Ende der 1960er-Jahre in das Oberstdorfer Heim, in dem der Lebensgefährte der Heimleiterin seine massige Erscheinung gezielt einsetzte, um eine Atmosphäre der Angst zu schaffen. Die heute 69-Jährige erinnert sich an viele Kinder aus dem Ruhrgebiet. Aber auch Städte aus anderen Regionen listeten die Einrichtung, die es schon vor 1945 gab, als Vertragsheim für erholungsbedürftige Kinder auf. Die Zusammenarbeit zwischen der Heimleiterin und den Erholungsträgern funktionierte offenbar reibungslos. Jedenfalls finden sich lange keine Beschwerden in den Akten. Aus dem Jahr 1957 stammt ein Aktenvermerk, in dem sogar lobend erwähnt wird, dass Fräulein B. »trotz intensiver ärztlicher und pflegerischer Betreuung keine besondere Arztpauschale« verlange. Dabei komme der Heimarzt, der in Oberstdorf eine Allgemein-Praxis habe, mehrmals in der Woche ins Heim. Das kann man auch so lesen, dass die Frau alles tat, um konkurrenzfähig zu sein und weiter Vertragsheim bleiben zu können. Ihr Haus bot Platz für 80 Gäste und galt als Kindersanatorium für »Knaben und Mädchen« im Alter von drei bis 14 Jahren. Die Postkarten von damals zeigen ein weiß getünchtes Gebäude vor beeindruckender Bergkulisse.

Die Kinderzahl geht dramatisch zurück

1969, das Jahr, in dem Petra Messing dort als Erzieherin antrat, war auch das Jahr, in dem sich die Lage für die Kindererholungsheime bundesweit zuspitzte. Auch in Stuttgart, woher ein Großteil der Kinder im Heim kamen, war die Zahl der von dort Verschickten über die Jahre kontinuierlich von knapp 4700 im Jahr 1964 auf nur noch 2900 im Jahr 1969 gesunken. Die abnehmende Tendenz hatte aber offenbar schon Mitte der 1950er-Jahre eingesetzt. In einer Antwort aus Stuttgart auf eine Anfrage des Deutschen Städtetags »über Heilfürsorge für Kinder und Jugendliche, speziell über Unterbelegung der Kurheime« heißt es: »In den ersten Nachkriegsjahren kam es in erster Linie darauf an, die unterernährten Großstadtkinder aus ihren bombengeschädigten und wegen der Zusammendrängung der Bevölkerung überbelegten Wohnverhältnissen zu bringen.« Diese gesundheitliche Verschickungsindikation sei aber sehr zurückgegangen. »Die allgemeinen Erholungsverschickungen, die jedes Großstadtkind nötig hat, um einmal im Jahr aus der Enge und dem Lärm der Straßen für einige Wochen hinauszukommen, und die früher ganzjährig durch das Gesundheitsamt durchgeführt wurden, erfolgen heute weitgehend ohne Mitwirkung des Gesundheitsamtes während der Sommerferien in die Behelfsheime, Ferienkolonien und Zeltlager des Roten Kreuzes, der kirchlichen Organisationen und der Arbeiterwohlfahrt. (…) Diese Kinder fallen für die Erholungsverschickungen durch das Gesundheitsamt in ganzjährig betriebene Heime aus, in jedem Fall in den Wintermonaten Oktober bis März.«

Zum Rückgang der potenziellen Kurkinder trug dann später auch der steigende Anteil der Kinder aus den sogenannten Gastarbeiterfamilien in den Städten bei. »Aus traditionellen Gründen seien ausländische Eltern weniger geneigt, ihre Kinder ins Unbekannte zu geben«, heißt es beispielsweise in einer Stuttgarter Gemeinderatsdrucksache aus dem Jahr 1980. Die Frage, was die wenigen doch verschickten Kinder mit Migrationserfahrung von ihrer Verschickung berichten können, ist noch unbeantwortet. Sie haben sich bisher nicht zu Wort gemeldet.

Der Markt für Erholungsheime schrumpfte. Zumal, auch das ist der Antwort an den Städtetag zu entnehmen, »aus gesundheitlichen Gründen erwünschte Verschickungen in nahe gelegene Heime nicht mehr imponieren«. Die Vorschläge fänden nur noch Anklang, wenn die Verschickung in entfernt gelegene Heime an die Nordsee, in den Hochschwarzwald oder die Alpen gehen solle. Das Resümee aus Stuttgart: »Diese Tendenzen tragen zu einer Verringerung der Inanspruchnahme von Heimplätzen überhaupt und in stadtnah gelegenen Heimen im Besonderen bei.« Bei den Betreibern ging folglich die Sorge um, die Städte könnten noch weniger Plätze belegen. Nach außen dringende Unstimmigkeiten, Missstände und Unregelmäßigkeiten konnten da nur schaden.

Fassade wahren – das Heim, in dem Petra Messing zu arbeiten versuchte, funktionierte nach diesem Prinzip. Das auf dem Foto äußerlich so adrett wirkende Gebäude sieht in Messings Erinnerung innen ganz anders aus. Sie beschreibt ein Haus, »das in erbärmlichem Zustand war und dessen Möbel alt und kein bisschen kindgerecht waren«. Es gab kaum Spielsachen. Auf ihre Nachfrage, warum nichts da sei, bekam sie nur eine genervte Antwort: Die Kinder hätten das neue Spielzeug kaputt gemacht. Sie solle sich gefälligst überlegen, wie sie die Kinder anders beschäftigen könne. Die junge Erzieherin ließ sich dadurch nicht gleich aus der Bahn werfen. Sie brachte selbst Bastelsachen von zu Hause mit und improvisierte.

Aber in Ordnung fand sie das nicht. Sie war in keiner Wiese vorbereitet auf all die Lieblosigkeit und Gleichgültigkeit, die ihr auf Schritt und Tritt begegneten. »Es war alles so demütigend und die Kinder waren dem allen so hilflos ausgeliefert«, beschreibt Petra Messing einen Zustand, dem gegenüber auch sie sich ohnmächtig fühlte.

Schon damals war ihr klar: So geht man nicht mit Kindern um. Und so versuchte sie, das Regelsystem durch Ungehorsam zu unterlaufen. Sie tat, was ihre innere Überzeugung und Seelenbildung ihr sagten. Anders ausgedrückt: Sie handelte, wie sie es zu Hause erlebt hatte. Petra Messing selbst hatte als Kind Respekt erfahren und so wollte sie nun ganz selbstverständlich den Kindern auch begegnen. Wahrscheinlich war ihre eigene Erziehung eine Ausnahme in den 1950er-Jahren, in denen körperliche Züchtigungen als vorbildliches elterliches Engagement galten.

Respektvoller Umgang mit Kindern

Die kleine Petra hatte zu Hause Glauben gefunden, wenn sie von Dingen berichtete, die ihr widerfahren waren. »Ich kannte es gar nicht anders. Ich konnte meinen Eltern immer alles erzählen.« Stets hatte sie ihre Eltern auf ihrer Seite. Sie erinnert gleich zwei prägnante Erlebnisse, die ihr Selbstbewusstsein für die Zukunft gaben. So erlebte Petra Messing beispielsweise den Hort, in dem sie als Kind war, als »ganz schrecklich«. Schon dort ging es um Fragen des Respekts, um kleine Handlungen, die ein Weltbild transportieren. Im Hort wurde das Mittagessen von den Erzieherinnen auf den gleichen Teller geschöpft, von dem es wenig später den Nachtisch gab. Wer nicht schnell genug aß, bekam sein Apfelmus eben auf die restliche Hackfleischsoße geklatscht.

Welcher Erwachsene würde sich das gefallen lassen? Den Kindern im Hort blieb nichts übrig, als sich zu fügen und solch krude Mischungen hinunterzuwürgen.

Auch die vierjährige Petra musste einmal so eine ekelerregende Mischung aufessen. »Ich hab das dann meiner Mutter erzählt«, sagt sie. Die wurde umgehend im Hort vorstellig. Dort lief sie gegen Mauern – und zog die Konsequenzen. Sie meldete ihre Tochter umgehend ab. Ihr Kommentar: »Das machen wir nicht mit.«

Auch nicht tolerieren wollte die Mutter die Gewalttätigkeiten der Flötenlehrerin gegen ihre Tochter. Wenn Petra einen Ton falsch spielte, nahm ihr die Lehrerin wortlos die Flöte aus den Händen und schlug ihr zur Strafe auf den Mund. »So, damit du dir das merkst!«, war ihr Kommentar zu den Schlägen. Irgendwann erzählte Petra ihrer Mutter davon. Die stellte auch diese Peinigerin zur Rede und kündigte sofort. Mitte der 1950er-Jahre waren Eltern wie Petra Messings Mutter eine Ausnahme. Erfahrungen wie diese machten Petra immun dagegen, selbst in ihrer Rolle als Erzieherin übergriffig zu werden.

Ihre Kindheitserfahrungen schützten sie davor, kritiklos auszuführen, was gegen ihre innere Überzeugung ging. Auch wenn sie in der Heimhierarchie ganz unten stand und die Regelungen für pädagogische Mitarbeiter in Kurheimen, wie sie etwa das Jugendamt Stuttgart in den 1950er-Jahren zusammengestellt hatte, ihr wenig Spielraum ließen.

Angesichts der vielen Regelungen in den Heimen steht der Hinweis Sepp Folberths quer zur Realität. Folberth, gebürtig aus Siebenbürgen, hatte es erst nach Kiel und von dort ins badische Lörrach nahe der Schweizer Grenze verschlagen. Dort betrieb er laut *Siebenbürger Zeitung* eine Kinderarztpraxis und betreute das Kinderheim *Zum Guten Hirten*, eine Einrichtung der Evangelischen Diakonissenanstalt Karlsruhe-Rüpurr. Folberth, Herausgeber eines Verzeichnisses der Kinderheime und Kinderheilstätten in Deutschland, Österreich und der Schweiz, veröffentlichte 1967 mit dem bereits zitierten Aufsatz Hans Kleinschmidts eine Art Kanon der Psychofolter und Strafen. In einem eigenen Beitrag mahnt Folberth jedoch selbst: »Wer den Beruf als Kinderschwester oder Kindergärtnerin ergreift, muss begriffen haben, dass der Mensch (bei uns das Kind) nicht mit einer Maschine zu vergleichen ist, die stillgelegt werden kann.« Doch auf nichts anderes als das Ruhigstellen von Kindern zielen so ziemlich alle der Anweisungen des Jugendamtes Stuttgarts.

Wo viele Menschen – Kinder und Erwachsene – unter einem Dach zusammenkommen und für eine begrenzte Zeit auch zusammenleben, müssen natürlich Abläufe geregelt werden. Dafür gibt es Hausordnungen. Aber all die Regelungen für die Kinderkuren lesen sich, als rückten die Kinder in eine Anstalt ein, in der sie mit ihren persönlichen Habseligkeiten sofort auch ihre Individualität abgeben sollten.

Strenge Hausordnung

Der krasse Widerspruch zu Petra Messings Vorstellungen von der Arbeit mit Kindern begann schon bei der Ankunft. Die wurde bewusst als Schleuse in eine andere Welt gestaltet. Kleidung, Koffer und noch das letzte bisschen Spielzeug der Kinder wurden weggeschlossen. »Ich kann mich an keine Teddybären in den Betten erinnern«, sagt Messing. Dabei hätte vielleicht schon ein kleiner Trost in Form eines vertrauten Plüschtiers manches Heimweh gelindert. Den Schlüssel zu den Schränken verwahrte die Heimleiterin. »Die Schränke waren im Keller«, erinnert sich

Petra Messing, die den Schlüssel holen musste, wenn Kinder frische Kleidung brauchten. Es war Usus, den Kindern zuzuteilen, was sie anzuziehen hatten. »Die Kinder gingen in Gruppen an die Schränke. Erst die Kleinen, dann die Mittleren, schließlich die Großen, erst die Jungen, dann die Mädchen.«

Absatz V der erwähnten Verordnung des Jugendamtes Stuttgart regelte diesen »Wäschewechsel«. Mindestens einmal in der Woche sollte frische Unterwäsche zugeteilt werden. Das »wenn möglich öfter« wurde dort nicht gelebt, wo Petra Messing in bester Absicht untergekommen war. Sowohl Unterwäsche als auch Oberbekleidung wurden in der Tat nur einmal wöchentlich gewechselt. Gleich bei dieser Prozedur wich die Neue im Heimteam ein wenig vom üblichen Vorgehen ab. »Die Kinder durften gar nicht selber an den Schrank«, sagt sie. »Ich hab das dann immer so gemacht, dass ich mit dem Kind vor den Schrank gegangen bin und gefragt habe: ›Was möchtest du denn gerne anziehen?‹« Das kam einer kleinen Revolution gleich, von der eine Zeit lang niemand von den Aufpassern erfuhr. Bis eine andere Schwester diesen Satz hörte und entrüstet fragte: »Bist du von Sinnen? Wo kämen wir denn hin, wenn wir die Kinder fragen?« Denn nach offizieller Lesart der Heimordnung mussten die Kinder stumm danebenstehen, wenn ihnen ihre Kleidung zugeteilt wurde. »Das Stammpersonal fand das in Ordnung und hat diese strenge Linie selbst vertreten.«

Die Bettwäsche musste laut den Vorgaben des Jugendamtes zur Mitte des Kuraufenthaltes gewechselt werden. In Petra Messings Erinnerung geschah das jedoch nur am Ende der Kur, bevor neue Kinder in die Betten kamen. Geduscht wurde einmal wöchentlich. Das Wasser zum täglichen Waschen war kalt. Petra Messing spricht von fragwürdigen hygienischen Bedingungen und sagt, die entsprechende Duftwolke habe man deutlich wahrgenommen. Man müsse sich das vorstellen. »Da toben die 13- und 14-jährigen Jungs durch den Garten und dann soll man sie in den Keller schicken, um sich mit eiskaltem Wasser zu waschen?« Petra Messing schüttelt noch heute den Kopf über diese Anweisungen. Wie über so vieles andere.

Bekam ein Kind zum Geburtstag ein Päckchen von seinen Eltern, durfte es das öffnen – in seiner Gruppe, unter den Blicken der anderen. War ein Spielzeug darin, wurde das sofort im Schrank mit den Kleidern eingeschlossen. Waren in dem Paketgruß von zu Hause Süßigkeiten, durfte das Kind zwei, drei davon für sich selbst herausholen. Der Rest wurde in der Gruppe verteilt. Hinter dieser Praxis mag der Vorsatz gestanden haben, keines der Kinder zu benachteiligen. Die Betroffenen aber erfuhren es als Beraubung und Bestrafung. Der greifbare, schmeckbare Gruß der Eltern, der die Seele hätte stärken können, ging an alle und wurde anonym. So verlor er die Kraft der Botschaft, dass man nicht vergessen war.

Überhaupt war die Post der Kinder ein Dauerthema. Für die Heimleitungen war diese eine brisante Schnittstelle zur Außenwelt. Da Elternbesuche verboten waren, boten Briefe den Kindern die einzige Möglichkeit, den Eltern zu sagen, wie es ihnen ging und was sie plagte. Dieses mögliche Schlupfloch einer manchmal grimmigen Wahrheit musste im Interesse der Heimreputation genau überwacht werden. Der Gedanke, dass Briefe etwas Intimes sind und auch Kinder eine Privatsphäre haben, vertrug sich nicht mit dem Willen, absolute Kontrolle über die Kinder zu erlangen. Auch für dieses Vorgehen gab es die offizielle Rückendeckung in der Handreichung des Jugendamtes. Absatz IV regelt minutiös alle Fragen der Kinderpost und der Zensur möglicher kindlicher Hilferufe.

Den Verantwortlichen war natürlich bewusst, dass Eltern wissen wollen, wie es ihren Kindern geht. Eine Karte am Tag der Ankunft wurde deshalb empfohlen. Dafür eigne sich die Ansichtskarte des Heimes recht gut. Des Weiteren sei der vervielfältigte Elternbrief dem ersten Brief an die Eltern beizufügen. »Die abgehende Post bei den Kindern bis zum zwölften Lebensjahr wird durchgesehen, soweit die Eltern dem nicht ausdrücklich widersprechen«, heißt es im dritten Unterpunkt der Regelung. Kaum anzunehmen, dass die Eltern auf dieses Widerspruchsrecht hingewiesen worden sind. Weiter heißt es, dass »grundsätzlich in keinem Brief etwas gestrichen, sondern nur ergänzt bzw. richtiggestellt werde«. Wehe aber dem Kind, das allzu deutlich der Selbstdarstellung des Hauses widersprach. »Bei krassen Fehlberichten ist Rücksprache mit der Heimleitung erforderlich«, ist als letzte Eskalationsstufe der Zensur genannt.

Was das konkret bedeutet, kann Petra Messing berichten. »Wir mussten alle Post kontrollieren, die rausging. Und die Heimleiterin ihrerseits hat alle Post kontrolliert, die reinkam. Wir mussten die Briefe lesen und dann vorlegen. Manche Briefe wurden nicht abgeschickt.« Die Kinder wurden dann ins Zimmer der Heimleiterin zitiert. Zur Belehrung. In welcher Atmosphäre dieses Gespräch stattgefunden hat, kann man sich ausmalen.

Auch gab es feste Zeiten, zu denen die Kinder Briefe schreiben konnten. Nach dem Mittagessen gab es eine sogenannte stille Stunde, in der die Kinder ausruhen sollten. »In dieser Zeit wurden sie aufgefordert, ob sie nicht schreiben wollten.« Denn auch das regelte die Verordnung: »Die Möglichkeit zum Schreiben muss den Kindern wenigstens einmal in der Woche (in der Regel montags) gegeben werden.« Als ließe sich das Bedürfnis, sich mitzuteilen, als Datum im Kalender festschreiben. »Die Briefe«, so Messing, »gingen dann an die Heimleiterin, die entschieden hat, welche von ihnen abgeschickt wurden und welche nicht.«

Nischen im strengen Reglement gesucht

Auch hier versuchte die Neue im Heim, die strengen Regeln zu unterlaufen. »Ich habe gesehen, wie die größeren Jungs heimlich Briefe geschrieben haben.« Petra Messing ließ sie gewähren. Und half beiläufig, das auf den Weg zu bringen, was sie offiziell gar nicht zur Kenntnis genommen hatte. »Ich bin auf dem Spaziergang mit den Kindern dann so gelaufen, dass wir an einem Briefkasten vorbeigekommen sind.« Das täppische Spiel der Briefeschreiber, um sie abzulenken, machte sie gerne mit und stellte aus dem Augenwinkel sicher, dass der Einwurf der Briefe auch klappte. Vielleicht hat sie in diesem Moment an ihre Flötenlehrerin gedacht. Nun erlebte sie auch im Kinderheim, dass es vor allem darum ging, Macht auszuspielen. »Es war immer klar, wer am längeren Hebel saß.« Oft bemerkte sie Schadenfreude bei einigen ihrer Kolleginnen, wenn ein Kind weinte, weil es den Druck nicht mehr aushielt. Für sie aber war klar, dass es »doch das Recht eines Kindes ist, den Eltern zu schreiben«.

Petra Messing konnte ihre Kolleginnen und das System nicht verändern. Aber im kleinen Rahmen ihrer Möglichkeiten, in subversiv geschaffenen Freiräumen, begegnete sie den Kindern so, wie sie es für richtig hielt. Wenn sie Nachtdienst hatte, verstieß sie wissentlich gegen Vorschriften. Auch wenn es nur fünf Minuten waren, in denen sie vor allem den Kleinen ein bisschen mehr Zuwendung und persönliche Ansprache zukommen lassen konnte, als vorgesehen war. »Ich habe den Großen gesagt: ›In meinem Schrank liegt ein Kartenspiel, das geb' ich euch jetzt, passt gut drauf auf und lasst es nirgends liegen!‹« Oder sie verteilte Bücher aus der Leihbibliothek. Vor allem schärfte sie allen ein, leise zu sein und keine der anderen Erzieherinnen auf sich aufmerksam zu machen. Der Deal war klar: Fürs disziplinierte Leisesein bekommt ihr ein bisschen Zeit, müsst euch noch nicht ausziehen, noch nicht unter die Decke. Nicht um sieben Uhr abends schon im Bett liegen, auch wenn es draußen noch hell ist, nur weil die Heimordnung es vorschreibt.

Petra Messing gab Vertrauen und bekam dafür Vertrauen – nicht nur von den größeren Jungs. Sie ertrotzte sich die Zeit, ein Kind auch einmal in den Arm zu nehmen. Gerade in den Abendstunden und speziell beim Zubettgehen konnte das Heimweh der Kinder übermächtig werden. Immer wieder suchte Messing für sich und die Kinder kleine Fluchten aus dem einschüchternden Kurregiment. Aber letztlich blieb, was sie tat, eine hilflose Geste. Eine einzelne Erzieherin konnte das Regelwerk nicht aus den Angeln heben, die erstickende Atmosphäre im Heim nicht dauerhaft verändern, nur hie und da bei einem Anfall von Atemnot ein wenig trösten. Draußen in der Welt rieben sich in jenen Jahren unter anderem die Studenten am Status quo, und Adornos Slogan fasste zusammen, was Petra Messing erlebte: Es gibt kein richtiges Leben im falschen!

Viele der kleinen solidarischen Aktionen für die Kinder seien keiner Strategie gefolgt. Sie seien einfach einem Impuls geschuldet gewesen, erklärt Petra Messing. Wenn ein Kind sein Essen partout nicht hinunterbrachte, konnte es passieren, dass Messing der Plastikschüssel verstohlen einen Schubs gab, damit sie vom Tisch fiel. Danach schickte sie das Kind raus – mit dem beruhigend erlogenen Hinweis, es habe vor dem kleinen Malheur ja bereits alles aufgegessen. Dabei hatte sie in ihrer Ausbildung ja das Gegenteil beigebracht bekommen – das Erzwingen von Schlucken durch Zuklemmen der Nase. »Das hält man nicht lange aus. Da bekommt man ja auch Panik«, sagt sie. Dann schlucke man eben, ob man wolle oder nicht. »Mir war sofort klar: Das werde ich nie tun!«

Letztlich setzte sie das größte Geschütz ein, das ihr zur Verfügung stand. Sie meldete die Verhältnisse im Heim durch das Gespräch mit ihrem Arzt der zuständigen Aufsichtsbehörde weiter. Aber der Schuss blieb ohne Wirkung. Zwar erfolgte eine Kontrolle durch das Gesundheitsamt. Kurz vor dem Termin erging Anweisung an alle Mitarbeiter, das Haus blitzblank zu putzen. Die Bettwäsche wurde außer der Reihe gewechselt, die Böden wurden durchgewischt. Alles war für den Augenblick der Inspektion in Bestzustand. Danach lief der Betrieb weiter wie zuvor. Entweder hatte es aus dem Gesundheitsamt einen heimlichen Tipp gegeben, wann die Kontrolle zu erwarten sei, oder das Amt hatte sich ganz offiziell angemeldet. So oder so: Behörde und Heim verschafften einander in trautem Zusammenspiel die Chance, nichts ändern zu müssen.Und niemand verschwendetet einen Gedanken daran, was blitzende Böden über die Atmosphäre im Heim aussagen.

Pädagogik der Zuwendung

Waren nur diese vereinzelten Kinderbetreuerinnen ohnmächtig? Oder waren auch einer Heimleiterin die Hände gebunden? Hätte auch so eine Führungskraft ein Heim in einer Ära kinderfeindlicher Reglements gar nicht menschlicher gestalten können? Hört man Gudrun Wentz zu, gibt es nur eine Antwort auf diese Frage: Doch, es konnte auch alles ganz anders sein. Verschickungskinder konnten in den sechs Wochen ihrer Kur echte Fürsorge und Hinwendung erfahren. Im Unterschied zu Petra Messing brach Gudrun Wentz keine Regeln, sondern gab welche vor. Sie leitete fast drei Jahrzehnte lang ihr kleines privates Heim *Mövengrund* in List auf der Nordseeinsel Sylt.

Heute ist Wentz 81 Jahre alt und klingt ein wenig entrüstet, wenn sie sagt: »So wollte ich doch auch nicht behandelt werden.« Sie meint den Umgang mit Kindern, der Leid statt Erholung brachte. »Ich kam doch von *Summerhill*«, sagt sie und öffnet damit die Tür in eine Welt, in der Kinder nicht Empfänger von Anweisungen sind, sondern sich ihre Regeln in demokratischen Prozessen selbst geben und so über ihr Umfeld selbst bestimmen. Gudrun Wentz war durch ihr Studium mit dieser reformerischen Pädagogik in Kontakt gekommen. Sie war davon begeistert und durch die Aufbruchstimmung auch ein bisschen politisiert. In ihrem Heim durften die Kinder beispielsweise in Workshops Handlungen für Filme entwickeln, die sie dann auch selbst drehten. Aber auch wenn Gudrun Wentz nicht mit Heimleiterinnen und Heimleitern verglichen werden will, die in der Bundesrepublik noch Pädagogik aus Nazijahren lebten, hält sie fest: »Ohne Regeln geht es ja nicht.« Entscheidend dabei sei jedoch, welche Regeln man setze und wie.

Ihr Heim sei gewiss anders gewesen als die Heime der Nachkriegszeit, sagt die geborene Breslauerin. Nach der Flucht als Kind aus Schlesien und der Ankunft in Niedersachsen war sie selbst in eine Kur verschickt worden. Mitte der 1950er-Jahre war sie in Bad Godesberg. »Mir hat es dort eigentlich gefallen«, sagt sie. Als junge Frau machte sie eine Ausbildung als Erzieherin, arbeitete zunächst einige Jahre in diesem Beruf, um dann noch ein Sozialpädagogikstudium anzuschließen. In Hamburg war das – »nach den 68ern«, wie sie sagt. In der zweiten Hälfte der 1970er-Jahre übernahm Gudrun Wentz dann ihr eigenes Heim, das *Haus Mövengrund*, in dem Kurkinder zwischen vier und 14 Jahren ankamen. Also etwa zeitgleich zu Heikes Erfahrungen auf Borkum (und Reinhards 15 Jahre später), die Gudrun Wentz unverblümt überlebte Nazimethoden nennt.

Klein und überschaubar war es im *Mövengrund*, nur 20 Kinder waren dort jeweils gleichzeitig. Gudrun Wentz erzählt davon, dass die kleinen Kurgäste in die Küche kommen durften, um den Topf auszuschlecken. Andere Kinderheimleiterinnen hätten wohl schon beim bloßen Gedanken an so etwas Schnappatmung bekommen. Gegen Heimweh verteilte Wentz bunte Schokoladenlinsen. In den meisten Fällen wirkten diese Placebos. Nur einmal in all den Jahren musste sie ein Kind nach Hause schicken, weil es krank vor Heimweh war. Auch das aber war eine klare Entscheidung zum Wohl des Kindes: kein Festhalten, wenn ein Kurkind die Kur schon durch die Abwesenheit vertrauter Personen als Tortur empfindet. »Wir müssen die Kinder ja nicht quälen«, sagt Wendt. Alles, was die 81-Jährige erzählt, klingt vernünftig, praktikabel und doch immer den Kindern zugewandt. Denkt man an die Zustände, die Reinhard noch 1985 auf Borkum erlebte, begreift man, dass die Verschickung ein Lotteriespiel war. Man konnte eine Niete ziehen – aber auch einen Gewinn.

Viel dürfen, wenig müssen

Im *Haus Mövengrund* gab es viel Dürfen und wenig Müssen. Es gab stets zwei Hunde – mal einen Terrier und einen Schäferhund-Dackel-Mix oder auch einen Bobtail-Mischling –, eine Katze und einen Entenerpel, der seiner Heimleiterin auf Schritt und Tritt folgte. Wenn die Kinder nachts Angst hatten, allein zur Toilette zu gehen, standen sie am Bett von Gudrun Wentz. In vielen Häusern wäre ein Aufstören der Nachtaufsicht völlig unvorstellbar gewesen. Gudrun Wentz schimpfte nicht, schon gar nicht strafte sie. Ganz im Gegenteil: Sie begleitete die Kinder. »Ich habe noch heute Schlafstörungen«, sagt sie lachend, wenn sie sich an diese nächtlichen Toilettengänge erinnert. »Wenn einer gemuckst hat, war ich unten.«

Ihre Betten machten die Kinder jeden Tag selbst. Wurde die Bettwäsche gewechselt, konnten sie helfen. Sie mussten es aber nicht. Die Hilfe sah meist so aus, dass sie mit den gebrauchten Bezügen und Betttüchern Gespenster spielten. »Uiiiih«, heult Gudrun Wentz und ahmt das Spiel von damals nach. Eine Mittagsruhe war zwar auch im *Haus Mövengrund* obligatorisch. Bei Wentz mussten die Kinder aber nicht schlafen oder Schlaf heucheln. Sie sollten in ihren Zimmern zwar ausruhen, durften in dieser Zeit aber Geschichten hören, die via Lautsprecher von einem Kassettenrekorder in alle Zimmer übertragen wurden. Otfried Preußlers *Räuber Hotzenplotz* oder Astrid Lindgrens *Pippi Langstrumpf* gehörten zum Repertoire. Und natürlich durften die Kinder mit ihren Eltern telefonieren, durften Päckchen von zu Hause empfangen und deren Inhalt behalten. Nur einen kleinen Teil davon sollten sie mit den anderen teilen. Es ist eigentlich keine Überraschung, dass die Kinder aus diesem Heim nicht weglaufen wollten. Im Gegenteil, manche rissen von zu Hause aus, um wieder auf Sylt sein zu können. Zweimal schafften es Kinder dabei quer durch Deutschland bis vor die Haustüre von Gudrun Wentz. Die ehemalige Heimleiterin erzählt das wie vieles mit einem Lächeln in der Stimme. Zwei ihrer Kurkinder haben bei ihr auf der Insel geheiratet. Regelmäßig bekommt sie Besuch von Ehemaligen.

Kur konnte also auch ein Wohlfühlerlebnis sein. Das relativiert nicht, was anderen Kindern anderswo widerfahren ist. Es macht es umso schrecklicher.

Nachwort

Der Verdacht ist nun Gewissheit

Hinter den Protagonisten dieses Buches liegt eine anstrengende und intensive Zeit der Spurensuche und Selbstverortung. Seit einem Jahr kennen wir einander nun. Immer wieder haben wir uns getroffen. Es ist Vertrauen gewachsen. Einige von ihnen begleitete ich bei ihrer ersten Rückkehr an den Ort ihrer Kinderkur – Jahrzehnte nach ihrer Verschickung. Ich habe in dem zurückliegenden Jahr erfahren können, wie sich viele ihrer Geschichte stellen. Dass es für sie kein Zurück mehr gibt. Sie haben in ihren Familien nach Dokumenten gesucht, die Anhaltspunkte für ihre Spurensuche in der Vergangenheit geben könnten. Sie haben sich durch Berge von Archivakten gekämpft, obwohl das für sie Neuland ist. Denn viel zu lange ist nichts passiert, hat sich niemand interessiert. Aber nun sind die Kinder von damals nicht mehr zu überhören.

Wie sehr die Geschichte der Verschickungskinder Teil der deutschen Geschichte und Folge der NS-Geschichte ist, wurde mir im ersten Gespräch mit Andrea klar, kaum dass sie zu erzählen begonnen hatte. Das war noch vor dem ersten von Anja Röhl organisierten Kongress der Verschickungskinder auf Sylt im November 2019. Seitdem sind wir im Gespräch.

Als Einzige, die keine Verschickungsgeschichte hat, durfte ich von Anfang dabei sein, wenn sich die baden-württembergische Regionalgruppe der Verschickungskinder-Initiative traf.

Für das gewährte Vertrauen bin ich sehr dankbar. Ich weiß, dass das nicht selbstverständlich ist. Ich durfte zuhören und erfuhr, welche Tragweite die Kindheitserlebnisse für viele noch immer haben und dass es an der Zeit ist, dieses Unrecht klar und deutlich zu benennen. Nur was erzählt und als geschehen anerkannt wird, ist von gesellschaftlicher Relevanz.

Als Kind der prosperierenden Bundesrepublik frage ich mich noch immer, warum ich selbst nicht verschickt worden bin. Meine Kindheit unterscheidet sich nur in Nuancen von der der anderen aus der Babyboomer-Generation. Auch ich entstamme keiner Akademikerfamilie. Auch meine Eltern hätten wohl nicht widersprochen, wenn mein Kinderarzt oder der Mediziner bei der Einschulungsuntersuchung eine Kurempfehlung ausgesprochen hätte. Aber die zu jener Zeit so naheliegende Verschickung blieb aus, ich wurde verschont. Als Kind war ich manchmal sogar ein bisschen neidisch auf andere, die an die Nordsee fahren durften. Nordsee, das hörte sich gut an. Über mehr sprachen sie ja damals nicht mit mir. Darüber, dass ich nicht verschickt wurde, bin ich mit meinem heutigen Wissen natürlich froh. Dieses nach meiner Überzeugung zufällige Glück ist für mich aber auch Antrieb, die Gesetzmäßigkeiten und die Hintergründe der Verschickung aufzuzeigen. Als Historikerin will ich wissen, was geschehen ist.

Ich habe erlebt, wie bei an sich sachlichen Recherchegesprächen meine Gesprächspartner aus der Politik oder dem Archivbereich im inoffiziellen Teil unserer Begegnung begonnen haben, zu erzählen, dass es auch in ihrem Freundes- oder Kollegenkreis Menschen gebe, die sehr emotional von ihren Kurerfahrungen als Kind berichten. Dass das Thema von großer gesellschaftlicher Bedeutung sei, habe er danach sofort begriffen, sagte mir einer meiner Gesprächspartner aus der Politik.

Die Autorin im Verschickungsalter. Sie hatte Glück und wurde nicht verschickt

Obwohl die systematische wissenschaftliche Erforschung noch aussteht, lassen sich jedoch schon jetzt Teile des Puzzles zu einem Bild zusammensetzen, hinter das die Nachfolgeorganisationen der Krankenkassen, Rentenversicherungen, Heimträger, Kinderärzte und die heute Zuständigen in der Politik nicht mehr zurückkönnen. Sie müssen sich ihrer Verantwortung stellen und die Aufarbeitung nicht nur gutheißen, sondern auch finanziell unterstützen. Dafür gibt es einen Beschluss der Familienministerkonferenz der Bundesländer vom 27. Mai 2020, der den Bund auffordert, das von der Initiative Verschickungskinder geforderte Forschungsprojekt zu unterstützen. Einzelne Bundesländer wie etwa Baden-Württemberg sind gerade dabei, eigene Aufarbeitungsprojekte aufzusetzen. Denn die schon jetzt vorliegenden Erkenntnisse, die sich gegenseitig ergänzende Kombination von erlebter Geschichte und Aktenstudium, lässt nur einen Schluss zu: Es gab eine Kurversorgungsindustrie, deren Grausamkeiten die Kinder ungeschützt ausgesetzt waren. Um etwa Genaueres über die Gewinnmargen sagen zu können, müssen die Akten systematisch ausgewertet werden.

Dass Schläge und psychischer Zwang in der Erziehung dieser Zeit üblich waren, entschuldigt nichts. Es macht nur deutlich, wie tief die autoritäre Haltung gegenüber Kindern im Denken noch immer verankert war und dass sie offenbar von Generation zu Generation weitergegeben wurde. Und es zeigt, dass gelebter Kinderschutz eine Daueraufgabe ist. Der Widerwille mancher Träger, Heime und Aufsichtsbehörden, sich der Aufarbeitung zu stellen, zeigt, wie wichtig die Erzählungen der Verschickungskinder und anderer Beteiligter sind. Die Berichte dürfen nicht mehr überhört werden.

Die Erlebnisse der Verschickungskinder, diesen blinden Fleck der deutschen Geschichte, endlich zu erforschen, ist aber nur das eine, was überfällig ist. Es gilt zudem, wachsam zu sein, wo auch immer Schwächere – in der Mehrzahl sind das Kinder, behinderte oder alte Menschen – Strukturen ausgesetzt sind, denen sie nicht entkommen können. Das ist die Botschaft, die weit über das Schicksal der Verschickungskinder hinausweist und die brandaktuell ist.

Stuttgart, im Oktober 2020

Dank

Ich danke allen meinen Gesprächspartnern, die mir ihr Vertrauen geschenkt haben und mir von ihren Kindheitserlebnissen und deren Folgen für ihr Leben erzählt haben. Es waren lange Gespräche unter Corona-Bedingungen auf Parkbänken und Balkonen. Ohne sie alle gäbe es dieses Buch nicht.

Ich danke Andrea Weyrauch, die mir als Erste für eine Reportage in der Stuttgarter Zeitung ihre Geschichte erzählt und mir damit die Augen geöffnet hat für einen blinden Fleck in der deutschen Nachkriegsgeschichte. Und Andy Reiner natürlich für den entscheidenden Hinweis, der uns zusammengeführt hat.

Dank auch an Annegret Braun, die mir als ehemalige Kinderkrankenschwester und leidenschaftliche und lebenslange Anwältin der Kinder immer wieder neue Furchtbarkeiten aus der Welt der Kinderkrankenpflege berichtet hat – aber auch den Gegenentwurf parat hatte.

Ich danke allen, die mit mir über das Thema Verschickungskinder diskutiert haben – mitunter auch sehr kontrovers. Danke für all die kleinen und großen Hinweise und Gedankenstupser.

Ich danke Dr. Elke Koch, Dr. Peter Müller, Dr. Maria-Magdalena Rückert und ihren Kolleginnen aus dem Staatsarchiv Ludwigsburg. Ebenso Dr. Clemens Rehm, Nastasja Pilz und Nora Wohlfarth aus dem Landesarchiv Baden-Württemberg und Dorothea Besch aus dem Landeskirchlichen Archiv Stuttgart, Dr. Roland Müller und allen anderen Mitarbeiterinnen aus dem Stadtarchiv Stuttgart. Sie alle haben mich, wo es nur ging, mit Rat und Tat unterstützt.

Dank an Carmen Kölz vom Beltz Verlag, die an das Thema geglaubt hat. Und an Judith Roth für das Textlektorat. Ebenfalls Dank an Barbara Wenner.

Man könnte beim Schreiben eines Buches manchmal verzweifeln, wüsste man nicht, dass da draußen in der Welt Menschen sind, die auch dann noch da sind, wenn das Manuskript fertig ist – und einen auch auf der Wegstrecke dahin nicht vergessen. Wenn sie einem dann zwischendurch auch noch sagen, dass das schon wird, sind sie Mutmacherinnen schlechthin.

Und einen Riesendank an den, der das mal wieder alles nicht nur er-, sondern auch getragen hat: Danke, Thomas!

Literatur

Beddies, Thomas/Hinz-Wessels, Annette: Pädiatrie nach 1945 in der Bundesrepublik Deutschland und der DDR im Auftrag der Deutschen Gesellschaft für Kinder- und Jugendmedizin (DGKJ), Monatsschrift Kinderheilkunde, Band 164, Supplement 1, Berlin Heidelberg April 2016

Beddies, Thomas: Wenn Kinder »der Wissenschaft dienen«: Die Kinderklinik der Charité in der Zeit des Nationalsozialismus; in: Sabine Schleiermacher/Udo Schagen (Hrsg.): Die Charité im Dritten Reich. Zur Dienstbarkeit medizinischer Wissenschaft im Nationalsozialismus, Paderborn 2008

Biermann, Gerd (Hrsg.): Handbuch der Kinderpsychotherapie, zwei Bände, 2. verbesserte Auflage, München Basel 1971

Biermann, Gerd: Mutter und Kind im Krankenhaus, München 1987

Chamberlain, Sigrid: Adolf Hitler, die deutsche Mutter und ihr erstes Kind. Über zwei NS-Erziehungsbücher, 4. korrigierte Auflage, Gießen 2003

Dill, Gregor: Nationalsozialistische Säuglingspflege. Eine frühe Erziehung zum Massenmenschen, Stuttgart 1999

Fessler, Angela: Monsignore Georg Pabst und das Herz-Jesu-Heim Heimenkirch, In: Jahrbuch des Landkreises Lindau, Band 12, Seite 88 bis 91, 1997

Flessau, Karl-Ingo; Nyssen, Elke; Pätzold, Günther (Hrsg.): Erziehung im Nationalsozialismus. »... und sie werden nicht mehr frei sein ihr ganzes Leben!«, Köln Wien 1987

Folberth, Sepp (Hrsg.): Kinderheime, Kinderheilstätten in der westdeutschen Bundesrepublik, Österreich und der Schweiz, München-Lochham 1956

Folberth, Sepp (Hrsg.): Kinderheime, Kinderheilstätten in der Bundesrepublik Deutschland, Österreich und der Schweiz, 2. überarbeitete und verbesserte Auflage, München-Lochham 1964

Grossmann, Karin/Grossmann, Klaus E.: Bindungen – das Gefüge psychischer Sicherheit, Stuttgart 2004

Hellbrügge, Theodor (Hrsg.): Kinderkuren und Kinderheilverfahren, Fortschritte der Sozialpädiatrie, Band 12, Lübeck 1988

Kemper, Werner: Enuresis (Bettnässerleiden), Heidelberg 1949

Klee, Ernst: Das Personenlexikon zum Dritten Reich. Wer war was vor und nach 1945, Frankfurt 2003

Klee, Ernst: Deutsche Medizin im Dritten Reich. Karrieren vor und nach 1945, 2. Auflage, Frankfurt 2001

Klee, Ernst: Was sie taten – was sie wurden. Ärzte, Juristen und andere Beteiligte am Kranken- und Judenmord, Frankfurt 1986

Kleinschmidt, Hans/Menger, Wolfgang: Balneo- und Klimatherapie bei Erkrankungen im Kindesalter (Wissenschaftliche Reihe des deutschen Bäderverbandes, Bonn 1980

Kleinschmidt, Hans (Hrsg.): Lehrbuch der Kinderheilkunde, 16. überarbeitete Auflage, Jena 1948

Kleinschmidt, Hans: Über die Durchführung von Kindererholungs- und Heilkuren, Seite 25–87, in: Folberth, Sepp: Kinderheime, Kinderheilstätten, München-Lochham 1964

Lorenz, Hilke: Kriegskinder – Das Schicksal einer Generation, München 2003

Lorenz, Hilke: Heimat aus dem Koffer – Vom Leben nach Flucht und Vertreibung, Berlin 2009

Lorenz, Hilke: Weil der Krieg unsere Seelen frisst – wie die blinden Flecken der Vergangenheit bis heute nachwirken, Berlin 2012

Lorenz, Hilke: Erniedrigt, Reportage Stuttgarter Zeitung, 20. November 2019,

Lorenz, Hilke: »Gab es eine Fürsorge-Industrie?«, Interview mit dem baden-württembergischen Sozialminister Manfred Lucha, Stuttgarter Zeitung, 24. Januar 2020

Lorenz, Hilke: »Das war eine sadistische Quälerei«, Interview mit Arne Burcharz, Stuttgarter Zeitung, 17. April 2020

Lorenz, Hilke: »Eine Kur ist traumatisch für Kinder«, Interview mit Karl Heinz Brisch, Stuttgarter Zeitung, 27. November 2019

Lorenz, Hilke: Für manche hält der Albtraum bis heute an, Landesfamilienminister unterstützen bundesweites Forschungsprojekt, Stuttgarter Zeitung, 28. Mai 2020

Ludwig, Sabine: Schwarze Häuser, Hamburg 2014

Müller-Münch, Ingrid: Die geprügelte Generation. Kochlöffel, Rohrstock und die Folgen, Stuttgart 2012

Nitsch, Kurt/Hartung, Kurt: Klimakuren bei Kindern. Zur Behandlung von Konstitutionsschwächen. Indikation, Planung, Durchführung, Stuttgart 1961

Nitsch, Kurt: Grundsätze der Kinderverschickung, in: Sepp Folberth (Hrsg.): Kinderheime, Kinderheilstätten in der Bundesrepublik Deutschland, Österreich und der Schweiz, 2. erweiterte und verbesserte Auflage, München-Lochham 1964

Robertson, James: Kinder im Krankenhaus. Mit einer Dokumentation von 50 Elternbriefen, München 1974

Rohr, Sophie: Die Kinderklinik der Charité im Spiegel der Krankenakten von 1941 bis 1948, Dissertation, Berlin 2013

Schiefer, Ingeborg: Über klinische Erfahrungen mit Contergan bei tuberkulosekranken Kindern, in: Medizinische Welt 1960, Heft 52/53

Seemüller, Ulrich: Herrlingen im Brennpunkt, in: Momente (Beiträge zur Landeskunde Baden-Württemberg) Stuttgart 2008

Sollbach, Gerhard E.: Kinderlandverschickung in Hagen 1941 bis 1945, Hagen 1998

Stöckle, Thomas: Grafeneck 1940. Die Euthanasieverbrechen in Südwestdeutschland, 2. Auflage, Stuttgart 2005

Troschke, Jürgen von: Das Kind als Patient im Krankenhaus. Eine Auswertung der Literatur zum psychischen Hospitalismus, München 1974

Verband Katholischer Kurheime und Kurkliniken für Kinder und Jugendliche: Die Kinderkur heute und ihr Beitrag zur Gesundheitserziehung (Dokumentation der Bundeskonferenz 1986), Freiburg 1987

Johannes Vossen: Willfährige Wissenschaft: Die medizinische Fakultät der Berliner Universität und der Nationalsozialismus, in: Sabine Schleiermacher/Udo Schagen (Hrsg.): Die Charité im Dritten Reich. Zu Dienstbarkeit medizinischer Wissenschaft im Nationalsozialismus, Paderborn 2008

Wagner, Sylvia: Arzneimittelprüfung an Heimkindern von 1949 bis 1975 in der Bundesrepublik Deutschland unter besonderer Berücksichtigung der Neuroleptika sowie am Beispiel der Rotenburger Anstalten der Inneren Mission, Dissertation, Heinrich-Heine-Universität Düsseldorf 2019

Wagner, Sylvia u. Wiebel Burkhard: Verschickungskinder – Einsatz sedierender Arzneimittel und Arzneimittelprüfungen, auf der Website sozialgeschichte-online.org

Wagner, Sylvia: Man hat das für normal gehalten, Interview mit Hilke Lorenz, Stuttgarter Zeitung, 15. September 2020

Wendt, Wolf Rainer: Kindererholung. Ein sozialpädagogisches Curriculum, Stuttgart 1975

Verschickungsheime.org
Website der Initiative Verschickungskinder

Kontakt für Baden-Würtemberg: verschickungsheime-bw@gmx.de www.verschickungsheime-bw.de (ab Frühjahr 2021)

Die-Kinder-von-Scheidegg.jimdofree.com
Website, auf die ehemalige Scheidegg-Kurkinder von der offiziellen Seite der heutigen Rehaklinik weitergeleitet werden. Auch hier werden Erlebnisberichte aus der Historie gesammelt.

Heimakten und Aufsichtsakten aus den Aktenbeständen des Staatsarchivs Ludwigsburg, des Landesarchivs Baden-Württemberg, des Stadtarchivs Stuttgart, des Landeskirchlichen Archivs Württemberg und des Bayrischen Staatsarchivs.